La prière

Timothy Keller

La prière

La prière : s'émerveiller dans l'intimité de Dieu
© 2016 Éditions Clé
2 impasse Morel 69003 Lyon
editionscle.com

Tous droits réservés

Originally published in English under the title : *Prayer : experiencing Awe and Intimacy with God*
Copyright ©2014 Timothy Keller.
All rights reserved
Published by Penguin Group (USA) Inc.
375 Hudson Street, New York, New York 10014, U.S.A.

Sauf mention contraire les citations bibliques sont extraites de la *Bible du Semeur*.
Texte copyright ©2000 Société Biblique Internationale. Avec permission.

La mention *Colombe* après une citation, désigne la traduction dite de la « Colombe » ©1978 Société Biblique Française (Biblio/ABF).
La mention *NEG* après une citation, désigne la traduction dite Nouvelle Editions de Genève ©1979 Société Biblique de Genève.

Traduction : Lori Varak, Matthieu Moury.

Couverture : Leekfield Prestidigitators — La Villeneuve le Bief-Godard
Mise en page : Leekfield Prestidigitators — La Villeneuve le Bief-Godard

ISBN : 978-2-35843-042-5
Dépôt légal : 1er trimestre 2016

Introduction

Pourquoi consacrer un livre à la prière ?

Il y a quelques années, je me suis rendu compte que si quelqu'un voulait comprendre et mettre en pratique la prière chrétienne, je n'avais aucun ouvrage de référence à offrir en tant que pasteur. Cela ne veut pas dire qu'il n'existe pas de livres de qualité sur le sujet. Beaucoup d'œuvres écrites antérieurement sont infiniment plus sages et profondes que ce que je serais en mesure de publier. Les meilleures ressources sur la prière sont déjà parues.

Toutefois, bon nombre de ces excellents livres sont rédigés dans un style vieillot, inaccessible à la plupart des lecteurs contemporains. De plus, ils font ressortir en général le côté théologique, méthodologique ou pratique, mais rarement les trois à la fois[1]. Un livre complet sur la prière devrait englober ces trois aspects. Par ailleurs, presque tous les ouvrages de référence contiennent des pages de mise en garde à propos de pratiques spirituellement stériles, voire dangereuses à leur époque. Il importe d'adapter ces conseils à chaque génération.

Deux sortes de prières ?

Les auteurs actuels abordent le sujet sous un ou deux angles. La plupart d'entre eux présentent la prière comme un moyen de connaître l'amour de Dieu et de vivre l'unité avec lui. Ils promettent une vie de paix et de repos perpétuels en Dieu. Ces auteurs offrent souvent des témoignages éblouissants de la présence de Dieu dont ils se sentent régulièrement entourés. D'autres livres associent la prière, non pas au repos intérieur, mais au fait d'invoquer le nom de Dieu pour qu'il établisse son royaume. La prière y est perçue comme un combat où la présence de Dieu n'est pas toujours perceptible. *The Still Hour* d'Austin Phelps en est un exemple[2]. Son postulat est qu'il est normal que les chrétiens ne ressentent pas la présence de Dieu quand ils prient car elle est difficile à trouver.

Le théologien Donald Bloesch adopte la même grille d'interprétation dans *The Struggle of Prayer*[3]. Il y critique ce qu'il appelle le « mysticisme chrétien ». Il s'oppose à l'enseignement selon lequel le but de la prière est d'être en communion avec Dieu, car elle ne serait alors qu'une « fin en soi » égoïste[4]. De son point de vue, le but ultime de la prière n'est pas de réfléchir posément, mais de supplier Dieu avec ferveur pour que le royaume de Dieu se concrétise dans le monde et dans nos vies. L'objectif suprême de la prière est donc « l'obéissance à la volonté de Dieu, et non la contemplation de son être[5] ». La prière ne vise pas à atteindre un état intérieur mais à se conformer aux desseins de Dieu.

Comment expliquer cette différence de point de vue entre la prière « centrée sur la communion » et la prière « centrée sur le royaume » ? Une explication possible est qu'elle reflète les expériences concrètes des chrétiens. Certains se rendent compte que Dieu les laisse insensibles et qu'il leur est très difficile de rester concentrés plus de quelques minutes dans la prière. D'autres ressentent régulièrement la présence de Dieu. Cela explique, au moins en partie, ces divergences. Néanmoins, les différences théologiques jouent également un rôle. Bloesch et ses confrères expliquent que la prière mystique cadre davantage avec la vision catholique de la grâce de Dieu insufflée en nous directement à travers le baptême et la messe, qu'avec la doctrine protestante selon laquelle nous sommes sauvés par la foi placée dans la promesse de l'Évangile de Dieu[6].

Quelle idée de la prière est la plus juste ? Faut-il supplier avec ardeur ou adorer paisiblement ? Cette question nous oblige à trancher, ce qui est peu judicieux.

Communion et royaume

Quand nous avons besoin d'aide, nous devrions commencer par consulter les psaumes. Les deux facettes de la prière y sont représentées. Les psaumes 27, 63, 84, 131, ainsi que le « long alléluia » formé par les psaumes 146 à 150 décrivent une communion avec Dieu dans l'adoration. Au Psaumes 27.4, la chose primordiale que David demande à Dieu dans la prière est d'« admirer l'Éternel dans sa beauté ». Il formule d'autres requêtes, mais pour lui, il n'y a rien de mieux que de connaître la présence de Dieu. Il prie donc : « Dieu [...] Mon âme a soif de toi [...] C'est pourquoi, dans ton sanctuaire, je te contemple pour admirer ta puissance et ta gloire. Car ton amour vaut bien mieux que la vie, aussi mes lèvres chantent sans cesse tes louanges » (Psaumes 63.2-4). Voilà une vraie communion avec Dieu.

Il existe cependant en plus grand nombre encore, des psaumes de lamentations, de cris vers Dieu pour qu'il exerce son pouvoir dans le monde, ainsi que des psaumes où l'absence de Dieu s'exprime crûment. Ces prières-là sont réellement des combats. Les psaumes 10, 13, 39, 42-43, et 88 en fournissent un exemple. Le psaume 10 commence par cette question: « Pourquoi ô Éternel, es-tu si loin? Pourquoi te caches-tu aux jours de la détresse? » Soudain le psalmiste s'écrie: « Lève-toi, Éternel! Dieu, interviens! Et n'oublie pas les malheureux! » (Psaumes 10.12). Il semble ensuite se parler autant qu'il parle à Dieu: « Pourtant, toi, tu *vois bien* la peine et la souffrance, tu veilles pour tout prendre en mains! [...] tu viens en aide à l'orphelin » (Psaumes 10.14). À la fin de sa prière le psalmiste s'en remet à la sagesse et au temps de Dieu dans toutes les situations, tout en exigeant une justice sur la terre. Tel est le combat de la prière centrée sur le royaume. Pour le psalmiste, la prière recherche à la fois la communion et le royaume.

Nous analyserons les prières de la Bible, puis nous réfléchirons à la théologie biblique de la prière et aux raisons pour lesquelles, en tant qu'êtres créés, nous avons la capacité de prier. Il est écrit que Jésus-Christ est notre médiateur afin que, malgré notre absence de mérite, nous puissions approcher sans crainte du trône de Dieu et crier pour qu'il réponde à nos besoins (Hébreux 4.14-16, 7.25). Dieu lui-même habite en nous par le Saint-Esprit (Romains 8.9-11) et nous aide à prier (Romains 8.26-27) afin que, par la foi, nous puissions dès à présent contempler la gloire de Christ (2 Corinthiens 3.17-18). La Bible nous fournit ainsi une base théologique aussi bien pour la prière centrée sur la communion que pour celle centrée sur le Royaume.

Après réflexion, nous pouvons comprendre que ces deux sortes de prières ne sont ni en opposition, ni à ranger dans des catégories différentes. L'adoration se nourrit de la supplication. Prier « Que ton nom soit sanctifié », revient à louer Dieu dans la mesure où nous lui demandons de montrer sa gloire au monde, pour que tous l'honorent *comme* Dieu. De même, la recherche du royaume de Dieu impliquera de prier pour connaître Dieu. L'abrégé du catéchisme de Westminster nous apprend que le but de notre existence est de « glorifier Dieu et d'en faire nos délices pour toujours ». Cette citation célèbre englobe les deux sortes de prières : celles centrées sur le royaume et celles centrées sur la communion avec Dieu. Bien que glorifier Dieu et en faire nos délices ne coïncident pas toujours dans cette vie, un jour, ils ne feront qu'un. Nous pouvons prier pour la venue du royaume de Dieu, mais si nous n'aimons pas Dieu de tout notre être et plus que tout, nous ne l'honorons pas vraiment en tant que Seigneur[7].

Enfin, quand nous lisons les livres de nombreux grands auteurs classiques, tels qu'Augustin, Luther et Calvin, nous remarquons qu'ils ne prennent pas position pour un camp ou un autre[8]. Même l'éminent théologien catholique Hans Urs von Balthasar a cherché à rééquilibrer la traditionnelle prière mystique contemplative. Il met en garde contre le danger de se perdre dans l'introspection : « La prière contemplative [...] ne peut ni ne doit être une contemplation du moi, mais une écoute et un regard plein de révérence pour [...] le tout autre, la Parole de Dieu[9]. »

Du devoir au plaisir

Où cela nous mène-t-il ? Rechercher la communion avec Dieu, voir le royaume avancer dans les cœurs et dans le monde, ne devraient pas s'opposer. Si nous les appliquons tous les deux, la communion ne sera pas une simple prise de conscience silencieuse et mystique, et nos « multiples paroles » (Matthieu 6.7) dans nos requêtes ne seront pas une stratégie pour obtenir les faveurs de Dieu.

Il ressortira de ce livre que la prière est à la fois une conversation *et* une rencontre avec Dieu. Ces deux concepts nous fournissent une définition de la prière et des éléments pour nous aider à améliorer notre vie de prière. Les formes traditionnelles de prière: l'adoration, la confession, la reconnaissance et la supplication, permettent de l'appliquer concrètement et d'avoir des expériences profondes. Il importe que nous connaissions l'admiration mêlée de respect liée à la louange de sa gloire, l'intimité ressentie lorsque nous découvrons sa grâce et la lutte pour demander son aide. Tout cela peut nous amener à vivre la réalité spirituelle de sa présence. La prière est autant émerveillement *et* intimité que combat *et* réalité. Nous n'en ferons pas l'expérience chaque fois que nous prions, mais chacune de ces composantes devrait être prépondérante dans nos prières au cours de notre vie. Le sous-titre du livre de James Packer et Carolyn Nystrom consacré à la prière en offre un bon résumé: « Trouver notre voie en passant du devoir au plaisir », tel est le voyage de la prière.

Première partie

Avoir le désir de prier

Chapitre 1

Prier : une nécessité

« On ne s'en sortira pas »

J'ai découvert la prière dans la deuxième partie de ma vie. Je n'avais pas le choix.

À l'automne 1999, j'ai animé un cours biblique sur les psaumes. J'ai compris que j'effleurais à peine ce que la Bible commandait et promettait sur la prière. Après le 11 septembre, nous avons vécu des heures sombres à New York lorsque toute notre ville a sombré dans une dépression collective. Le cauchemar s'est intensifié pour ma famille. Mon épouse Kathy luttait contre les effets de la maladie de Crohn tandis que j'apprenais que je souffrais d'un cancer de la thyroïde.

Un jour, ma femme m'a supplié de nous autodiscipliner à faire ce que nous n'avions jamais pu accomplir jusque-là, par manque de volonté. Elle m'a demandé de prier avec elle tous les soirs. *Tous* les soirs. Elle s'est servie d'une illustration qui évoquait parfaitement son ressenti :

> Imagine que tu sois atteint d'une maladie si grave que ta seule chance de survie serait de prendre un médicament chaque soir avant de dormir. À la moindre omission, c'est la mort en quelques heures. Oublierais-tu de le prendre ? Non, ce serait si important que tu ne ferais jamais preuve de négligence. Eh bien, si nous ne prions pas, on ne s'en sortira pas à cause de tout ce qui nous tombe dessus. Nous *devons* prier, et ne pas l'oublier.

Peut-être était-ce la puissance de son illustration, simplement le bon moment, ou le Saint-Esprit ? Il est fort probable que le Saint-Esprit ait utilisé le moment et la clarté de l'image. Nous avons tous deux compris l'enjeu de la situation. Nous ne pouvions pas nous dérober à cette impérieuse nécessité. Depuis lors, Kathy et moi n'avons pas manqué une seule soirée de prière, même quand nous étions dans deux hémisphères différents, nous avons prié au téléphone.

La demande pressante de Kathy, le défi à relever et ma prise de conscience que je ne comprenais pas la prière m'ont incité à effectuer des recherches. Je voulais une vie de prière bien plus profonde. Je me suis donc mis à beaucoup lire et à vivre une vie de prière. Un regard autour de moi m'a vite permis de réaliser que je n'étais pas le seul.

N'y a-t-il personne pour m'apprendre à prier ?

Alors étudiante en littérature dans l'Iowa et âgée de 21 ans, la célèbre romancière du sud des États-Unis, Flannery O'Connor, a cherché à approfondir sa vie de prière. C'était un devoir.

En 1946, elle a commencé à rédiger un journal de prière. Elle y décrit ses luttes pour devenir une grande auteure : « Je veux vraiment réussir à écrire [...] Mon œuvre me décourage tellement [...] Le mot médiocrité est difficile à s'appliquer à soi-même [...] il me correspond, pourtant [...] Je n'ai encore aucun motif d'être fière. Je suis bête, tout aussi bête que ceux dont je me moque. » De telles déclarations peuvent être légion dans le journal intime d'artistes en herbe, mais Flannery O'Connor a fait un usage peu commun de ses émotions. Elle en a fait une prière. Elle a ainsi suivi la tradition instaurée par les psalmistes, qui n'hésitaient pas à identifier et exprimer leurs sentiments et qui les confiaient à Dieu avec une grande franchise. Elle écrit :

> Je fais des efforts pour faire de belles phrases plutôt que de penser à Toi et de m'inspirer de l'amour que j'aimerais avoir. Cher Dieu, je ne peux t'aimer comme je le souhaiterais. Tu es le fin croissant de lune que je vois et mon être est l'ombre de la terre qui m'empêche de voir la pleine lune [...] Ce dont j'ai peur, cher Dieu, c'est que l'ombre de mon être grandisse tellement qu'elle cache toute la lune, et que je me juge par l'ombre qui n'est rien. Je ne te connais pas, Dieu, parce que j'obstrue le chemin[10].

Flannery O'Connor reconnait ici ce qu'Augustin avait clairement identifié dans son propre journal, *Les Confessions* : pour bien vivre nous devons prioriser de ce que nous aimons. Aimer notre réussite plus que Dieu et notre prochain endurcit et insensibilise notre cœur. Ironiquement, cela fait de nous de moins bons artistes. Dès lors, puisque Flannery O'Connor *était* une romancière de grand talent, qui aurait pu devenir hautaine et égocentrique, son seul espoir résidait dans une réorientation constante de son âme dans la prière : « Seigneur, je t'en supplie, éclaire-moi. Lave-moi [...] Aide-moi à creuser plus profondément afin que je puisse te trouver[11]. »

Elle pense à la discipline nécessaire pour mettre ses prières par écrit dans le journal. La forme lui pose problème : « J'ai décidé qu'il ne s'agissait pas d'un moyen direct de prier. La prière ne se prémédite pas ainsi, elle provient de l'instant et c'est trop lent pour le saisir[12]. » Puis elle voit le danger d'étaler sa vie sous couvert de la prière : « Je [...] veux que ce soit [...] pour louer Dieu. C'est sans doute davantage thérapeutique [...] l'élément du moi étant sous-jacent dans les pensées[13]. »

Elle croit pourtant que le journal lui permet d'entrer « dans une nouvelle phase de [sa] vie spirituelle [...] J'ai laissé tomber certaines habitudes et comportements dignes d'un adolescent. Il n'en faut pas beaucoup pour nous amener à reconnaître à quel point nous sommes stupides, mais ce peu prend du temps pour se manifester. Je découvre graduellement mon être ridicule[14] ». O'Connor a appris que la prière ne pouvait se réduire à l'exploration solitaire de notre subjectivité. Nous sommes en présence du Tout Autre qui est unique. Dieu est la seule personne à qui nous ne pouvons rien cacher. Devant lui, nous en viendrons de façon inévitable à nous voir sous un jour nouveau et unique. La prière mène donc à une connaissance de soi impossible à acquérir autrement.

Un désir ardent d'apprendre véritablement à prier ressort de son journal. O'Connor ressent intuitivement que la prière est la clé de tout ce qu'elle doit faire et être. Les pratiques religieuses de son passé appliquées machinalement ne la satisfont pas : « Je ne veux pas renier les prières traditionnelles que j'ai prononcées tout au long de ma vie ; mais je les ai dites sans les ressentir. Mon attention s'évade toujours. De cette manière, je capte l'instant. Je peux sentir la chaleur de l'amour m'envahir au moment où j'y pense et Te l'écris. Ne permets pas que les explications des psychologues à ce sujet le rendent soudain froid[15]. »

À la fin d'un paragraphe, elle s'écrie : « N'y a-t-il personne pour m'apprendre à prier ?[16] » De nos jours, des millions de personnes posent la même question. Un sentiment perdure quant à la nécessité de prier ; nous *devons* prier. Mais comment faire ?

Un paysage confus

Il y a une quarantaine d'années, la société occidentale s'est passionnée de plus en plus pour la spiritualité, la méditation et la contemplation, suite peut-être à la médiatisation de l'engouement des Beatles pour la méditation orientale, et au déclin des religions institutionnelles. De moins en moins de gens connaissent la routine des services religieux réguliers. Il subsiste pourtant un besoin impérieux de spirituel. De nos jours, plus personne ne s'émeut d'apprendre, dans le *New York Times*, que Robert Hammond, l'un des fondateurs du parc linéaire suspendu de Manhattan, va faire une retraite spirituelle de trois mois en Inde[17]. Chaque année, de nombreux Occidentaux se ruent en Asie dans des ashrams et autres centres de retraites spirituelles[18]. Rupert Murdoch a récemment annoncé sur Twitter qu'il apprenait la méditation transcendantale : « Tout le monde le conseille, a-t-il écrit, pas évident au début, mais on dit que c'est mieux pour tout[19]. »

L'Église chrétienne a elle aussi connu un regain d'intérêt pour la prière. Il existe un fort courant vers les méditations anciennes et les pratiques contemplatives. Une petite armée d'institutions, d'organisations, de réseaux et de professionnels donnent des cours et coachent à l'aide de méthodes telles que la prière centralisante, la prière contemplative, la prière d'écoute, la *lectio divina* et bien d'autres « disciplines spirituelles[20] ».

Toutefois, il ne faut pas y voir une seule « vague » cohérente. Il s'agit plutôt de courants contraires qui pourraient bien emporter leurs adeptes. Les Églises catholiques et protestantes ont émis d'importantes critiques[21] contre cette mode de la spiritualité contemplative. Lors de mes recherches sur la prière, j'ai constaté combien ce tour d'horizon pouvait semer la confusion.

Un mysticisme intelligent

Pour progresser, il m'a fallu revenir à mes propres racines spirituelles et théologiques. J'ai prêché plusieurs fois sur l'épître de Paul aux Romains, d'abord dans mon Église de Virginie, puis dans celle de New York. Au milieu du chapitre 8, Paul écrit :

> *En effet, vous n'avez pas reçu un Esprit qui fait de vous des esclaves et vous ramène à la crainte : non, vous avez reçu l'Esprit qui fait de vous des fils adoptifs de Dieu. Car c'est par cet Esprit que nous crions : Abba c'est-à-dire Père ! L'Esprit Saint lui-même et notre esprit nous témoignent ensemble que nous sommes enfants de Dieu.*
>
> Romains 8.15-16

L'Esprit de Dieu nous donne l'assurance de l'amour de Dieu. D'abord, l'Esprit nous permet de nous approcher et de parler à ce grand Dieu comme à un père rempli d'amour. Puis l'Esprit se joint à notre esprit et offre un témoignage plus direct. J'ai saisi pour la première fois l'ampleur des versets ci-dessus en lisant les messages de D. Martyn Lloyd-Jones, prédicateur britannique et auteur du milieu du XXe siècle. Il expliquait que Paul partageait une profonde expérience de la réalité de Dieu[22]. Plus tard, j'ai découvert que la plupart des commentateurs bibliques contemporains s'accordaient sur le fait que ces versets décrivent « une expérience spirituelle ineffable ». En effet, l'assurance d'avoir en Dieu un amour sûr est « mystique, au meilleur sens du terme ». Thomas Schreiner prétend qu'il ne faut pas « diminuer le côté émotionnel » de nos expériences : « Certains rejettent cette idée à cause de sa subjectivité, mais les débordements de certains milieux ne permettent pas d'exclure la dimension "mystique" et émotionnelle du christianisme[23]. »

Les commentaires de Lloyd-Jones m'ont incité à relire des auteurs qui avaient jalonné mes études de théologie : Martin Luther, Jean Calvin, John Owen, Jonathan Edwards. J'ai alors découvert qu'aucun choix n'était proposé entre vérité *et* Esprit ou doctrine *et* expérience. John Owen, théologien anglais du XVIIe siècle, m'a beaucoup aidé sur ce point. Dans une prédication sur l'Évangile, il a posé les fondements doctrinaux sur le salut chrétien avec un soin particulier. Puis, il a exhorté ses auditeurs à « faire l'expérience de la puissance de l'Évangile [...] dans vos cœurs, sinon vos professions de foi ne dureront pas[24] ». Cette expérience de la puissance de l'Évangile qui touche le cœur ne peut avoir lieu qu'à force de prières, publiquement dans l'assemblée ou en privé.

Dans ma quête d'une vie de prière plus profonde, j'ai choisi une voie qui défiait toute logique : ne lire aucun livre *récent* sur la prière. J'ai préféré revenir aux classiques de la théologie chrétienne qui m'avaient formé. J'ai posé des questions sur la prière et l'expérience de Dieu, questions qui ne m'étaient pas venues à l'esprit en les étudiant, des décennies auparavant. J'y ai découvert beaucoup d'éléments que j'avais négligés à l'époque et j'y ai trouvé des conseils sur la vie de prière intérieure et l'expérience spirituelle. J'ai ainsi évité les courants dangereux et les tourbillons des débats et mouvements spirituels contemporains. L'un des auteurs que j'ai consultés était le théologien écossais John Murray. Il m'a donné l'un des meilleurs conseils qui soient :

> Nous devons absolument admettre qu'il existe un *mysticisme intelligent* dans une vie de foi [...] une union et une communion vivantes avec le Rédempteur éternel et glorieux [...] Il communie avec son peuple et son peuple communie avec lui dans un amour volontairement réciproque [...] Une vie menée avec une foi authentique ne peut être un simple acquiescement glacial. Elle doit avoir la passion et la chaleur de l'amour et de la communion, car la communion avec Dieu est le summum de la vraie religion et sa couronne[25].

Murray n'était pas un auteur lyrique. Pourtant, quand il parle de « mysticisme » et de « communion » avec celui qui est mort et qui vit à jamais pour nous, il suppose que les chrétiens ont une relation d'amour palpable avec lui. Il part également du principe que leur connaissance et leur expérience de Dieu dépassent l'imagination. Ce qui implique de prier, mais quelle prière ! Au milieu du paragraphe, Murray cite la première épître de Pierre : « Jésus, vous ne l'avez pas vu, et pourtant vous l'aimez ; mais en plaçant votre confiance en lui sans le voir encore, vous êtes remplis d'une joie glorieuse qu'aucune parole ne saurait exprimer », traduit aussi par : « une joie glorieuse et ineffable[26] ».

En méditant ce verset, je ne pouvais que m'émerveiller de ce que, en écrivant à une Église en particulier, Pierre s'adresse en réalité à tous les chrétiens à travers les âges. Il n'a pas dit : « Les plus spirituels d'entre vous connaissent des moments de joie intense en priant. J'espère que les autres les rattraperont. » Non, la joie débordante produite par la prière était pour lui une évidence. J'étais coupable.

Une phrase de Murray m'a particulièrement marqué : nous devons développer un mysticisme *intelligent*. Autrement dit, une réelle rencontre avec Dieu inclut les sentiments du cœur et la ferme assurance de l'esprit. Nous ne sommes pas appelés à choisir entre une vie chrétienne centrée sur la vérité et la doctrine ou une vie pleine de puissance spirituelle et d'expérience. Les deux vont de pair. Je n'étais pas appelé à abandonner ma théologie pour partir à la recherche de « quelque chose de plus », d'expériences. Je devais plutôt demander au Saint-Esprit de m'aider à vivre ma théologie.

Apprendre à prier

Comme Flannery O'Connor l'a demandé, en se lamentant, comment apprendre à prier ?

Le traitement contre mon cancer de la thyroïde s'est avéré un succès et l'été suivant, j'ai opéré quatre changements dans mon culte personnel. 1° J'ai passé plusieurs mois à relire les Psaumes et je les ai tous résumés. J'ai ainsi pu m'en servir pour prier régulièrement en les parcourant tous plusieurs fois par an[27]. 2° J'ai pris l'habitude de méditer entre un temps de lecture biblique et un temps de prière. 3° Je me suis efforcé de prier matin et soir, et plus seulement le matin. 4° Je me suis mis à prier en ayant des espérances plus grandes.

Il a fallu du temps pour voir des fruits, mais après deux ans de discipline, des résultats se sont fait sentir. Malgré des hauts et des bas depuis lors, j'ai trouvé une nouvelle tendresse en Christ *et* aussi une nouvelle amertume car le côté vital de la prière m'éclaire sur mon cœur. En d'autres termes, j'ai vécu plus de moments de quiétude et d'amour mais aussi plus de combats pour voir Dieu triompher du mal dans ma vie et dans le monde. Les deux expériences de la prière dont il a été question dans l'introduction, ont grandi ensemble, telles deux arbres côte à côte. Je pense que cela devrait se passer ainsi. L'une stimule l'autre. Il en est résulté une nouvelle force et vitalité spirituelle, inconnues dans mon ministère auparavant, malgré mes innombrables sermons. La suite de ce livre raconte ce que j'ai appris.

La prière demeure néanmoins un sujet extrêmement difficile à traiter. Elle est certes indéfinissable, mais la cause première tient dans le fait que nous nous sentons si petits et désarmés devant elle. Un jour, Lloyd-Jones a dit qu'il n'avait jamais écrit sur la prière à cause d'un sentiment de faiblesse personnelle dans ce domaine[28]. Je doute que les plus grands auteurs sur la prière aient eu l'impression d'être davantage à la hauteur que lui. Peter Forsyth, écrivain britannique du début du XXe siècle, exprime mieux que moi mon point de vue et mon aspiration :

> C'est une chose difficile et formidable d'écrire sur la prière. L'on a peur de toucher l'Arche [...] Mais l'effort en soi [...] peut être regardé avec miséricorde par Celui qui a toujours vécu pour faire de l'intercession une prière pour mieux savoir comment prier[29].

La prière est le seul accès vers une vraie connaissance de soi. C'est aussi le meilleur moyen de vivre un profond changement, à savoir celui de revoir les priorités accordées à ce que nous aimons le plus. Dieu utilise la prière pour nous donner tant de ces choses inimaginables qui nous sont destinées. En effet, grâce à la prière, Dieu peut nous donner en toute sécurité bien des choses parmi celles que nous désirons le plus.

Elle permet de connaître Dieu, de le traiter *en tant que* Dieu. La prière est la clé de tout ce que nous avons besoin d'être et de faire dans la vie. Nous devons apprendre à prier. C'est une nécessité.

Chapitre 2

La grandeur de la prière

Pour toutes ces raisons, moi aussi, après avoir entendu parler de votre foi au Seigneur Jésus et de votre amour pour tous ceux qui appartiennent à Dieu, je ne cesse de dire ma reconnaissance à Dieu à votre sujet quand je fais mention de vous dans mes prières.

Je demande que le Dieu de notre Seigneur Jésus-Christ, le Père qui possède la gloire, vous donne, par son Esprit, sagesse et révélation, pour que vous le connaissiez ; qu'il illumine ainsi votre intelligence afin que vous compreniez en quoi consiste l'espérance à laquelle vous avez été appelés, quelle est la glorieuse richesse de l'héritage que Dieu vous fait partager avec tous ceux qui lui appartiennent, et quelle est l'extraordinaire grandeur de la puissance qu'il met en œuvre en notre faveur, à nous qui plaçons notre confiance en lui. Cette puissance, en effet, il l'a déployée dans toute sa force.

Éphésiens 1.15-19

La suprématie de la prière

En comparant brièvement Éphésiens 1 à Philippiens 1, Colossiens 1, puis Éphésiens 3, nous constatons qu'il s'agit de la manière habituelle de Paul de prier pour ceux qu'il aime. La longue phrase de l'apôtre contient en son cœur, au verset 17, une perle sur la grandeur et l'importance de la prière : « Je demande que [...] vous le connaissiez. »

Dans tous ses écrits, Paul ne prie jamais pour que Dieu change les circonstances de ses amis. Ils faisaient face à de grandes difficultés et épreuves. Ils étaient persécutés, séparés de leurs bien-aimés, ils mouraient de maladies et des forces puissantes les opprimaient. La sécurité de leur existence était bien inférieure à la nôtre. Dans ses prières, l'apôtre ne demande pourtant ni un meilleur empereur, ni d'être protégé des attaques de l'armée, ni même de quoi manger. Paul ne prie pas pour les biens matériels que nous placerions en principe au sommet de notre liste de requêtes.

Doit-on en conclure que ces sujets de prières sont mauvais ? Pas du tout. Paul savait que Jésus lui-même nous demandait de prier pour que Dieu nous accorde « notre pain de ce jour » et nous « délivre du mal ». En 1 Timothée 2, Paul exhorte ses lecteurs à prier pour la paix, pour un bon gouvernement et pour les besoins du monde. Dans ses propres prières, Paul ne nous donne pas un modèle universel comme le fait Jésus. Il révèle plutôt ses demandes les plus fréquentes pour ses amis, ce que Dieu pouvait leur offrir de plus important selon lui.

En quoi cela consiste-t-il ? À mieux le connaître. Paul l'explique avec force détails. C'est avoir l'intelligence illuminée (Éphésiens 1.18). Bibliquement, le cœur est le centre de contrôle de l'être tout entier. Nos engagements les plus profonds, nos plus grands espoirs et amours y résident. Il contrôle nos émotions, nos pensées et notre comportement. Qu'une vérité particulière illumine l'intelligence ou « les yeux de votre cœur » (NEG), signifie qu'elle s'imprègne de façon si indélébile qu'elle transforme toute la personne. Autrement dit, nous pouvons savoir que Dieu est saint mais, lorsque les yeux de notre cœur sont illuminés par cette vérité, nous ne la comprenons pas seulement avec notre tête mais aussi avec nos émotions. Dès lors, nous trouvons que la sainteté de Dieu est extraordinaire et belle. Nous évitons volontairement toute attitude ou comportement qui lui déplairait ou le déshonorerait. En Éphésiens 3.18, Paul dit qu'il désire que l'Esprit leur donne « la puissance ... de comprendre » tous les bienfaits passés, présents et à venir qu'ils ont reçus quand ils ont cru en Christ. Bien entendu les chrétiens connaissent intellectuellement ces bienfaits, mais cette prière recherche quelque chose au-delà : que les sens soient éveillés de façon plus vive à la réalité de la présence de Dieu et d'un partage avec lui.

L'apôtre voit dans cette pleine connaissance de Dieu un élément plus important à acquérir que vivre un changement de circonstances. Sans un vécu profond de la réalité de Dieu, des circonstances favorables peuvent mener vers une confiance en soi excessive et une indifférence spirituelle. Qui a besoin de Dieu lorsque la situation semble sous contrôle ? Par ailleurs, sans cette illumination du cœur, des circonstances défavorables peuvent produire du découragement et du désespoir, puisque l'amour de Dieu sera un concept abstrait plutôt que sa présence d'un réconfort infini. Ainsi, nous devons mieux connaître Dieu si nous voulons affronter la vie quelles que soient les circonstances.

La plus grande préoccupation de Paul est donc *la vie de prière, publique et privée*, des chrétiens. Il croit que le plus grand bienfait est la communion ou le relationnel avec Dieu grâce à une vie de prière riche, dynamique, qui réconforte et exige de l'endurance. Elle offre l'accès aux autres bienfaits. L'apôtre ne considère pas la prière comme un moyen d'obtenir des choses de Dieu, mais comme un moyen d'être rempli davantage de Dieu lui-même. Prier revient à faire tout son possible pour « s'attacher à Dieu » (Ésaïe 64.6), comme les hommes de l'Antiquité qui s'accrochaient à la tunique d'un grand homme pour attirer son attention, ou de nos jours comme embrasser quelqu'un est une démonstration d'amour.

En priant ainsi, Paul accordait la priorité à la vie intérieure avec Dieu[30]. La plupart de nos contemporains basent leur vie intérieure sur leurs circonstances extérieures. Ils fondent leur paix intérieure sur l'image qu'ont leurs amis d'eux, sur leur statut social, leur réussite matérielle et leurs performances. Les chrétiens ne font pas exception. Paul enseigne qu'il devrait en être autrement, afin qu'ils ne subissent pas un choc violent à cause de tout ce qui se passe dans le monde. Si les chrétiens n'enracinent pas leur vie dans l'amour inébranlable de Dieu, alors ils « sont obligés de se fier à ce que pensent les autres et de s'en remettre à l'opinion commune pour se juger eux-mêmes ou pour apprécier le bonheur. Ils tremblent, avec raison, devant leur avenir[31] ».

L'intégrité de la prière

Si la vie extérieure est notre priorité, notre vie intérieure sera faite de ténèbres et de peur. Nous ne saurons pas gérer la solitude. Nous examiner nous-même nous déplaira fortement et notre capacité de concentration diminuera de plus en plus pendant nos temps de réflexion. Pire, notre vie manquera d'intégrité. Extérieurement, nous ferons mine d'être confiants, sains de corps et d'esprit mais le doute, l'anxiété, la pitié de soi et les vieilles rancunes nous rongeront de l'intérieur. Malheureusement, nous ne saurons pas comment pénétrer dans les chambres de notre cœur pour faire le constat de ce qui s'y trouve et le gérer. En résumé, si nous ne mettons pas l'accent sur notre vie intérieure, nous devenons des hypocrites. John Owen, théologien du XVIIe siècle, a averti les pasteurs trop populaires :

> Un pasteur peut remplir les bancs de son église, allonger la liste des membres admis à la table du Seigneur et nourrir à satiété son public, mais ce que ce pasteur est, à genoux, dans le secret devant le Dieu tout-puissant, voilà ce qu'il est, et rien de plus[32].

Pour découvrir votre vrai moi, réfléchissez à ce que vous avez en tête quand personne ne vous voit et que vous pouvez librement vous abandonner à vos pensées. Sont-elles tournées vers Dieu ? Vous désirez peut-être qu'on vous considère comme une personne humble, modeste, mais confessez-vous vos péchés à Dieu ? Vous souhaitez passer pour quelqu'un de positif et joyeux, mais remerciez-vous Dieu pour tout ce que vous avez et faites-vous monter des louanges pour qui il est ? Vous pouvez parler abondamment de la « bénédiction » qu'est votre foi et dire à quel point vous « aimez vraiment Dieu », mais si vous ne priez pas, êtes-vous sincères ? Si vous n'êtes ni rempli de joie, ni humble, ni fidèle dans votre vie privée devant Dieu, l'image que vous voulez donner ne correspondra pas à la réalité de ce que vous êtes vraiment.

Peu avant d'enseigner le Notre Père à ses disciples, Jésus leur a donné certains principes, dont celui-ci : « Quand vous priez, n'imitez pas ces hypocrites qui aiment à faire leurs prières debout dans les synagogues et à l'angle des rues : ils tiennent à être remarqués par tout le monde [...] Mais toi, quand tu veux prier, va dans ta pièce la plus retirée, verrouille ta porte et adresse ta prière à ton Père qui est là dans le lieu secret » (Matthieu 6.5-6). L'infaillible révélateur de l'intégrité spirituelle, selon Jésus, est votre vie de prière personnelle. Bien des gens prient par obligation, pour répondre à des attentes culturelles ou sociales, voire peut-être poussés par l'angoisse liée à des circonstances difficiles. En revanche, ceux qui vivent une vraie relation avec Dieu, leur Père, auront *envie* de prier intérieurement et prieront alors même qu'ils ne subissent aucune pression extérieure. Ils ne s'en lassent pas, même lors de périodes de désert spirituel, où ils n'en retirent ni bénéfice personnel, ni social.

Privilégier sa vie intérieure ne veut pas dire devenir individualiste. Mieux connaître le Dieu de la Bible passe par la vie communautaire de l'Église, la louange collective, autant que par le culte personnel, l'étude de la Bible et la méditation silencieuse. On n'y parvient pas par soi-même. La prière, publique et privée, se trouve au cœur de toutes nos façons de connaître Dieu.

Un ami et pasteur, Jack Miller, m'a avoué un jour qu'écouter une personne prier lui en apprenait beaucoup sur sa relation avec Dieu : « On peut dire si cet homme ou cette femme parle vraiment à Dieu. » J'ai réagi par une note dans ma tête : ne jamais prier à voix haute près de Jack. Ça m'a pris des années pour confirmer sa thèse. Il est possible d'avoir un langage fleuri, d'être très théologique et sérieux quand on prie en public, sans pour autant cultiver une vie de prière personnelle riche. Toutefois, il est impossible d'imiter l'accent de vérité qui se dégage non pas lorsqu'on s'adresse à Dieu mais lorsqu'on parle avec lui. L'intensité de la prière privée et de la prière publique grandissent ensemble.

La difficulté de la prière

Rien de grand ne peut exister facilement. La prière doit donc être une des activités les plus difficiles au monde. Il est toutefois encourageant de le reconnaître. Si vous avez beaucoup de mal à prier, sachez que vous n'êtes pas le seul.

The Still Hour, ouvrage du théologien du XIXe siècle, Austin Phelps, est une référence sur la prière. Son premier chapitre, « L'absence de Dieu dans la prière », commence par une citation de Job 23.3 : « Si je pouvais savoir où je trouverais Dieu, je me rendrais alors jusqu'à sa résidence. » Phelps part du postulat qu'être « conscient de l'absence de Dieu est l'une des difficultés notoires de la vie chrétienne. La présence de Dieu, en tant qu'ami invisible et source de joie n'est pas toujours évidente, même quand nous le louons de tout notre cœur[33] ».

Il poursuit en détaillant les nombreuses raisons de vivre tant de sécheresse lorsqu'on prie, et comment supporter cette « irréalité » de Dieu. Quand nous essayons de prier, nous découvrons d'abord notre vide spirituel. C'est une étape cruciale. Notre vide nous est tellement familier que nous n'en prenons conscience qu'au moment de prier, de lire la Bible ou d'écouter les autres parler des bienfaits de la prière. Nous commençons alors à nous sentir seuls et affamés. Si cette première étape clé mène à la communion avec Dieu, elle est néanmoins déconcertante.

Quand votre vie de prière commence enfin à porter des fruits, les effets peuvent être remarquables. Vous vous noyez peut-être dans la pitié de soi et vous justifiez votre amertume et votre colère. Vous vous asseyez alors pour prier et, en un instant, Dieu met en lumière la mesquinerie de vos émotions. Tous vos efforts pour vous trouver des excuses sont anéantis. Autre exemple : submergé par l'anxiété, vous priez et vous en venez soudain à réfléchir à la raison de votre angoisse. Vous riez de vous-même et remerciez Dieu pour qui il est et pour ce qu'il a accompli. Ce nouvel élan a la clarté vivifiante d'une nouvelle perspective. Cette expérience peut devenir courante. Elle n'est pourtant jamais la norme au début d'une vie de prière où l'impression de pauvreté et d'absence prédomine. Les meilleurs ouvrages nous exhortent à ne pas abandonner, à persévérer et à nous discipliner, jusqu'à ce que, pour reprendre la formule de Packer et Nystrom, le devoir devienne plaisir.

Toutefois, prenons garde à ne pas mal interpréter ces paroles. Nous ne sommes pas à l'abri de nouvelles traversées du désert, pour de multiples raisons. Une vie de prière normale ne ressemble pas à une longue traversée du désert qui ferait place à une immense oasis de joie et d'émotions positives. En effet, le renouvellement de notre intelligence allié à un sentiment du cœur de la présence de Dieu, opèrent plus fréquemment et de façon surprenante, et sont entrecoupés de luttes et d'absences. Quoi qu'il en soit, la recherche de Dieu dans la prière finira par porter des fruits, parce que Dieu cherche des adorateurs (Jean 4.23) et que la prière est infiniment et merveilleusement riche.

Le rôle central de la prière

Dieu étant le sujet principal de la Bible, la prière y est donc omniprésente. La grandeur de la prière n'est rien d'autre qu'une extension de la grandeur et de la gloire de Dieu dans nos vies. Les Écritures sont un long témoignage de cette vérité.

Dans le livre de la Genèse, chacun des patriarches (Abraham, Isaac et Job) prie avec aisance et franchise. Lors de l'épisode de Sodome et Gomorrhe (Genèse 18.23 et suivants), les intercessions persévérantes d'Abraham pour que Dieu épargne ces villes sont remarquables. En Exode, Moïse a assuré la libération du peuple hébreu d'Égypte grâce à la prière. C'est le don de la prière qui fait d'Israël une grande nation : « Où est, en effet, la nation, même parmi les plus grandes, qui a des dieux aussi proches d'elle que l'Éternel notre Dieu l'est pour nous toutes les fois que nous l'invoquons[34] ? » (Deutéronome 4.7).

Dès lors, s'abstenir de prier n'est pas une simple violation d'une règle religieuse quelconque ; c'est s'abstenir de traiter Dieu comme Dieu. C'est pécher contre sa gloire : « Que l'*Éternel* me garde de commettre une faute contre lui en cessant de prier pour *vous* » a dit le prophète Samuel aux siens (1 Samuel 12.23[35]). La plupart des psaumes sont attribués au roi David et sont remplis d'appels à « toi qui écoutes notre prière » (Psaumes 65.3). Après avoir fait construire le temple de Jérusalem, son fils Salomon l'a dédié à l'Éternel dans une prière magnifique[36]. Son plus cher désir était que Dieu y entende les prières du peuple ; en effet la plus grande prière de Salomon était que chacun reçoive le don *de* prier[37]. Il désirait en outre que les autres nations apprennent « que tu es un grand Dieu » et viennent prier dans ce Temple (1 Rois 8.42). Nous voyons une fois de plus que prier revient à reconnaître la grandeur de Dieu.

Le livre de Job présente une longue description de ses souffrances et de ses douleurs, exprimées dans la prière. À la fin, Dieu se met en colère contre l'insensibilité des amis de Job et les prévient qu'il ne renoncera à les punir que si Job prie pour eux (Job 42.8). Le ministère de tous les prophètes de l'Ancien Testament était imprégné de la prière[38]. Il s'agissait sans doute du moyen habituel de leur faire parvenir la Parole de Dieu[39]. Les Juifs ont été préservés de la mort et ont pu rentrer de leur exil à Babylone en priorité grâce à la prière.

L'exil a débuté avec un appel à prier pour cette ville païenne et pour leurs voisins (Jérémie 29.7). Daniel, qui manque de se faire tuer par les autorités babyloniennes parce qu'il persiste à vouloir prier trois fois par jour, se repent pour les péchés du peuple, puis il demande le retour d'exil et est exaucé[40]. Quelques années plus tard, Néhémie reconstruit le mur de Jérusalem grâce à ses nombreuses prières et sa saine gestion[41].

Quant à Jésus-Christ, il apprend à ses disciples à prier, il guérit les malades en priant, il dénonce la corruption du temple (qui devrait être une « maison de prière ») et enseigne que certains démons ne peuvent être chassés que par la prière[42]. Il prie quotidiennement et souvent, avec des cris et des larmes (Hébreux 5.7), parfois toute la nuit. Le Saint-Esprit descend sur lui et l'oint pendant qu'il prie (Luc 3.21). Il est transfiguré alors qu'il prie (Luc 9.29). Il affronte ses plus grandes difficultés dans la prière. La nuit précédant sa crucifixion, il prie pour ses disciples et l'Église (Jean 17.1-26), puis il intercède alors qu'il est en agonie dans le Jardin de Gethsémané. En fin de compte, il meurt en priant.

Tout de suite après la mort de Jésus, les disciples préparent l'avenir en se retrouvant « souvent pour prier » (Actes 1.14). Toutes les réunions d'Église sont consacrées à « prier ensemble » (Actes 2.42, 12.5, 12). La puissance de l'Esprit descend sur les premiers chrétiens en réponse à la puissance de la prière. Les responsables ne sont choisis et nommés qu'après avoir prié. Tous les chrétiens devraient avoir une vie de prière fervente, régulière, fidèle et dévouée. Dans le livre des Actes, la prière est l'un des nombreux signes de la foi en Christ. Le Saint-Esprit nous assure que nous pouvons prier Dieu, nous en donne le désir et nous rend capables de prier même quand nous ne savons pas quoi dire. La prière doit imprégner toute la journée et toute la vie des chrétiens, d'où l'exhortation : « priez sans cesse[43] » (1 Thessaloniciens 5.17).

La prière est si importante qu'on la trouve partout dans la Bible. Pourquoi ? Là où est Dieu, là est la prière. Puisque Dieu est omniprésent et infiniment grand, la prière doit être omniprésente dans nos vies.

La richesse de la prière

L'une des meilleures descriptions extra bibliques de la prière nous vient de George Herbert (1593-1633) dans son poème *Prayer* [Prière]. Cette œuvre est remarquable, car elle traite l'immense sujet de la prière avec seulement cent mots (et sans aucun verbe dans sa version originale). Herbert nous offre en fait deux douzaines d'images.

Nous consacrerons les prochains chapitres à définir la prière, ce qui peut constituer un danger. Une définition cherche à réduire les choses à l'essentiel. George Herbert va dans le sens inverse. Il explore la richesse de la prière dans toute son infinité et son immensité. Il le fait en subjuguant autant nos facultés analytiques qu'imaginatives.

> PRIÈRE Banquet de l'Église, Âge des Anges,
> Souffle de Dieu en l'homme qui renaît,
> L'âme en paraphrase, le cœur en pèlerinage,
> Fil à plomb du chrétien pour sonder ciel et terre,
>
> Machine défiant le Tout-Puissant, la tour des pécheurs,
> Tonnerre inversé, au flanc du Christ la lance qui le perce,
> Le monde en six jours transforme en une heure,
> Une sorte de mélodie, que toutes choses entendent et redoutent.

> Douceur et paix, et joie, et amour, et bonheur,
> Manne sublime, pour réjouir les meilleurs,
> Ciel sans apprêts, l'homme vêtu avec recherche,
> La Voie Lactée, l'oiseau de Paradis,
>
> Carillon d'une église au-delà des étoiles, sève de l'âme,
> Terre des épices, quelque chose de compris.

La prière est le « souffle de Dieu en l'homme qui renaît ». Beaucoup de sceptiques ou de non-croyants se surprennent à prier un Dieu auquel ils ne croient pas vraiment. Herbert propose une explication à ce phénomène. Le même mot hébreu désigne l'« Esprit » et le « souffle ». Selon Herbert, Dieu a mis en nous quelque chose qui sait que nous ne sommes ni seuls dans l'univers, ni faits pour être solitaires. La prière est un réflexe humain naturel.

La prière peut être « douceur et paix, et joie, et amour, et bonheur », le repos profond de l'âme dont nous avons besoin. Elle est la « sève de l'âme », *la* source de notre force et de notre vitalité. La prière au nom de Jésus et la confiance dans son salut font de nous des « hommes vêtus avec recherche », assez solides spirituellement pour entrer dans la présence du Roi. C'est pourquoi nous pouvons nous asseoir avec lui au « banquet de l'Église ». Les festins n'ont jamais été de simples repas mais le signe de l'acceptation et de l'affection de l'Hôte. La prière est une amitié qui rassasie.

La prière est aussi « une sorte de mélodie ». La prière met notre cœur au diapason de celui de Dieu. Chanter mobilise tout l'être : le cœur par la musique et l'esprit par les mots. La prière est une mélodie que les autres peuvent entendre autour de vous. Quand votre cœur chante Dieu, votre joie touche vos proches. Vous n'êtes ni fier, ni froid, ni inquiet, ni dans l'ennui ; vous vous oubliez vous-même, vous êtes chaleureux, rempli d'une paix profonde et d'un intérêt pour les autres, ce qui ne leur échappera pas. Tous « entendent et redoutent ». La prière change ceux qui nous entourent.

La prière peut être une « Terre des épices », une exaltation des sens, avec des senteurs et des goûts exotiques et une « Voie lactée », un chemin de merveilles et de prodiges. Quand cela se produit, la prière devient « l'Âge des Anges », l'expérience de l'éternité. Pourtant, personne n'a jamais trouvé rapidement ou facilement cette « Terre des épices ». La prière est aussi « le cœur en pèlerinage ». À l'époque d'Herbert, le pèlerinage était un voyage long, difficile et épuisant. Être *en* pèlerinage signifie que l'on n'est pas encore arrivé. L'attente suscitée par la prière ne peut être pleinement satisfaite dans cette vie. Les profondes satisfactions que nous recherchons dans la prière sont rares et sporadiques. La prière est un voyage.

La prière est une « manne » céleste et une « réjouissance » tranquille qui nous pousse à continuer même dans nos moments de faiblesse spirituelle, tout comme la manne dans le désert a permis à Israël d'avancer vers l'espoir. Nourriture simple, mais savoureuse, la manne était tout sauf un festin. Elle a merveilleusement nourri les Israélites en leur donnant des forces, telle une barre vitaminée. La prière nous aide à tenir le coup.

La prière véritable est laborieuse, car elle est « l'âme en paraphrase ». Dieu n'exige pas seulement nos requêtes mais tout notre *être*. Lorsque quelqu'un s'engage dans l'expédition de la prière qui dure toute la vie, il ne sait pas encore qui il est. Rien mis à part la prière ne vous révèlera qui vous êtes, car vous ne pouvez voir et devenir votre vrai moi que devant Dieu. Paraphraser, c'est tirer l'essentiel d'un concept afin de le rendre accessible. Prier consiste à comprendre qui vous êtes devant Dieu pour lui en offrir l'essence même. Prier revient à se connaître et à connaître Dieu.

La prière n'est pas que tranquillité, paix et communion. C'est aussi une « machine défiant le Tout-Puissant », formule étonnante se référant aux engins de siège utilisés à l'époque d'Herbert pour prendre les villes d'assaut. La Bible contient des lamentations, des demandes et des supplications, car la prière est une rébellion contre le mauvais statu quo dans lequel le monde est plongé. Les prières ne montent pas en vain. Elles sont entendues tel le « carillon d'une église au-delà des étoiles » et sont en effet un « tonnerre inversé ». Le tonnerre est une expression de la puissance imposante de Dieu, mais la prière s'en sert pour que nos requêtes ne soient pas entendues au ciel comme des chuchotements mais comme des rugissements. Prier change les choses.

Pourtant Herbert ajoute que la prière est aussi « la tour des pécheurs ». Un esprit arrogant ne peut utiliser la puissance de la prière comme un engin de siège. « La tour des pécheurs » signifie que dépendre de la grâce de Jésus dans la prière est notre seul refuge contre notre propre péché. Nous ne pouvons entrer dans la présence de Dieu que si nous dépendons du pardon et de la justice de Christ, et non de la nôtre, devant Dieu. En effet la prière est « au flanc du Christ la lance qui le perce ». Quand nous prions pour recevoir le pardon en nous fondant sur le sacrifice de Jésus, la grâce et la miséricorde se déversent sur nous comme la lance a fait couler le sang et l'eau. La prière est un refuge.

Même si la prière est une sorte d'artillerie qui transforme les circonstances du monde, sa cible est autant, voire davantage, le changement de notre compréhension et de notre attitude envers ces circonstances. La prière est « une sorte de mélodie » qui arrive même à transposer le « monde en six jours ». Les six jours ne représentent pas le sabbat consacré à l'Éternel, mais la semaine de travail ordinaire. Pourtant, « une heure » de prière transpose tout cela, de la même manière que transposer un morceau de musique en change la clé, la tonalité et le timbre. La prière, qui fait descendre le ciel sur terre, nous montre le monde différemment, même dans les tâches les plus triviales. La prière nous change.

La prière est le « fil à plomb du chrétien pour sonder ciel et terre ». Autrement dit, elle nous plonge, par le pouvoir de l'Esprit, dans « les pensées les plus intimes de Dieu » (1 Corinthiens 2.10). La prière nous permet, entre autres, de mesurer la largeur, la longueur, la hauteur et la profondeur de l'amour de Christ pour nous qui nous sauve (Éphésiens 3.18). La prière nous unit à Dieu.

Comment Herbert termine-t-il cette éblouissante succession d'images ? De façon assez surprenante, il conclut que la prière est « quelque chose de compris ». De nombreux commentateurs ont débattu de l'apparente chute de ce grand poème. Il semble avoir « abandonné la métaphore [... C'est pourtant] son couronnement suprême[44] ». Après avoir visité les hauteurs, Hebert revient sur terre. « Quelque chose » est compris par la prière, mais pas tout. Ses conquêtes restent modestes. Paul dit que les croyants ne voient qu'en partie, tout comme les miroirs de l'Antiquité distordaient l'image (1 Corinthiens 13.12). Toutefois, la prière améliore progressivement notre vue. Quand un désespoir mortel, telle une spirale descendante, envahissait le psalmiste, il est allé prier « dans le Temple de Dieu » pour comprendre (Psaumes 73.17).

La prière est un émerveillement, une intimité et une lutte ; mais aussi une réalité. Rien n'est plus important, difficile, riche ou facteur de transformation de vie. Rien n'est plus grand que la prière, absolument rien.

Deuxième partie

Comprendre la prière

Chapitre 3
Qu'est-ce que la prière ?

Qu'est-ce que la prière ? Les formes innombrables de prières qui s'élèvent à travers le monde sont-elles équivalentes ? Si ce n'est pas le cas, comment définir et discerner la « vraie prière » ?

Un phénomène global

La prière est au cœur même des croyances des trois grandes religions monothéistes : l'Islam, le Judaïsme et le Christianisme. Les musulmans sont appelés à prier cinq fois par jour et les juifs habituellement à trois reprises. Chaque dénomination chrétienne regorge de traditions diverses sur la prière, qu'elle soit communautaire, individuelle ou pastorale.

Bien entendu, la prière n'est pas le domaine réservé des religions monothéistes. Les bouddhistes utilisent des moulins à prières, censés diffuser des prières de compassion dans l'atmosphère. Ils joignent le spirituel au naturel pour soulager la souffrance et libérer la bienveillance[45]. Les hindous en appellent à leurs innombrables dieux pour solliciter leur aide ou pour qu'ils propagent la paix dans le monde, mais leur objectif suprême est de s'unir à l'Être suprême, Brahman, pour échapper aux cycles de la réincarnation[46]. Certaines peuplades, comme les Indiens Beaver du Canada et les Indiens Papago des États-Unis, prient en chantant. Pour elles, la poésie et la musique forment des prières qui unissent le monde naturel au monde spirituel[47]. La prière est l'un des phénomènes les plus courants de la vie.

Certaines personnes ouvertement non croyantes prient parfois. Des études ont montré que la prière continue d'être pratiquée dans les pays sécularisés, aussi bien par ceux qui n'ont pas de préférence religieuse que par ceux qui ne croient pas en Dieu[48]. Selon une autre étude, menée en 2004, environ 30 % des athées admettent prier « parfois[49] » et 17 % des non-croyants prient de façon régulière[50]. La fréquence augmente avec l'âge, y compris chez ceux qui ne vont plus à l'Église ou qui ne se reconnaissent dans aucune religion traditionnelle[51]. L'érudit italien Giuseppe Giordan le résume ainsi : « Presque toutes les études sociologiques des comportements religieux rapportent qu'un très grand nombre de personnes affirment prier chaque jour, voire plusieurs fois par jour[52]. »

Peut-on en conclure que tout le monde prie ? Non. Beaucoup de sceptiques sont outrés d'entendre qu'il n'y a pas d'athées face au danger. Beaucoup de gens ne prient jamais, même quand leur existence est menacée. Toutefois, même si la prière n'est pas à proprement parler un phénomène universel, elle reste une constante, quelle que soit la culture, et une écrasante majorité d'êtres humains prient au moins une fois dans leur vie[53]. Toutes tentatives de trouver des cultures, aussi lointaines et isolées soient-elles, n'ayant aucune forme de religion ou de prière, ont échoué. La « communication entre l'humain et le divin » a toujours existé[54]. Il semblerait que l'être humain possède une sorte d'instinct pour la prière. Le théologien suisse Karl Barth l'appelle notre « incurable maladie de Dieu[55] ».

Si la prière est un phénomène quasi universel, toute prière n'est pas pour autant équivalente. Son incroyable variété a de quoi surprendre un observateur. Que de différences entre les transes des chamans amérindiens, les chants bénédictins, les séances de yoga à l'occidentale, les longues prières des pasteurs puritains du XVIIe siècle, le parler en langue des pentecôtistes, les musulmans prosternés en direction de la Mecque, mains, pieds et tête au sol, les prières gestuelles des Hassidim ou la lecture du Livre de la prière commune par le prêtre anglican[56]. Quelles sont alors les similitudes et les différences de toutes ces prières ?

Différentes façons de prier

Les premiers théoriciens modernes de la prière étaient Edward Tylor (1832-1917), James Frazer (1854-1941), l'auteur du *Rameau d'Or*, et Sigmund Freud (1856-1939). Tous trois ont adopté une approche darwinienne selon laquelle la prière est une manière de s'adapter à son environnement et de contrôler les forces de la nature. Pour eux, la prière est née quand la pensée humaine était « semblable à la mentalité d'un enfant ou d'un névrosé, qui se caractérise par la pensée magique[57] ».

Au fil du temps, la prière a évolué vers des formes plus sophistiquées et méditatives. Au départ, l'objectif n'était pas de communiquer avec un Dieu personnel, mais plutôt l'introspection, la transformation de la conscience et la paix intérieure. Dans cette optique, les pratiques contemplatives des philosophes grecs étaient un progrès par rapport aux sacrifices et aux requêtes à Zeus pour faire venir la pluie pour la moisson. Toutefois, la prière n'avait aucun avenir puisqu'elle venait d'une ère préscientifique qui pensait contrôler le monde par la magie et la religion. Selon ces théoriciens, la science ayant pris le relais, la prière ne les aidait plus à s'adapter à leur environnement. Dans ces conditions elle « dépérira[58] ».

Carl Jung, psychologue du XXe siècle est un autre penseur influent qu'il faut considérer. Pour lui, la prière est davantage un repli sur soi qu'une ouverture sur l'extérieur[59]. Tout comme les penseurs asiatiques, Jung croyait que chacun faisait partie d'une force cosmique[60]. Nous acquérons la santé et l'unité quand nous comprenons que nous formons un tout avec la réalité et un monde interconnecté[61]. Il a assimilé ce processus à l'expérience bouddhiste zen du *satori*[62]. Les jungiens rejettent l'idée d'essayer d'entrer en contact avec un Dieu personnel extérieur à nous[63]. Il est préférable de s'exercer à la contemplation spirituelle car cela transforme notre conscience, nous apporte la connaissance pure et nous unit à la réalité[64].

Prière mystique contre prière prophétique

Jung et Freud considéraient la contemplation comme une forme de prière plus élaborée que l'intercession auprès d'un Dieu personnel. Le chercheur allemand Friedrich Heiler avait un tout autre point de vue. Il distinguait la prière « mystique », centrée sur le moi, et la prière « prophétique », dirigée sur l'extérieur. À la différence de ses prédécesseurs, il attribuait une supériorité à la seconde.

Tout en estimant que la prière mystique la plus pure se trouvait dans les religions orientales, Heiler critiquait certains aspects mystiques de la prière chrétienne[65]. Le mysticisme, disait-il, minimise la différence entre Dieu et le croyant, avec pour but que « la personnalité humaine soit dissoute, disparaisse et soit absorbée dans l'unité infinie de Dieu[66] ». Pour la religion mystique, la contemplation silencieuse et tranquille est donc la forme de prière la plus évoluée. Quand nous la maîtrisons, nous ne parlons plus à Dieu, nous faisons partie de Dieu. Heiler opposait cette vision aux « cris passionnés et aux gémissements [...] complaintes et supplications[67] », typiques de la prière verbale, combative, de la religion prophétique. Il évoquait ici les prières bibliques des livres prophétiques et des Psaumes ainsi que, plus tard, celles de Jésus et des apôtres.

Selon Heiler, ces deux sortes de prières divergent principalement au niveau de leur conception de Dieu[68]. La prière mystique insiste sur l'immanence de Dieu plutôt que sur sa transcendance. Dieu est en nous et en tout. Le meilleur moyen de se connecter à Dieu est donc l'introspection pour ressentir la continuité entre l'humain et le divin. Le théologien orthodoxe Antoine Bloom affirme dans son célèbre livre *Beginning to Pray* [Apprendre à prier] : « L'Évangile nous dit que le Royaume de Dieu est d'abord en chacun de nous. [...] Si nous ne pouvons rencontrer Dieu en nous, au plus profond de notre être, nous aurons bien du mal à le rencontrer à l'extérieur. Nous devons donc nous tourner vers l'intérieur[69]. » La prière prophétique, au contraire, insiste sur le fait que Dieu est à l'extérieur de nous, transcendant, saint, glorieux, et « Autre[70] ».

Heiler soutient qu'une autre différence notable réside dans la compréhension de la grâce. La prière mystique peut devenir un « objet[71] » de mérite, une façon d'essayer de sauver son âme. Elle implique de se purger dans un long processus, semblable à « une ascension pénible par paliers vers les sommets pour contempler et s'unir avec Dieu[72] ». L'adorateur atteint alors un état d'amour pur et devient digne de la présence de Dieu[73].

Heiler remarque par contre que les prophètes et les psalmistes ne priaient pas pour se purifier devant Dieu, mais comptaient sur le côté acquis et prévenant « de la grâce de Dieu. La prière n'est ni notre découverte, ni notre réalisation, mais l'œuvre de *Dieu* dans l'homme[74] ». Le but de la prière prophétique n'est pas de s'absorber en Dieu mais de se rapprocher de lui, comme dans l'intimité d'une relation parent-enfant ou amicale. La prière mystique atteint son apogée dans une quiétude silencieuse, alors que la prière prophétique atteint son paroxysme dans l'expression de la louange et un déferlement d'émotions puissantes. Alors que la prière mystique tend à brouiller les frontières entre le moi et Dieu, la prière prophétique exacerbe la notion de différence entre le moi et la majesté de Dieu, à cause de la prise de conscience de son état de pécheur. Toutefois, elle s'épanouit aussi dans la grâce qui ouvre la voie vers l'intimité avec Dieu. Pour les mystiques, la prière est une succession de marches à gravir, avec l'intercession au départ, puis la confession pour parvenir au sommet avec l'adoration et la contemplation silencieuse[75]. De son côté, la prière prophétique refuse de hiérarchiser les différentes formes de prière. Elle combine la méditation, l'intercession, la louange, la confession et l'adoration. En effet, les formes de la prière prophétique mènent l'une vers l'autre, offrent de la stimulation et un approfondissement[76].

La prophétie mystique

Quel point de vue adopter? Celui des adeptes de la prière mystique ou celui de ses opposants qui lui reprochent d'être trop « asiatique » et pas totalement biblique[77]? Une réponse consisterait à rejeter les deux. L'ouvrage de Philip et Carol Zaleski, *Prayer: A History*, critique autant les théories « évolutionnistes » que l'analyse de Heiler. Chaque approche est trop négative quant à certaines formes de prières et exclut, d'après eux, « un pourcentage significatif du patrimoine des prières du monde[78] ». Comment, demandent-ils, peut-on éliminer la majorité des prières humaines en les qualifiant de non valides? Ils refusent de classer les différentes sortes de prières, tout en reconnaissant des différences[79].

Le livre des Zaleski contient une mine d'informations, mais ne rend pas justice aux différences profondes entre les formes de prières humaines. Par exemple, la courageuse tentative de rapprochement entre les transes extatiques de Ramakrishna et le parler en langues[80] pentecôtiste ne convainc guère. Le *bhava samadhi* (conscience extatique) de Ramakrishna et le parler en langues produisent tous deux de la joie, mais n'ont pas le même objectif. Un moine hindou explique qu'une fois le *samadhi* atteint, « il n'y a plus de dieu à qui parler, à part moi ». Il affirme également que « les juifs, chrétiens et musulmans orthodoxes ne peuvent chercher l'union et la piété en même temps, car perdre son identité et se fondre dans le cosmos est une hérésie pour leur religion[81] ». Puisque les dieux et les objectifs divergent tellement, vouloir à tout prix rapprocher ces formes de prières induit en erreur.

Les distinctions et idées principales de Heiler sont plus sages et correctes à mes yeux que celles du couple Zaleski. Il pensait qu'une prière qui prenait en compte la personnalité de Dieu valait mieux qu'une prière qui perdait la notion de communication entre les gens[82]. Pour lui, la prière tient plus de la conversation orale que d'une rencontre mystique et muette. Certaines de ses distinctions vont toutefois trop loin. Il oppose parfois le calme et la sérénité recherchés par la prière mystique aux cris et au combat de la prière prophétique. Pourtant, certains psaumes parlent bel et bien de la contemplation de la beauté de Dieu (Psaumes 27.4) ou de sa gloire et de son amour (Psaumes 63.1-4). Au Psaumes 131.2 David fait référence au profond contentement spirituel en Dieu : « Je me sentais comme un nourrisson rassasié dans les bras de sa mère, comme un nourrisson apaisé. » Jonathan Edwards, davantage partisan de la prière prophétique protestante que de la tradition mystique de la prière catholique, a toutefois affirmé qu'il avait été vidé et anéanti dans la prière. Dans son « Carnet de bord », sorte de journal personnel où il décrivait ses expériences spirituelles, il a noté :

> Un jour [...] de l'année 1737 [...] je contemplais et priais Dieu et j'eus une vision, qui me parut extraordinaire, de la gloire du Fils de Dieu en tant que Médiateur entre Dieu et l'homme, et de son amour et de sa grâce merveilleux, magnifiques, complets, purs et doux, ainsi que de son regard bienveillant [...] La personne du Christ apparut ineffablement parfaite, d'une excellence suffisamment forte pour annihiler toute pensée et toute idée [...] pendant une heure, pour autant que je puisse en juger, je pleurais à chaudes larmes la plupart du temps. Je sentis une ardeur en mon âme à en être vidé et anéanti, gisant dans la poussière, je ne sais comment l'exprimer autrement ; n'être rempli que de Christ, l'aimer d'un amour pur et saint, lui faire confiance, vivre de sa vie, le servir et le suivre ; et être

parfaitement sanctifié et purifié, d'une pureté divine et céleste[83].

Toute personne familiarisée avec la théologie d'Edwards sait qu'il ne parle ici ni de fusion avec Dieu, ni d'un panthéisme qui abolirait les limites entre le moi et l'univers. Heiler a raison de rappeler que les mystiques cherchent souvent à se sauver eux-mêmes par la méditation. Rien ne serait plus à l'opposé de la théologie d'Edwards, dont le fondement est la rédemption sur la base de la foi et de la grâce seules. Pourtant, ses expériences d'intimité avec Dieu ressemblent à de nombreux récits mystiques d'amour et de ravissement.

Comment Edwards peut-il donc prier un Dieu personnel et transcendant avec tant de connotations mystiques ? Parce que si le Dieu de la Bible n'est pas le Même-que-Moi, il n'est pas pour autant Loin-de-moi. Les chrétiens possèdent ceci : « Le Christ est en vous, lui en qui se concentre l'espérance de la gloire à venir » (Colossiens 1.27) grâce au Saint-Esprit. Dieu nous a également donné sa Parole, la Bible, qui n'est pas une simple mine d'informations mais une puissance spirituelle dynamique. Edwards a aussi écrit :

> J'eus à cette occasion, et à d'autres, la plus grande joie à lire les Saintes Écritures, plus que tout autre livre. Bien souvent, chaque mot semblait toucher mon cœur. Je ressentais une harmonie entre quelque chose dans mon cœur et ces mots puissants et beaux. Chaque verset semblait souvent refléter une telle lumière et me nourrissait d'une façon si bienfaisante, que je ne parvenais plus à lire. Je méditais longuement sur une phrase

afin d'en percevoir les merveilles ; et pourtant chacune d'elle semblait être une source d'émerveillement[84].

Ce témoignage est à la fois profondément mystique *et* richement prophétique. Edwards ne rentre pas en lui-même pour découvrir son être impersonnel. Il médite la Parole de Dieu et l'expérience qui en résulte ne se résume pas à rester tranquille, en silence. Il ne s'agit pas ici de la « conscience pure » qui dépasse la prédication et la pensée rationnelle. Edwards est en fait submergé par le pouvoir des mots et la réalité qu'ils révèlent. Je suis du même avis que Heiler, la prière est, en fin de compte, une réponse verbale qui exprime la foi en un Dieu transcendant, en sa Parole et en sa grâce. Elle n'est pas un voyage intérieur visant à découvrir que nous faisons partie d'un tout et de Dieu. La prière « prophétique » de Heiler est celle qui se rapproche le plus de la conception biblique. Bien que ses mises en garde contre les dangers du mysticisme sont justifiées, la prière peut également permettre de rencontrer Dieu personnellement et régulièrement, et conduire à une expérience extraordinaire, mystérieuse et stupéfiante[85].

Un instinct, un don

Nous avons constaté que, bien que la prière soit un phénomène répandu, il existe des différences indéniables et incompatibles entre ses différentes manifestations, d'où cette question : quelle est l'essence de la prière ? Comment la définir pour parvenir à comprendre son omniprésence, et croître en même temps grâce à une pratique fidèle de la vraie prière ?

Du point de vue biblique, la popularité quasi universelle de la prière n'a rien de surprenant. Tous les hommes sont créés à « l'image de Dieu » (Genèse 1.27), dans le but de refléter Dieu et de communiquer avec lui. C'est pourquoi Jean Calvin, le réformateur du XVIe siècle, a écrit : « Il est certain que tous les hommes ont en eux, par un instinct naturel, un sens de la divinité », donc « naturellement tous les hommes ont quelque semence de religion en eux[86] », le *divinitatis sensum* que d'autres théologiens ont estimé être à l'origine de l'omniprésence de la prière dans le monde. Romains 1.19-20 dit qu'en observant le monde, nous pouvons conclure qu'un grand pouvoir l'a créé et le maintient en mouvement. Avoir à vivre dans la faiblesse ou la précarité peut réveiller cette connaissance élémentaire pour prier en criant à l'aide.

Le théologien britannique John Owen pensait également que le côté inné de la prière existait en chacun, fait « unique dans la loi de la nature » et « reconnaissance naturelle, nécessaire et fondamentale de l'Être divin ». Il ajoutait que de nombreuses religions et cultures non chrétiennes priaient avec tant de zèle qu'elles faisaient honte aux chrétiens[87]. Selon Jonathan Edwards, « Dieu se plaît parfois à répondre aux prières des incroyants », non par obligation, mais par « pitié » et en vertu de sa « souveraine miséricorde ». Il cite Jonas 3 en exemple, où Dieu entend les cris des Ninivites, et même le cas du roi impie Achab[88] (1 Rois 21.27-28).

En gardant tous ces éléments à l'esprit, nous pouvons définir la prière comme étant *une réponse personnelle et communicative à la connaissance de Dieu*. Tous les êtres humains ont une certaine connaissance de Dieu à leur portée. Ils conservent en eux un sentiment indélébile d'un besoin de quelque chose ou de quelqu'un bien au-dessus d'eux et infiniment plus grand qu'eux. La prière cherche à répondre et à entrer en communication avec cet être et cette réalité, même si cela ressemble à des appels à l'aide dans le vide.

Tel est pour moi le dénominateur commun de toutes les prières humaines. Toutefois, parce que notre définition considère la prière comme une réponse à la connaissance de

Dieu, il en résulte que le niveau et l'exactitude de cette connaissance modifieront profondément notre prière. Alors que nous pouvons tous avoir un *divinitatis sensum*, Calvin a observé que nous avons tous tendance à refaçonner cette notion du divin pour qu'elle corresponde à nos besoins et désirs, à moins que notre vision de Dieu ne soit corrigée et éclairée grâce au Saint-Esprit et à la Parole[89].

La prière fonctionne à deux niveaux. Elle provient d'abord de l'instinct humain pour recevoir de l'aide, et s'appuie sur une vision floue et très générale de Dieu. Il s'agit d'un effort pour communiquer, mais qui ne constitue pas une vraie conversation, parce que la connaissance de Dieu est trop vague. À un autre niveau, la prière peut être un don spirituel. Les chrétiens croient que la Bible et le Saint-Esprit peuvent ôter le voile pour nous permettre de comprendre Dieu. Quand nous naissons de nouveau, par l'Esprit à travers la foi en Christ (Jean 1.12-13, 3.5), l'Esprit nous montre que nous ne sommes pas seulement les sujets de Dieu, mais aussi ses enfants, et que nous pouvons dialoguer avec lui car il est notre Père[90] (Galates 4.5-6).

Lorsqu'on prie de manière instinctive, la connaissance de Dieu s'acquiert de façon intuitive et en général à travers la nature (Romains 1.20). Les chrétiens, quant à eux, connaissent Dieu par la Parole et son message principal, l'Évangile. Nous pouvons entendre Dieu nous parler dans la Bible, sa Parole vivante et nous lui répondons en priant, bien qu'il ne s'agisse pas d'une « réponse[91] », mais plutôt d'une vraie conversation.

Une conversation, une rencontre

Notre définition a le double mérite d'affirmer l'omniprésence de la prière tout en nous aidant à faire d'importantes distinctions. Toute prière consiste à répondre à Dieu, qui en est à l'origine dans chaque cas : « entendre » précède toujours la demande. Dieu fait le premier pas vers nous, autrement nous ne pourrions jamais l'atteindre. Cependant, toutes les prières ne se valent pas et n'ont pas toute la même efficacité devant Dieu[92]. Plus notre compréhension de l'identité de Dieu est claire, mieux nous prions. La prière instinctive ressemble à un signal lumineux qu'une vague idée de la réalité de Dieu ferait se déclencher en cas d'urgence. En tant que don spirituel, la prière est une conversation sincère et personnelle en réponse à la révélation précise et orale de Dieu.

Pourtant, la prière peut être bien plus que cela. Beaucoup, voire la majorité, de nos conversations sont relativement superficielles. On peut discuter sans se dévoiler. À l'inverse, une conversation peut être d'une grande profondeur où chacun se révèle. La conversation devient alors une rencontre personnelle, une vraie relation.

Dans son roman, *Cette hideuse puissance*, C.S. Lewis raconte la conversion d'un des personnages, Jane Studdock, après une conversation marquante. Elle voyait la « religion » comme un nuage d'encens « qui faisait monter les âmes les plus douées vers le Ciel ». En retour, le Ciel les récompensait de diverses manières et les bénissait. Soudain, une image fort différente lui apparut, non une image de plus d'efforts de notre part, mais de « Dieu [...] qui venait vers les hommes ». Grâce à cette nouvelle information, elle se sentit alors « dans la présence d'une Personne. Quelque chose de palpable, de patient, d'inexorable la toucha, sans voile ni protection ». Dieu était venu à sa rencontre[93]. En conséquence, tout avait changé : « Le sol sous les buissons, la mousse sur le chemin, et la petite bordure en briques, n'avaient pas changé visiblement. Mais ils avaient changé. Une frontière avait été franchie. »

Presque immédiatement des voix se sont élevées dans son esprit. La première l'a attaquée de front : « Fais attention. Recule. Ne perds pas la tête. Ne te compromets pas, disait-elle. » La deuxième était bien plus subtile, lui suggérant vivement d'utiliser cette expérience pour améliorer sa vie actuelle : « Tu as fait une expérience religieuse. C'est très intéressant. Ça n'arrive pas à tout le monde. Comme tu vas mieux comprendre, désormais, les poètes du XVIIe siècle ! » Lewis, le narrateur, conclut : « Mais ses défenses avaient cédé et ces contre-attaques ne réussirent pas[94]. »

Lewis a intitulé ce chapitre : « La vie réelle est rencontre[95]. » C'est vrai, particulièrement dans le cas de la vie en Christ. La vie de Jane a été transformée quand elle a rencontré Dieu. La Bible décrit notre relation avec Dieu en disant que nous connaissons Dieu et que nous sommes connus de lui (Galates 4.9, 1 Corinthiens 13.12). L'objectif n'est pas seulement d'échanger des idées, mais de donner de nous-mêmes. La communication peut mener à une révélation mutuelle qui ne produit rien d'autre qu'une véritable expérience spirituelle. Dans son ouvrage de référence *Connaître Dieu*, James Packer écrit :

> Connaître Dieu est une question de relation personnelle [...] Connaître Dieu est bien plus qu'avoir des connaissances sur Dieu, c'est avoir avec lui des relations dans la mesure où il s'ouvre à nous, et c'est aussi l'objet de notre intérêt [...] De véritables amis font leurs les préoccupations de l'autre [...] Nous ne devons pas perdre de vue le fait que la connaissance de Dieu est

une relation émotionnelle autant qu'intellectuelle et volitive (qui détermine la volonté), et que s'il n'en était pas ainsi, cette relation ne pourrait prétendre à cette profondeur et à cette intimité que réclame l'union de deux êtres[96].

Quelle est donc l'essence de la prière ? Prier c'est poursuivre une conversation que Dieu a entamée au travers de sa Parole et de sa grâce, ce qui va nous mener, en fin de compte, à le rencontrer.

Écouter et répondre

Presque tout au long du livre éponyme, Job, dans une prière déchirante, implore l'aide de Dieu. Malgré toutes ses difficultés, il ne se détourne jamais de Dieu et ne nie pas son existence ; il traite toute sa douleur et sa souffrance par la prière. Il ne peut pourtant se résigner à la vie que Dieu lui a réservée. Puis, les cieux s'assombrissent et « du sein de la tempête », Dieu parle à Job (Job 38.1). Le Seigneur rappelle avec force détails qu'il est le créateur et celui qui maintient l'univers et le monde naturel. Job en a le souffle coupé, il s'humilie devant cette vaste vision de Dieu (Job 40.3-5) et remet les choses en perspective. Sa prière de repentance et d'adoration est alors puissante (Job 42.1-6).

La problématique du livre de Job est posée dès le départ. Est-il possible qu'un être humain puisse être conduit à aimer Dieu pour lui-même au point de vivre dans le contentement en dépit des circonstances[97] ? (Job 1.9). La réponse est dévoilée à la fin du livre. Oui, c'est possible, mais uniquement par la prière.

Que s'est-il passé ? Plus Job comprenait réellement qui était Dieu, plus ses prières gagnaient en puissance, passant d'abord des plaintes à la confession, puis à la demande et finalement à la louange. À la fin, sa situation s'est débloquée et il a été capable de tout affronter. Cette transformation intérieure provenait de l'interaction entre l'écoute de la Parole révélée de Dieu et des réponses à sa prière. Plus sa connaissance de Dieu était juste, plus ses prières étaient fructueuses et plus sa vie était transformée.

La puissance de nos prières ne dépend donc pas uniquement de nos efforts et de la peine que nous nous donnons, mais plutôt de notre connaissance de Dieu. Peut-être me direz-vous : « Dieu a parlé de manière audible à Job au sein d'une tempête. J'aimerais qu'il me parle ainsi. » En ce qui nous concerne, nous avons quelque chose d'encore bien meilleur, une expression encore plus claire du caractère de Dieu : « À bien des reprises et de bien des manières, Dieu a parlé autrefois à nos ancêtres par les prophètes. Et maintenant, dans ces jours qui sont les derniers, c'est par son Fils qu'il nous a parlé [...] Ce Fils est le rayonnement de la gloire de Dieu et l'expression parfaite de son être » (Hébreux 1.1-3).

Jésus-Christ est *la* Parole de Dieu (Jean 1.1-14) parce que Dieu ne peut nous parler plus clairement, personnellement et magnifiquement que par Jésus. Nous ne pouvons fixer le soleil directement. Sa gloire nous écraserait et nous ferait immédiatement perdre la vue. À travers un filtre, nous pouvons en admirer les flammes et les couleurs. Quand nous regardons Jésus comme il nous est révélé dans les Écritures, nous regardons la gloire de Dieu par le prisme de la nature humaine. C'est l'une des nombreuses raisons pour lesquelles, comme nous le verrons ultérieurement, les chrétiens prient « au nom de Jésus ». Par le biais de Christ, la prière devient, selon l'expression de John Knox, « une conversation informelle et honnête avec Dieu » ou, pour Calvin, une « conversation intime » des croyants avec Dieu ou encore une « communion des humains avec Dieu[98] ». « Car grâce à lui [Christ], nous avons accès, les uns comme les autres, auprès du Père par le même Esprit » (Éphésiens 2.18).

Chapitre 4

Parler avec Dieu

Nous avons appris que la prière est à la fois un réflexe naturel et un don spirituel. En tant que réflexe, elle est une réponse à notre connaissance innée mais fragmentaire de Dieu, tel un message dans une bouteille, au cas où Dieu existerait. En tant que don spirituel, elle poursuit une conversation entamée par Dieu. Si elle se prolonge, cette conversation peut devenir une rencontre avec Dieu ; le ciel dans la vie ordinaire.

Puisque la prière est notre réponse à Dieu, nous devons d'abord étudier comment il nous parle pour ensuite apprendre à lui répondre.

À la rencontre d'un Dieu personnel

Si Dieu était un être impersonnel, comme l'enseignent les religions asiatiques, l'amour, cette chose qui ne peut se produire qu'entre deux personnes ou plus, ne serait qu'une illusion. Si Dieu n'était qu'une seule et même personne, l'amour n'aurait pu exister qu'une fois d'autres êtres créés. Autrement dit, Dieu aurait été puissance *avant* d'être amour. Dans ce cas, l'amour serait moins important que la puissance.

Cependant, la doctrine de la Trinité enseigne qu'il existe un seul Dieu en trois personnes, qui se sont connues et aimées avant la fondation du monde[99]. Si Dieu est trine, les mots et le langage prennent une nouvelle connotation. En Jean 14 à 17, Jésus fait référence à sa vie au sein de la divinité avant sa venue sur terre et mentionne « cette gloire que j'avais déjà auprès [du Père] avant les origines du monde » (Jean 17.5) et les « paroles » (NEG) qu'il avait reçues du Père (Jean 17.8). De toute éternité il existe une communication en paroles au sein de la Trinité : le Père parle au Fils, le Fils parle au Père et le Père et le Fils parlent à l'Esprit[100]. Jean 17 nous en offre un aperçu. La prière de Jésus à son Père est un discours divin[101].

Pour beaucoup de philosophes, Dieu est un pur esprit et dire qu'il parle est donc inadéquat[102]. Pourtant, Jésus a déclaré : « Le ciel et la terre passeront, mais mes paroles ne passeront jamais » (Matthieu 24.35). Le philosophe Nicholas Wolterstorff et d'autres ont réfuté l'idée d'un Dieu muet. Wolterstorff utilise la rhétorique de J.L. Austin, qui allie mots et actes. Les mots disent des choses et agissent. Si Dieu existe et a le pouvoir d'agir, rien ne l'empêche de parler car les mots sont aussi des actions. De plus, si la divinité rassemble plusieurs personnes, et puisque le langage fait partie intégrante des relations personnelles, tout porte à croire que Dieu communique avec des mots.

Dès lors, la prière chrétienne ne fait ni plonger dans les abysses de l'inconnu ni dans un état d'hyper-conscience dénué de paroles. « Les techniques qui préparent au *samadhi*, [état de méditation mantra] contiennent des sons, visions ou actes répétitifs. La pensée analytique est décuplée pour favoriser la prise de conscience intuitive, état de relaxation où la conscience de son identité individuelle est suspendue[103] ». La prière chrétienne ressemble plutôt à une communion avec le Dieu personnel qui devient notre ami grâce au dialogue. La démarche biblique passe par la méditation des paroles des Écritures jusqu'à ce que tout notre être réponde ainsi à Dieu : « Accorde-moi un cœur qui te révère sans partage [...] De tout mon cœur, je te louerai » (Psaumes 86.11-12).

Rencontrer Dieu à travers sa Parole

La théorie « langage-actes » selon laquelle nos mots transmettent une information et amènent les choses à s'accomplir, est convaincante. Toutefois, les paroles de Dieu sont infiniment plus efficaces que les nôtres. Dans son livre *Words of Life*, Timothy Ward affirme que les paroles de Dieu sont identiques à ses actes[104]. Il cite Genèse 1.3 : « Que la lumière soit ! Et la lumière fut. » Ward remarque que ce passage ne dit pas que Dieu a parlé puis a agi en conséquence. Non, le mot prononcé a fait naître la lumière. Quand Dieu nomme quelqu'un, cette nomination même représente la personne. Quand il change le nom d'Abram en Abraham « Père d'une multitude », cette parole transforme ce vieux couple en êtres humains biologiquement et spirituellement capables d'engendrer un peuple nombreux (Genèse 17.5). Le psaume 29 constitue tout un hymne de louange à la puissance de la voix de Dieu : « La voix de l'Éternel foudroie les cèdres, l'Éternel brise les cèdres du Liban [...] La voix de l'Éternel fait trembler le désert. L'Éternel fait trembler le désert de Qadèch » (Psaumes 29.5, 8). Nous voyons à nouveau que ce que fait la voix de Dieu, Dieu l'accomplit. La parole de Dieu se fond dans l'action. Ésaïe 55.10-11 exprime ce principe théologique de manière très puissante :

> *Or, la pluie et la neige qui descendent du ciel*
> *n'y retournent jamais*
> *sans avoir arrosé et fécondé la terre,*
> *sans avoir fait germer les graines qui s'y trouvent,*
> *sans fournir au semeur le grain qu'il doit semer,*
> *et sans donner du pain à tous ceux qui le mangent.*
> *Il en sera de même de la parole que j'ai prononcée :*
> *elle ne reviendra jamais vers moi à vide,*
> *sans avoir accompli ce que je désirais*
> *et sans avoir atteint le but*
> *que je lui ai fixé.*

Nous aurons beau dire : « Que la lumière soit dans cette pièce », nous devrons toujours appuyer sur l'interrupteur ou allumer une bougie. Nos mots ont besoin d'actes qui les valident, et il arrive qu'ils n'atteignent pas leurs buts. Les paroles de Dieu, en revanche, ne peuvent échouer, car parler et agir sont la même chose pour Dieu. Le Dieu de la Bible est un Dieu qui « par sa propre nature, agit en parlant[105] ». Lorsque la Bible parle de la Parole de Dieu, elle parle alors de « la présence active de Dieu dans le monde[106] ». Dire que la Parole de Dieu est émise pour accomplir quelque chose revient à dire que Dieu a fait quelque chose. Se soustraire à un commandement de Dieu ou à ses paroles revient à briser la relation avec lui. « (Nous pouvons) donc dire que Dieu s'est *investi* lui-même dans ses mots, ou nous pourrions dire que Dieu s'est *identifié* à ses mots, de sorte que ce que l'on fait aux mots de Dieu [...] on le fait à Dieu lui-même [...] *Les actions verbales* de Dieu *sont une sorte d'extension de lui-même*[107] ».

Cet enseignement biblique fondamental a d'immenses conséquences. L'une d'entre elles est en lien direct avec la prière : « Pour les personnes les plus enclines au mysticisme, les mots, de par leur nature même, constituent un obstacle à la communion avec Dieu. Elles se trompent. » Si les paroles de Dieu sont sa présence active et personnelle, leur faire confiance *revient* à faire confiance à Dieu : « Une communication de la part de Dieu est donc une communion avec Dieu, lorsqu'elle rencontre une réponse pleine de confiance de notre part. » Bien évidemment, la prière peut parfois n'être qu'un simple repos en sa présence mais, même entre humains, « un homme et une femme assis à une table de restaurant, qui plongent en silence leur regard dans celui de l'autre [...] s'engagent dans une relation bien plus authentique s'ils ont un mariage vieux de vingt ans rempli de conversations que s'il s'agit de leur premier rendez-vous[108] ».

Comment recevoir les paroles de Dieu ? Elles viennent à nous par les Écritures. La Bible affirme que Dieu mettra ses paroles dans la bouche des prophètes (Deutéronome 18.15-20, Jérémie 1.9-10). Quand il reçoit le message, le prophète peut le retranscrire et il sera alors considéré comme Parole de Dieu, même si le prophète est absent ou mort et enterré (Jérémie 36.1-32). La Bible est donc la Parole écrite de Dieu et elle demeure sa Parole quand nous la lisons aujourd'hui.

La conclusion est limpide. Dieu agit par ses mots, la Parole est « vivante et efficace » (Hébreux 4.12). Dès lors, Dieu agit avec puissance dans nos vies par la Bible. Comprendre les Écritures, ce n'est pas simplement acquérir des informations sur Dieu. Si nous lui offrons toute notre attention avec confiance et foi, la Bible est le moyen d'entendre et de rencontrer Dieu lui-même.

Prier en s'immergeant dans la Parole de Dieu

C'est la Bible qui nous apprend à qui nous nous adressons lorsque nous prions. Son vocabulaire nous inspire. Cela ne devrait pas nous surprendre car cette dynamique vitale est à l'œuvre dans le développement de chaque être humain.

Eugène Peterson nous rappelle ceci : « Le langage nous est insufflé ; nous apprenons à parler parce que quelqu'un nous a d'abord adressé la parole. Dès notre naissance, nous sommes plongés dans un océan de paroles. [...] Ensuite, syllabe après syllabe, nous acquérons la capacité de répondre : maman, papa, boire, non, donne. Mais aucun de ces mots n'a jailli de notre bouche sans avoir été prononcé auparavant pour autrui [...] Tout discours est une réponse. Nous avons tous été interpellés avant de pouvoir parler[109] ». Depuis l'analyse de Peterson, des études ont prouvé que la capacité à comprendre et à communiquer des enfants est en grande partie déterminée par la richesse du lexique entendu lors de leurs premières années. La façon dont nous parlons dépend de celle dont on nous a parlé.

Il est donc essentiel de reconnaître ce que Peterson appelle « cette antériorité écrasante, solennelle, du discours de Dieu sur nos prières[110] ». Ce principe théologique a des conséquences pratiques. Nos prières devraient donc naître de notre immersion dans l'Écriture. Nous devrions nous « plonger dans la mer » de la langue de Dieu, la Bible. Nous devrions écouter, étudier, penser, réfléchir, méditer les Écritures jusqu'à ce que notre cœur et notre esprit répondent. Il peut s'agir de honte, de joie, de confusion ou d'un appel ; mais cette réponse au discours de Dieu sera pleinement une *prière* qui devrait lui être donnée.

Si le but de la prière est d'établir un lien réel et personnel avec Dieu, seule l'immersion dans la Bible nous apprendra à prier, peut-être aussi lentement qu'un enfant apprend à parler. Cela ne veut pas dire que nous devons lire la Bible avant chaque prière. Pour être efficace, une éponge ne doit être imbibée d'eau que de temps à autre. Tant que nous passons régulièrement du temps à lire sa Parole, nous pouvons nous tourner vers Dieu toute la journée. Peterson a analysé les prières des auteurs et des personnages bibliques :

> Ces prières ne venaient pas de gens qui essayaient de se comprendre eux-mêmes. Elles ne sont pas des quêtes du sens de la vie. Elles étaient faites par des gens qui avaient compris que [...] Dieu, et non leurs sentiments, était central [...]. Les expériences humaines peuvent engendrer les prières, mais elles ne les conditionnent pas [...] Ce n'est pas une simple croyance en Dieu qui les conditionne [...], c'est une *doctrine* de Dieu[111].

La Bible nous dévoile un Dieu réel et complexe. Si vous entretenez une relation personnelle avec quelqu'un d'authentique, vous serez souvent dérouté ou fâché contre lui. De même, vous serez aussi souvent déconcerté par le Dieu que vous rencontrerez dans les Écritures, mais aussi surpris et réconforté. Votre prière doit être fermement enracinée dans vos lectures bibliques. Le mariage entre Bible et prière ancre votre vie dans le vrai Dieu.

La prière verbale comme réponse à la personne de Dieu

Dans son chapitre « Prière et Mysticisme », le théologien Donald Bloesch analyse les écrits de mystiques médiévaux : Maître Eckhart et Jean Tauler. Il observe « qu'au sens le plus profond, l'expérience mystique dépasse la raison, les mots et les idées[112] ». Comme l'écrit l'auteur catholique Thomas Merton : « L'âme n'est pas arrivée jusqu'à Dieu par la pensée ou la réflexion ; elle ne l'étreint pas dans un concept distinct[113]. » Le mystique veut être proche de Dieu, pas des mots et des idées sur Dieu. La raison est perçue comme une limitation, un écran entre le cœur et Dieu.

Pourtant, Paul incite les chrétiens à conserver leur rationalité lorsqu'ils prient : « Que ferai-je donc ? Je prierai avec mon esprit, mais je prierai aussi avec mon intelligence. Je chanterai les louanges de Dieu avec mon esprit, mais je chanterai aussi avec mon intelligence » (1 Corinthiens 14.15). Nous prions le Père en paroles, par le Fils qui est *la* Parole (Jean 1.1). Martin Luther affirmait catégoriquement qu'il ne fallait jamais aller « au-delà » des paroles de Dieu dans la Bible, sous peine de ne plus savoir avec qui nous conversons : « Nous devons d'abord écouter la Parole, et ensuite, l'Esprit Saint opère dans nos cœurs. Il agit sur qui il veut, comme il veut, mais jamais sans la Parole[114]. »

L'auteur contemporain John Jefferson Davis partage ce point de vue[115]. Sans en nier les bienfaits, Davis estime que ni la « prière centralisante » ni la « prière Jésus » ne peuvent convenir à ceux pour qui la prière est une réponse à la révélation orale de Dieu dans la Bible et un don accordé à ceux ancrés dans la grâce de Dieu. La prière centralisante, comme le *Nuage de l'inconnaissance* du XIVe siècle, se fonde sur la notion de Dieu en tant que pur esprit en nous, qui dépasse toute pensée, idée et image[116]. « La prière apophantique » en est l'objectif : dépasser la pensée discursive et ressentir la pure conscience de Dieu l'Esprit grâce à la répétition sereine et réfléchie d'un seul mot comme *Dieu* ou *amour*[117]. Davis remarque, à juste titre, que le langage ne constitue pas un élément accessoire mais essentiel pour l'être éternel de Dieu en tant qu'unité de trois personnes. Il faut que les croyants soient sanctifiés par les mots véridiques que le Père a adressés à Jésus (Jean 17.8, 17) et que le Saint-Esprit nous a transmis (1 Corinthiens 2.13)[118]. Il précise également que la prière biblique n'est pas tournée vers l'intérieur (bien qu'elle nécessite examen de soi et repentance), mais vers le haut, pour nous rendre compte de notre véritable statut en Christ et aligner notre cœur en conséquence : « Mais vous êtes aussi ressuscités avec le Christ : recherchez donc les réalités d'en haut [...] De toute votre pensée, tendez vers les réalités d'en haut, et non vers celles qui appartiennent à la terre » (Colossiens 3.1-2). Nous devons diriger nos pensées et nos mots vers le ciel[119].

Davis n'est pas aussi sévère avec la « prière Jésus » (« Seigneur Jésus-Christ, Fils de Dieu, aie pitié de moi, pécheur »), mais met en garde contre une utilisation abusive. C'est une prière ancienne, utilisée par l'Église Orthodoxe, qu'il faut répéter longuement ou à mi-voix et dans son cœur, tout au long de la journée. Même s'il s'agit d'une phrase cohérente, elle est souvent utilisée aux mêmes fins : supprimer le dialogue, la pensée et l'échange, marque de la prière centralisante et des méditations orientales. Des sons répétés alliés à des respirations rythmées peuvent provoquer des effets psychosomatiques comme dans la prière musulmane soufie du *dhikr*[120]. De plus, Davis remarque que la Prière Jésus n'est pas adressée au Père par le Fils, alors que, pour Jésus, c'est le principe même de la prière (Matthieu 6.9 et suivants). Le Père n'est pas mentionné et le croyant ne l'est qu'en tant que pécheur, non en tant qu'enfant intimement persuadé de son amour. Cette prière omet notre statut d'enfant pardonné et accepté[121]. La prière Jésus pourrait facilement devenir magique ou un mantra, une façon d'attirer l'attention de Dieu en rabâchant des « tas de paroles » (Matthieu 6.7). Davis propose de développer des méditations et des prières ancrées dans une compréhension plus solide de la personnalité du Dieu qui parle et de notre sécurité parce qu'il nous a justifiés et adoptés.

Comme toujours, il faut trouver un équilibre, ce que fait James Packer, en rejetant « la croyance, issue des religions asiatiques, du gnosticisme et du néo-platonisme, qu'il faut prendre conscience de Dieu et le contempler en tant que présence impersonnelle plutôt qu'en tant qu'ami personnel ». Il poursuit : « une intimité non cognitive avec Dieu, pendant laquelle on a vidé son esprit de toute pensée personnelle envers lui et envers quoi que ce soit d'ailleurs » n'est qu'un « mysticisme oriental habillé à l'occidentale[122] ».

Toutefois, Packer nous rappelle « qu'il existe [bien sûr] des moments de silence devant Dieu [...] après lui avoir parlé, quand la joie causée par son amour envahit notre âme ». On peut admirer et adorer Dieu en silence, car « quand deux personnes s'aiment, elles se regardent parfois en souriant, sans avoir besoin de parler, profitant simplement de ce rapport privilégié[123] ». Pourtant, même les gens profondément amoureux chercheront instinctivement à exprimer leur émerveillement. Il conclut donc que « la prière silencieuse n'est pas l'apogée [...], mais elle ponctue de façon périodique la prière à haute voix [124] ».

La prière variée comme réponse à la gloire de Dieu

Nous devons utiliser des mots pour prier, mais lesquels ? Toutes sortes. Les psaumes dévoilent un nombre incroyable de façons de prier : cris d'émerveillement, plaintes virulentes, arguments raisonnés, déclarations et jugements, appels et demandes, injonctions et condamnations de soi ; autant de discours, d'attitudes et d'émotions radicalement différents. Livrés à nous-mêmes, à nos cultures et à notre tempérament naturel, nos prières n'auront pas cette richesse. Les psaumes contiennent des envolées et des éruptions exubérantes que des mélancoliques ne pourraient jamais exprimer, mais aussi des plongées au plus profond du cœur qu'un extraverti ne pourrait jamais vivre, des plaintes et des questions abruptes à Dieu dont un introverti serait incapable.

Si seuls nos besoins internes et notre psyché déclenchaient nos prières, jamais nous ne pourrions formuler l'éventail des prières bibliques. Cela ne s'avère possible que si nous répondons par la prière en fonction de qui est Dieu. Le Dieu biblique est majestueux et tendre, un Dieu saint et qui pardonne, rempli d'amour et insondable. C'est pourquoi la prière ne peut être qu'une confession misérable, une louange triomphante ou un appel plaintif ; elle ne peut être qu'un seul mode d'expression. Certaines prières bibliques ressemblent à des conversations intimes avec un ami, d'autres à un appel à un grand roi, et d'autres encore à des combats. Pourquoi ? Dans chaque cas, la nature de la prière est déterminée par le caractère de Dieu, qui est à la fois ami, père, berger, quelqu'un qui aime et roi. Nous ne décidons pas en fonction des résultats escomptés. Nous prions en réponse à Dieu. La Parole de

Dieu contient tous les types de discours, notre vie de prière ne sera riche et variée que si nous répondons à sa Parole.

La tragédie de la prière déconnectée

Selon Eugene Peterson, le point de départ de la prière doit être la Parole de Dieu. Anne Lamott a une approche différente dans son ouvrage *Help, Thanks, Wow; The Three Essential Prayers* [Les trois prières essentielles : Au secours, merci, super]. Elle déclare de but en blanc que notre opinion de Dieu compte peu :

> Disons que [la prière] est ce que les Grecs appelaient la Vérité Vraie, ce qui se trouve en nous, derrière le voile de nos valeurs, de notre position, de nos convictions et de nos blessures. Disons qu'il s'agit d'un cri de l'intérieur vers la Vie ou l'Amour, avec une majuscule. L'identité de cette force importe peu [...] On se moque de savoir qui ou pour quoi nous prions. Disons que la prière est une communication entre notre cœur et le grand mystère, ou la Bonté [...], énergie d'amour vivante à laquelle nous avons parfois l'audace de croire : quelque chose d'incroyablement grand qui se distingue de nous. Nous pourrions appeler cette force le Non-moi [...] ou, par convenance, nous pourrions simplement l'appeler « Dieu[125] ».

Anne Lamott essaie peut-être d'inciter les personnes qui croient en Dieu sans réelle conviction à le chercher sincèrement. Dans ce cas, son livre lance un appel attendrissant au sceptique à prier, mais il ne peut s'agir, au mieux, que d'une première étape. Dire à quelqu'un de prier sans s'inquiéter de la nature de Dieu ou de ce qu'il croit à son propos ne peut l'aider à mener une vie de prière, car il est impossible de développer une relation sans apprendre à connaître la personne.

Anne Lamott énumère de façon plaisante trois catégories traditionnelles de prières : au secours (supplication), merci (reconnaissance) et super (adoration). Il est frappant de constater cependant que le livre passe sous silence deux étapes cruciales de la prière, la confession et la repentance[126]. Si nous comparons son court ouvrage à des traités de taille équivalente, écrits par Augustin et Luther (ainsi que le Notre Père), la différence saute aux yeux, il manque la confession[127]. J'imagine que cet oubli flagrant provient de son postulat de départ qui n'est pas la connaissance de Dieu dans la Bible. Selon elle, nous ne devrions pas nous « creuser la tête » pour savoir qui est Dieu. Nous devrions simplement prier. Malheureusement, si Dieu n'est pas le point de départ, nos besoins émotionnels conscients deviennent le moteur et l'unique centre d'intérêt de notre prière[128]. Cela limitera forcément l'éventail biblique de la prière.

Edmund Clowney a écrit : « La Bible ne présente pas l'art de la prière, mais le Dieu de la prière[129]. » Nous ne devrions pas décider comment prier en fonction de nos expériences et de nos sentiments. Nous devrions, au contraire, contempler Dieu tel qu'il est, la prière suivra. Plus nous comprenons qui est Dieu, plus notre prière s'adaptera et se construira en conséquence.

Si nous ne nous immergeons pas dans la Bible, nos prières seront non seulement limitées et superficielles, mais aussi déconnectées de la réalité. Nous ne répondrons pas au vrai Dieu, mais à ce que nous aimerions qu'il soit. En effet, livré à lui-même, notre cœur aura tendance à créer un Dieu qui n'existe pas. Les Occidentaux veulent un Dieu rempli d'amour et qui pardonne, mais pas d'un Dieu saint et transcendant. Des études révèlent que leurs prières sont dépourvues de repentance et de la joie d'être pardonnés[130]. Si dans nos prières nous ne répondons pas au Dieu de la Bible, nous ne nous parlons qu'à nous-mêmes. Eugene Peterson l'a affirmé sans détour :

> Livrés à nous-mêmes, nous prions un dieu qui nous dit ce que nous voulons entendre, ou à la partie de Dieu que nous arrivons à comprendre. Le plus important est de parler au Dieu qui nous parle, à tout ce qu'il nous dit [...] Il y a une différence entre prier un Dieu inconnu que nous aimerions découvrir dans la prière, et prier un Dieu connu, révélé par Israël et Jésus-Christ, qui parle notre langue. Dans le premier cas, nous faisons tout pour assouvir notre soif d'être exaucés sur le plan religieux, dans le second, nous mettons en pratique l'obéissance de la foi. Le premier est bien plus agréable, le second bien plus important. L'essentiel, dans la prière, n'est pas d'apprendre à s'exprimer, mais d'apprendre à répondre à Dieu[131].

Si nous délaissons la Bible, nous interrogeons nos impressions et nos sentiments et nous nous imaginons que Dieu nous dit des choses. Comment être sûr que nous ne nous leurrons pas ? George Whitefield, pasteur anglican du XVIIIe siècle, a été l'une des figures de proue du Grand Réveil, qui a embrasé les sociétés occidentales et permis à l'Église de grandir de façon spectaculaire. Orateur hors pair, il est resté dans les annales de l'Église comme étant l'un de ses plus grands prédicateurs. En 1743 naît son premier enfant, un fils, et Whitefield a l'intime conviction que cet enfant deviendra lui aussi un « prédicateur de l'Évangile éternel ». Cette assurance divine en tête, il le prénomme Jean, pour Jean-Baptiste, dont la mère s'appelait Élisabeth comme sa femme. Au baptême de son fils, Whitefield fait un sermon devant une grande foule sur les merveilles que Dieu accomplira à travers son fils. Il ignore les cyniques qui se moquent de ses prophéties.

Puis, alors âgé d'à peine quatre mois, son fils meurt brutalement. Les Whitefield sont bien sûr anéantis par le chagrin, surtout George, convaincu de son tort d'avoir mis sur un pied d'égalité ses intuitions et la Parole de Dieu. Il prend conscience d'avoir entraîné son assemblée dans la même erreur consternante. Whitefield avait interprété ses envies, sa fierté paternelle, sa joie profonde et ses ambitions légitimes pour son fils, comme une parole de Dieu. Peu de temps après, il écrira une prière déchirante pour lui-même, afin que Dieu « permette à ce parent qui s'est trompé d'être plus prudent, plus réfléchi, d'acquérir plus d'expérience concernant les ruses de Satan, et d'être ainsi plus utile dans ses œuvres à venir pour l'Église de Dieu[132] ».

Il ne s'agit pas de tirer de conclusions hâtives selon lesquelles Dieu ne guide jamais nos pensées ni ne nous oriente avec sagesse dans nos choix. Toutefois, nous ne pouvons être *certains* qu'il nous parle que si nous le lisons dans la Parole.

Avoir à cœur de prier

À l'apogée de son règne, le roi David décide de construire un temple pour Dieu. Le Seigneur l'avertit, par le prophète Nathan, qu'il n'en a pas décidé ainsi. Puis il lui fait une promesse : « L'Éternel t'annonce qu'il te constituera une dynastie [maison en hébreu ...] j'établirai après toi l'un de tes propres descendants pour te succéder [...] C'est lui qui construira un temple en mon honneur et je maintiendrai à toujours son trône royal » (2 Samuel 7.11-13). David voulait construire une maison à Dieu mais Dieu lui répond : « C'est moi qui *te* bâtirai une maison. » C'est un puissant jeu de mots. David voulait bâtir un lieu où Dieu pourrait révéler sa gloire. Mais le Seigneur lui fait une contre-proposition. Il établira la lignée royale de David et c'est elle qui révélera, par la suite, la gloire de Dieu de façon permanente et universelle.

En réponse à cette promesse, David répond : « En effet, ô Éternel, Seigneur des armées célestes, Dieu d'Israël, tu as révélé à ton serviteur que tu lui bâtirais une dynastie. C'est pourquoi ton serviteur a trouvé le courage de t'adresser cette prière » (2 Samuel 7.27). Ces quelques mots révèlent les mécanismes à l'œuvre dans la prière. Le texte hébreu dit, littéralement, que la Parole de Dieu a permis à David d' « avoir à cœur [*leb* en hébreu] de faire cette prière ». La Parole de Dieu a créé en David le désir, l'énergie et la force de prier. C'est toujours le même principe : Dieu nous parle dans sa Parole, nous lui répondons en priant. Nous entrons alors dans une conversation avec le divin, dans une communion avec Dieu.

La prière de David en 2 Samuel 7 est certes puissante, mais les chrétiens sont plus privilégiés que les plus grandes figures de l'Ancien Testament. David s'est sûrement demandé comment son trône deviendrait « éternel ». Est-ce l'équivalent de l'hyperbole antique « Longue vie au roi ! » ? Non, Ésaïe mentionne quelqu'un qui règnera sur le « trône de David » pour « toujours » et dont la « royauté sera solidement fondée sur le droit et sur la justice, dès à présent et pour l'éternité » (Ésaïe 9.6). Comment un seul être peut-il régner pour toujours ? Ésaïe nous dit qu'il s'agit d'un enfant à naître qui sera appelé « Dieu fort » (Ésaïe 9.5). Il sera « né », donc humain, mais aussi divin. L'un des descendants de David prendra un royaume et n'y renoncera jamais grâce au divin pouvoir de sa vie indestructible (Hébreux 7.16). Jésus, le Fils ultime de David accomplira cela.

Mieux, les croyants deviendront la « maison » de Dieu, un temple fait de pierres vivantes habitées du Saint-Esprit (1 Pierre 2.4-5, Éphésiens 2.20-22). La même gloire divine qui aurait pu coûter la vie à Moïse (Exode 33.20) vient désormais dans les cœurs des pécheurs pardonnés par Christ (Jean 1.14, 2 Pierre 1.4). Il n'y a donc rien d'étonnant à ce que Jésus, à la grande surprise de son auditoire, ait affirmé que Jean-Baptiste était le plus grand prophète avant Christ, mais que le plus petit dans le royaume des cieux était plus grand que lui (Matthieu 11.11). La puissance de la Parole de Dieu « réside dans toute sa richesse » dans tous les croyants, amenant leur cœur à louer, chanter et prier Dieu dans une joie jamais imaginée par David et Jean-Baptiste (Colossiens 3.16).

David a eu à cœur de prier lorsqu'il a reçu la Parole de Dieu de la promesse : il établirait son trône et lui construirait une maison. Les chrétiens ont quant à eux une Parole de promesse nettement plus importante. Dieu ne se contentera pas de construire une maison, il fera de nous *sa* maison. Il nous remplira de sa présence, de sa beauté et de sa gloire. Chaque fois que les chrétiens se rappellent leur identité en Christ, cette promesse s'installe en eux et leur cœur les incite alors, encore et encore, à prier.

Chapitre 5

Rencontrer Dieu

La prière est une conversation avec Dieu. Toutefois, certains entretiens peuvent se résumer à un échange d'informations sans mener à une vraie rencontre et une relation personnelles. Nous ne voulons pas seulement obtenir des indications *sur* Dieu, nous voulons *connaître* Dieu, chercher sa face et sa présence. Timothy Ward a montré que les messages donnés par Dieu aux prophètes et aux apôtres, écrits dans la Bible, constituent le meilleur moyen de rencontrer Dieu : « Rencontrer les mots des Écritures revient à rencontrer Dieu en action[133]. » Il ne faut donc pas opposer vérité théologique et rencontre existentielle, mais plutôt expérimenter la vérité. Comment faire ? Dans ce chapitre, nous allons analyser ce que dit la Bible sur la découverte de Dieu. À cette fin, nous devons étudier qui est le Dieu que nous prions et comment le rencontrer selon les Écritures.

Qui nous rencontrons : un Dieu tripersonnel

Voici la première vérité théologique de la prière : nous nous adressons à un Dieu trine, et ce n'est qu'à travers l'œuvre distincte de chaque personne au sein de la divinité que nos prières peuvent être entendues.

La nature tri-unitaire de Dieu se révèle pleinement dans le Nouveau Testament[134], mais rarement aussi explicitement qu'en Matthieu 28.19, quand Jésus envoie ses disciples baptiser les croyants du monde entier « au nom du Père, du Fils et du Saint-Esprit ». Il n'est pas dit « aux noms », le singulier indique que les trois ne sont qu'un. De nos jours, le « nom » n'est qu'un titre ou un qualificatif qui peut être changé mais, à l'époque biblique, il englobait la nature et l'être d'une personne[135]. Autrement dit, le Père, le Fils et le Saint-Esprit partagent une même nature divine, ils sont un. Il n'y a qu'un Dieu, et non trois. Paul a beau faire régulièrement référence à la divinité de Christ en disant que *toute* la plénitude de la divinité habite en lui (Colossiens 2.9), il dit aussi « qu'il n'y a qu'un seul Dieu » (1 Corinthiens 8.4). Dieu possède une nature, un nom et un être.

Pourtant, le Père, le Fils et le Saint-Esprit sont tous également Dieu. Le théologien R.T. France a écrit : « Que le "Fils" prenne place comme membre médian entre le Père et le Saint-Esprit, avec une allégeance des disciples à un objet triple [... et] objet légitime de la louange [...] est extraordinaire[136]. » Ainsi, il existe trois personnes au sein de l'unité de l'être de Dieu, autant divines l'une que l'autre, qui se connaissent et s'aiment et qui ont travaillé ensemble à une œuvre de salut de toute éternité[137].

Les conséquences de l'existence de ce Dieu trine sur la prière sont nombreuses. Pour commencer, Dieu a toujours eu, en lui-même, une amitié parfaite. Le Père, le Fils et le Saint-Esprit s'adorent, se donnent de l'amour qui les glorifient mutuellement et trouvent leur plaisir les uns dans les autres. Aucune joie ne surpasse celle de l'amour donné et reçu. Mais le Dieu trine connaît cet amour et cette joie à un degré infini et inimaginable. Dieu est donc infiniment et profondément *heureux*, rempli d'une joie parfaite, non pas d'une quiétude abstraite mais d'un bonheur intense provenant de relations d'amour dynamiques. Connaître Dieu ne revient pas à vivre au-delà de ses émotions ou de ses pensées, mais à être rempli d'amour et de joie glorieux.

Si Dieu n'avait nul besoin de créer qui que ce soit pour connaître l'amour et être heureux, pourquoi l'a-t-il fait ? Dans une prédication, Jonathan Edwards a avancé que la seule raison n'était pas d'*obtenir la* joie et l'amour cosmiques des relations (ce qu'il avait déjà), mais de les *partager*[138]. Edwards démontre que cela cadre avec l'idée d'un Dieu trine qui est forcément de nature altruiste, qui cherche uniquement la gloire pour la donner, dans le but de communiquer aux autres le bonheur, la beauté et la joie de ses perfections divines.

Comme l'a écrit Augustin dans son œuvre magistrale *Sur la Trinité*, notre capacité à aimer les autres n'est qu'une image de l'amour entre les personnes de la Trinité. Nous avons été créés pour le refléter[139]. Nous pouvons voir pourquoi un Dieu trine nous appelle à converser avec lui, à le connaître et à entrer en relation avec lui. C'est parce qu'il veut partager sa joie. La prière est notre moyen d'entrer dans le bonheur de Dieu lui-même.

Qui nous rencontrons : Notre Père Céleste

Dans l'Ancien Testament, Dieu n'était appelé Père qu'en de rares occasions. C'est dans le Nouveau Testament que la nature du caractère paternel de Dieu devient claire et proéminente, lorsque la Trinité se révèle pleinement. Le Père envoie le Fils pour nous sauver de nos péchés afin que nous puissions devenir ses fils et ses filles adoptifs (Éphésiens 1.3-10). Quand nous naissons de nouveau par la foi en Christ, nous recevons le droit d'être ses enfants et de l'appeler Père (Jean 1.12-13). L'Esprit déverse alors la vie de Dieu en nous, notre marque de fabrique, la nature même de Dieu. Dieu « a envoyé son Fils, né d'une femme et placé par sa naissance sous le régime de la Loi, pour libérer ceux qui étaient soumis à ce régime. Il nous a ainsi permis d'être adoptés par Dieu comme ses fils. Puisque vous êtes bien ses fils, Dieu a envoyé dans nos cœurs l'Esprit de son Fils qui crie : *Abba*, c'est-à-dire "Père" (Galates 4.4-6) ».

Beaucoup de personnes se demandent : « Ne sommes-nous pas tous enfants de Dieu ? » La Bible mentionne parfois tous les êtres humains en tant qu'« enfants » de Dieu puisqu'il les a tous créés (Actes 17.28). Le mot grec utilisé en Actes 17 est *genos*, qui signifie « descendants ». Il est vrai que Dieu est notre père au sens où Henry Ford est le père de « l'automobile moderne ». Toutefois, le mot « père » désigne également une relation d'amour et de souci de l'autre. N'avez-vous jamais entendu une dispute entre un adolescent et son père : « Tu n'as jamais été un *père* pour moi ! » « Mais tu es la chair de ma chair ! » répond peut-être l'homme. Le jeune rétorque alors : « Il en faut plus pour être père ! Tu n'as jamais été là pour moi ! »

Un père biologique n'entretient pas nécessairement une relation paternelle avec sa progéniture. La Bible partage ce point de vue. Elle réserve la richesse du terme « enfants de Dieu » à ceux qui ont été adoptés dans la famille de Dieu par grâce par le moyen de la foi. L'adoption va bien au-delà de l'acte légal. Être adopté dans une nouvelle famille révolutionne votre façon de vivre au quotidien. En Christ, les croyants ne sont pas seulement légalement mais aussi personnellement accueillis dans l'amour paternel de Dieu[140]. Dans un passage remarquable, Jésus prie le Père pour ses disciples, pour que : « le monde puisse reconnaître que c'est toi qui m'as envoyé et que tu les aimes comme tu m'aimes » (Jean 17.23). Être adopté signifie que Dieu nous aime comme si nous avions accompli ce que Jésus a accompli. Ainsi, Christ n'a pas seulement « payé notre dette » pour nos péchés, il a aussi « mérité pour nous la vie éternelle, mérité pour [nous] la récompense de la parfaite obéissance à la loi de Dieu », pour que nous puissions courir vers notre Dieu sans crainte[141]. Nous avons la relation la plus intime et la plus solide possible avec le Dieu créateur de l'univers.

Le statut d'enfant de Dieu garantit l'*accès*. Nous savons que Dieu nous écoute avec attention et nous regarde. Pensez à ce qu'il faut faire pour rencontrer le Président de la République. Son temps et son attention sont réservés aux plus méritants, à ceux qui ont des références, des compétences ou qui exercent une certaine influence. Mais si vous êtes son enfant, l'accès vous est acquis. De même, le Dieu de l'univers « prend soin » de vous (Psaumes 8.5).

Par la prière, nous pouvons nous approprier cet accès et sentir cet amour paternel, nos vies peuvent bénéficier du calme et de la force qui résultent d'une telle certitude qu'il prend soin de nous.

Qui nous rencontrons : l'Esprit d'adoption

En Éphésiens 2.18, Paul dit que notre accès à Dieu en tant que Père est aussi l'œuvre de l'Esprit. Comme l'a dit Jonathan Edwards : « La prière n'est [...] que la voix de la foi[142]. » Celui qui possède une foi véritable désire prier car, par le Saint-Esprit, la prière est la foi devenue audible. Paul nous donne plus de détails sur l'œuvre de l'Esprit quand il écrit :

> *Car ceux qui sont conduits par l'Esprit de Dieu sont fils de Dieu. En effet, vous n'avez pas reçu un Esprit qui fait de vous des esclaves et vous ramène à la crainte : non, vous avez reçu l'Esprit qui fait de vous des fils adoptifs de Dieu. Car c'est par cet Esprit que nous crions : Abba, c'est-à-dire Père ! L'Esprit Saint lui-même et notre esprit nous témoignent ensemble que nous sommes enfants de Dieu.*
>
> Romains 8.14-16

Paul nous dit que l'Esprit de Dieu remplit les chrétiens de confiance, et non de peur, dans l'amour attentionné de Dieu. Cette confiance est semblable à celle d'un jeune enfant envers ses parents. L'Esprit nous pousse à « *crier* ». Le mot grec (*krazdo*) signifie un grand cri fervent. Il est souvent utilisé dans l'Ancien Testament pour décrire la prière ardente. Il est ici associé à « *Abba*, Père ». Comme l'écrit le spécialiste biblique C.E.B. Cranfield, il s'agit « à l'origine, d'une forme exclamative utilisée par les petits enfants », facile à prononcer comme le mot « *Papa*[143] ». Le judaïsme trouvait cette formule trop « personnelle et tendre » pour être adressée à Dieu.

Quand Jésus l'emploie dans sa vie de prière (Marc 14.36), il « exprime sa conscience d'une relation unique avec Dieu et il autorise ses disciples à s'adresser à Dieu de cette manière afin de leur montrer qu'il partage avec eux sa relation à Dieu[144] ».

La prière n'a rien d'une « fusée de détresse » ou d'un pari incertain. L'Esprit offre aux croyants la certitude existentielle que leur relation avec Dieu ne dépend pas de leurs mérites, contrairement à la relation patron-employé. Elle dépend de l'amour parental. Le Saint-Esprit transforme une offre théologique en confiance intérieure et en joie. Parce que vous êtes en Jésus, le Fils véritable, vous savez que Dieu répond à vos demandes avec l'immense amour et les soins d'un parent dont le bébé pleure. Vous pouvez venir vers Dieu avec l'assurance de recevoir une attention et un amour semblable. Autrement dit, le Saint-Esprit nous donne une foi confiante qui s'exprime naturellement par la prière.

La confiance était au cœur de la théologie et de la pratique de la prière de Luther. Il priait chaque jour au moins deux heures et en sortait avec une vigueur renouvelée. Voici ce qu'il conseillait de dire, à tout chrétien débutant dans la prière :

> Bien [...] que tu sois en droit d'être un juge sévère envers nous pécheurs [...], par ta miséricorde, mets dans nos cœurs une confiance réconfortante en ton amour paternel et permets-nous de goûter la douceur de la certitude qu'a un enfant de pouvoir t'appeler Père avec joie, de t'aimer, te connaître et t'appeler lors de toute difficulté[145].

Toutefois, selon Paul, la prière « Abba » n'est pas la seule que nous donne l'Esprit. Il mentionne aussi l'Esprit en tant qu'intercesseur :

> *De même, l'Esprit vient nous aider dans notre faiblesse. En effet, nous ne savons pas prier comme il faut, mais l'Esprit lui-même intercède en gémissant d'une manière inexprimable. Et Dieu qui scrute les cœurs sait ce vers quoi tend l'Esprit, car c'est en accord avec Dieu qu'il intercède pour ceux qui appartiennent à Dieu. Nous savons en outre que Dieu fait concourir toutes choses au bien de ceux qui l'aiment, de ceux qui ont été appelés conformément au plan divin.*
>
> Romains 8.26-28

L'expression « l'Esprit gémit » a fait couler beaucoup d'encre[146]. Pour certains, l'Esprit nous aide lorsque nous sommes désespérés au point de gémir, mais il est peu probable qu'il ne s'agisse que de périodes de dépression. La « faiblesse » du verset 26 fait référence à celle, décrite précédemment, d'êtres humains qui soupirent après la gloire à venir (v. 18-25, notamment v. 23). Nous savons que Dieu fait concourir toutes choses pour notre bien (v. 28), mais nous ne parvenons que rarement à discerner ce bien. En d'autres termes, la plupart du temps, nous ne savons pas exactement pour quel résultat nous devons prier[147]. Cependant, l'Esprit fait de nos gémissements *ses* gémissements. Il remplit nos prières de ses prières adressées au Père, en mettant en nous un désir profond et inexprimable de faire la volonté de Dieu et de voir sa gloire. Cette aspiration, ce désir « gémissant » de lui plaire, se transmet dans nos demandes. Dans chaque requête, le Père entend ce qui est à la fois le meilleur pour nous et le plus agréable à ses yeux « et Dieu répond à l'intercession de l'Esprit en faisant concourir toutes choses à notre bien[148] ». L'Esprit nous permet de désirer ardemment la gloire future de Dieu et sa volonté, même si nous ne savons pas pour quoi prier exactement, ici et maintenant[149].

La prière est le moyen d'avoir la certitude absolue que Dieu s'occupe parfaitement de nos vies, que nos difficultés se changeront en bien, que nos bénédictions ne peuvent nous être retirées et que le meilleur est à venir.

Qui nous rencontrons : le Médiateur

Nous venons au Père par l'Esprit mais aussi par le Fils. Nous pouvons être certains que Dieu est notre Père uniquement en venant à lui par la médiation de Christ, au nom de Jésus.

L'un de mes enseignants, Edmund Clowney, m'a raconté qu'il était allé trouver un de ses professeurs, John Murray pour l'entretenir d'une affaire privée. Murray a proposé de prier pour lui et la puissance de la prière l'a abasourdi. Cette prière alliait intimité familière et reconnaissance de l'absolue majesté de Dieu. La présence de Dieu a tout de suite été palpable. Murray connaissait aussi bien l'intimité avec Dieu que sa transcendance.

Le professeur Murray a été, en quelque sorte, le « médiateur » d'Ed. Il l'a amené dans la présence de Dieu et s'est fait son porte-parole. La confiance de Murray de pouvoir s'approcher de Dieu et d'être dans sa grâce a permis à Ed de s'appuyer sur l'amour souverain de Dieu, ce dont il avait le plus besoin à cet instant. Bien entendu, Murray savait en tant que théologien, qu'ils n'entraient dans la présence de Dieu que par la médiation de Christ. Dans son commentaire sur Romains, Murray explique le verset : « Le Christ est [...] à la droite de Dieu et il intercède pour nous » (Romains 8.34). Pour lui, « l'intercession » de Jésus, assis à la droite de Dieu et l'assurance, par son sacrifice, de la réponse du Père à nos besoins, ne doit pas être considérée « comme un mythe, pas plus que nous pourrions considérer la résurrection comme telle ». Il poursuit :

> Rien n'accrédite mieux l'intimité et la constance de la préoccupation du Rédempteur pour la sécurité de son peuple, rien ne nous assure mieux de son amour intangible, que la tendresse de son intercession céleste et notamment lorsqu'elle se trouve exprimée dans une intercession pour nous[150].

Ed m'a confié : « L'intercession de cet homme de Dieu m'a grandement aidé. Puis, tout s'est éclairci : si j'ai trouvé cela réconfortant, combien plus devrais-je être réconforté par l'intercession de Christ pour moi ? »

Aussi encourageante qu'ait pu être cette expérience pour Ed, elle l'a également fortement convaincu. Écouter Murray prier lui a révélé que ses propres prières étaient figées, formelles, mécaniques. Il ne connaissait pas grand-chose à la conversation familière dans la présence de Dieu. Il a compris qu'il ne tenait pas sérieusement compte de la médiation de Jésus dans sa vie de prière.

Jésus est le médiateur entre les chrétiens et Dieu (1 Timothée 2.5, Hébreux 8.6, 12.24). Toutes les cultures anciennes ont bâti des temples car les humains sentaient intuitivement qu'il existait un abîme entre la divinité et eux. Dieu est grand et nous sommes petits. Dieu est parfait et nous sommes médiocres. Les temples étaient destinés à réduire cette distance. Des sacrifices et des offrandes étaient offerts, et des rituels étaient observés, par des « médiateurs » professionnels (des prêtres), qui essayaient de rapprocher la divinité des hommes. Tous étaient conscients que ces efforts étaient partiels et fragmentaires. Aucune religion ne prétendait combler le fossé. Aristote, par exemple, pensait qu'il était possible de vénérer et d'apaiser les dieux, mais que l'intimité avec l'un d'eux était impossible. Pour le philosophe, l'amitié implique que les deux parties partagent en étant égales. Elles doivent se ressembler. Mais, puisque Dieu est infiniment supérieur aux êtres humains, « on ne prétend pas être [son] ami[151] ».

Aujourd'hui, le médiateur ultime, le prêtre suprême, met fin à toute prêtrise (Hébreux 4.14-15). Il comble le fossé pour que nous puissions avoir Dieu pour ami (cf. Exode 33.11). C'est parce que le Fils de Dieu a été fait « semblable à ses frères afin de devenir un grand-prêtre plein de bonté et digne de confiance dans le domaine des relations de l'homme avec Dieu, en vue d'expier les péchés de son peuple » (Hébreux 2.17). « En effet, nous n'avons pas un grand-prêtre qui serait incapable de se sentir touché par nos faiblesses. Au contraire, il a été tenté en tous points comme nous le sommes, mais sans commettre de péché. Approchons-nous donc du trône du Dieu de grâce avec une pleine assurance » (Hébreux 4.15-16). Voilà une déclaration qui ferait bondir Aristote et tous les philosophes et religieux du monde. Comment Dieu pourrait-il être un ami proche ? Pourquoi pourrait-on l'approcher avec une pleine confiance ? Parce que Dieu est devenu humain, mortel et sujet à la souffrance et la mort, comme nous. Il l'a fait pour que nous puissions être pardonnés et justifiés par la foi, indépendamment de nos efforts et de nos mérites.

Parce qu'en Jésus, Dieu est devenu homme, il n'est pas un Dieu distant. Il est le pont qui enjambe le fossé. Ainsi, il est le médiateur d'une nouvelle relation avec Dieu, qui ne peut échouer car elle est basée sur sa fidélité et non sur la nôtre (Hébreux 9.14-16).

> *Ainsi donc, mes frères, nous avons une pleine liberté pour entrer dans le lieu très-saint, grâce au sang du sacrifice de Jésus. Il nous en a ouvert le chemin, un chemin nouveau et vivant à travers le rideau du sanctuaire,*

> *c'est-à-dire à travers son propre corps. Ainsi, nous avons un grand-prêtre éminent placé à la tête de la maison de Dieu. Approchons-nous donc de Dieu avec un cœur droit, avec la pleine assurance que donne la foi, le cœur purifié de toute mauvaise conscience, et le corps lavé d'une eau pure.*
>
> Hébreux 10.19-22.

La prière au nom de Jésus

Ceci nous conduit à une vérité essentielle du Nouveau Testament : Jésus a enseigné aux disciples qu'ils devaient toujours prier en son nom (Jean 14.13-14 ; 15.16 ; 16.23-24). « Les prières en son nom sont des prières [...] qui reconnaissent que le seul moyen [...] le seul *chemin* qui mène à Dieu est Jésus[152]. »

C'est une affaire de qualification et d'accès. Au cours de mes études, j'ai voulu parler avec un professeur de renom. Angoissé, je m'approchais de son bureau après un cours. Il discutait avec d'autres étudiants et je parvins à mentionner que je connaissais l'un de ses amis. Tout de suite il m'a prêté son attention et m'a parlé chaleureusement et avec intérêt. J'ai eu accès à lui, non en mon nom propre, mais grâce à notre ami commun. Il s'agit d'une faible illustration de notre accès au Père. Étant « en Christ », Dieu nous accorde son attention et son amour quand nous prions.

On trouve une version de Paul de ce propos en Éphésiens 2.18 dans sa formule profondément trinitaire : « Car, grâce à lui [Christ], nous avons accès, les uns comme les autres, auprès du Père, par le même Esprit. » À l'époque, quand un roi accordait une audience, le terme « accès » était d'usage courant. Personne ne pouvait s'avancer de lui-même vers un puissant monarque, sous peine d'être emprisonné, voire tué (Esther 4.9-16). Toutefois, la distance entre le Dieu saint et les hommes pécheurs est infiniment plus grande que celle entre un roi oriental de l'Antiquité et le commun des mortels (1 Samuel 6.20, Psaumes 130.3, Nahum 1.6). Personne ne peut voir Dieu et vivre (Exode 33.20). La proclamation de Paul que nous avons accès à Dieu « grâce à lui » est absolument incroyable. Nous aurons toujours une audience à cause de ce que Jésus-Christ a accompli. Sa mort sur la croix nous réconcilie avec Dieu (Éphésiens 2.16) et fait de lui notre Père.

Connaître Dieu pour qui il est

Selon Galates 4.6-7, l'Esprit nous conduit à faire passionnément appel à Dieu comme étant notre Père rempli d'amour. Paul nomme cette expérience « connaître Dieu » (Galates 4.8). C'est la motivation première de la prière dirigée par l'Esprit avec Christ comme médiateur : mieux le connaître et prendre plaisir à sa présence.

Quelle différence avec notre façon habituelle de prier ! Instinctivement, nous prions Dieu pour obtenir quelque chose. Nous avons beau croire en lui, nos plus grands espoirs et notre plus grand bonheur résident dans nos biens, dans notre réussite ou nos liens sociaux. Nous prions donc essentiellement lorsque notre carrière ou nos finances sont en péril, ou quand une relation ou un statut social sont menacés. Quand tout va bien et que les trésors de nos cœurs semblent être en sécurité, il ne nous vient pas à l'esprit de prier. Nos prières ne sont pas non plus variées ; ce sont souvent des demandes, parfois des confessions (si nous avons mal agi).

Nous n'adorons et ne louons Dieu que rarement voire jamais. Le désir de prier n'est pas en nous. Il faut que les circonstances nous y contraignent. Pourquoi ? Parce que nous considérons Dieu comme un moyen d'arriver à nos fins. Pour la plupart d'entre nous, il n'est pas *devenu* notre joie. Nous prions donc pour nous procurer certaines choses qui nous rendent heureux et non pour le connaître mieux.

Tout change lorsque nous découvrons que nous nous sommes fourvoyés en essayant de nous sauver par nous-mêmes et que nous nous tournons vers Christ. Tout change lorsque nous comprenons la portée de son incroyable et coûteux sacrifice, que nous déplaçons notre confiance et nos espoirs sur Christ et que nous demandons à Dieu de nous accueillir et de nous faire grâce en vertu de Christ. Nous commençons à comprendre avec l'aide du Saint-Esprit l'immensité des bienfaits et des bénédictions que nous recevons en Christ. Nous désirons alors connaître Dieu et l'aimer pour lui-même de manière presque désespérée. Son amour et sa considération font pâlir la popularité et les statuts mondains. Trouver son plaisir en lui et lui faire plaisir nous comblent naturellement :

> *Voir la loi par Christ accomplie*
> *Et l'entendre nous pardonner*
> *Transforme un esclave en enfant*
> *Et le devoir en choix.*
>
> William Cowper, *Olney Hymns*

Dans les premiers chapitres de son *Institution de la religion chrétienne*, Jean Calvin soutient que vous pouvez avoir une grande connaissance sur Dieu, sans le *connaître* vraiment tant que la connaissance de ce qu'il a fait pour vous en Jésus-

Christ n'a pas transformé la structure fondamentale de votre cœur : « Tant que la Parole de Dieu voltige dans le cerveau, elle n'est pas encore reçue par la foi. Elle n'est vraiment reçue que lorsqu'elle a pris racine au plus profond du cœur [...] il y a plus de méfiance dans le cœur que d'aveuglement dans l'esprit, il est plus difficile de donner de l'assurance au cœur que d'instruire la compréhension[153]. » Quand l'Évangile s'enracine dans le cœur, si les chrétiens « ne trouvent pas en lui leur bonheur, ils ne se consacreront pas à lui de façon vraie et sincère[154] ». Vous n'aurez pas une vraie connaissance du salut de Dieu tant que vous n'aurez pas un *désir ardent* de le connaître et de le servir. Une telle âme « n'évite pas seulement de mal faire par crainte d'une punition, elle honore Dieu avec humilité comme maître et supérieur, parce qu'elle l'aime et le révère comme un père ; bien qu'elle ne craigne pas l'enfer, elle a horreur de l'offenser[155] ».

Voici une façon éloquente de dire qu'un chrétien qui comprend l'Évangile par le pouvoir du Saint-Esprit ne recherche pas Dieu pour obtenir une récompense ou pour se soustraire au jugement (puisque ces deux bénéfices nous sont déjà garantis en Christ). Les chrétiens recherchent Dieu pour lui-même. Sans l'Évangile, nous ne viendrions à lui que pour demander quelque chose. Sans l'Évangile, nous pourrions être intimidés par un Dieu saint qui ne peut nous accepter que si nous sommes vraiment justes. Ou nous pourrions concevoir un Dieu dont « l'amour » n'est qu'un regard positif sur chacun d'entre nous. S'approcher du premier dieu serait effrayant et venir au second n'aurait pas grand intérêt. Sans l'Évangile, il est donc impossible d'être passionné ou comblé en approchant le vrai Dieu.

Selon les Zaleski, la prière est une sorte de sacrifice qui sert à pousser les dieux ou Dieu à agir. Toutefois, la prière biblique est offerte sur la base de la grâce gratuite de Dieu et de son amour paternel éternel. Si Dieu est votre Père céleste, vous n'avez nul besoin de magie ou de sacrifices[156].

Le coût de la prière

Comment un tel accès et une telle liberté sont-ils possibles ? Dans les Évangiles, la seule fois où Jésus ne prie pas en appelant Dieu « Père » est sur la croix lorsqu'il dit : « Mon Dieu, mon Dieu, pourquoi m'as-tu abandonné ? » Jésus a perdu sa relation avec son Père pour que nous en ayons une avec Dieu en tant que Père. Jésus a été oublié pour que Dieu se souvienne toujours de nous, d'éternité en éternité. Jésus-Christ a subi toute la punition éternelle qui nous était réservée. Tel est le coût de la prière. Jésus a payé le prix pour que Dieu devienne notre Père.

Vous réagissez peut-être parce que votre père ou votre mère vous a fait du mal. Cela ne doit pas constituer une barrière à la prière, car ce n'est qu'en Christ que vous recevrez l'amour nécessaire dont vous avez besoin pour combler les vides laissés par l'histoire malheureuse de votre famille. Il ne sert à rien de dire : « Pourquoi n'ont-ils pas été les parents qu'ils auraient dû être ? » Aucun parent n'est à la hauteur. Psaumes 27.10 : « Si mon père et ma mère devaient m'abandonner, l'Éternel me recueillerait[157]. » Cette nouvelle relation avec Dieu est celle dont vous avez besoin si vous avez eu un mauvais arrière-plan familial, ou si vous vous sentez nul, seul, ou que vous sombrez dans le désespoir. Grâce au prix infini payé par votre frère Jésus, Dieu votre père, vous soutiendra.

Converser avec Dieu mène à le rencontrer. La prière est non simplement le moyen d'apprendre ce que Jésus a accompli pour nous, mais aussi celui de « recevoir quotidiennement les bénéfices de Dieu[158] ». La prière transforme la théologie en expérience. En priant, nous ressentons la présence de Dieu et recevons sa joie, son amour, sa paix et sa confiance. Notre comportement et notre caractère en sont profondément modifiés.

Troisième partie

Apprendre à prier

Chapitre 6

Lettres sur la prière

Nous avons appris que la prière poursuit une conversation que Dieu a initiée au moment où il a implanté la connaissance de sa personne dans chaque être humain. Il l'a prolongée par les prophètes, dans sa Parole écrite, et surtout par l'appel des êtres humains à le suivre grâce au Saint-Esprit envoyé dans leur cœur.

Nous avons analysé la théologie de la prière. La nature du Dieu que nous recherchons détermine la nature de la prière. Le Dieu des chrétiens est tri-unitaire. Nous pouvons prier parce que Dieu est notre Père qui nous aime, Christ notre médiateur qui nous donne accès au trône de l'univers et parce que l'Esprit vit en nous.

Désormais, nous allons nous consacrer à des questions pratiques. Comment construire une vie de prière sur ces fondements ? Grâce à Dieu et l'Évangile, nous avons les ressources spirituelles pour prier, mais comment les mettre à profit ?

Faisons appel à trois des plus grands enseignants de toute l'histoire de l'Église : Augustin, Martin Luther et Jean

Calvin. Chacun d'eux a abondamment écrit sur la prière et produit une œuvre magistrale à ce sujet. Augustin et Luther ont chacun personnellement échangé sur ce thème avec un correspondant, tandis que Calvin y a consacré plusieurs pages de sa doctrine, l'*Institution*[159]. Dans ce chapitre et les suivants, nous allons apprendre des maîtres.

Augustin et la prière

Anicia Faltonia Proba (†432) était une noble romaine chrétienne. Elle a eu le privilège de connaître Augustin, le plus grand théologien de son temps ainsi que Jean Chrysostome, son plus grand prédicateur. Deux lettres d'Augustin à Proba nous sont parvenues, la première (lettre 130) étant sa seule œuvre entièrement consacrée à la prière. Anicia lui ayant fait part de sa crainte de ne pas prier correctement, Augustin lui a répondu par un bref essai pratique[160].

Le premier principe d'Augustin est qu'avant de savoir *pour quoi* et *comment* prier, il faut devenir une personne bien particulière : « Vous devez donc vous regarder comme abandonnée en ce siècle, malgré le bonheur dont vous jouissez. » Les écailles qui vous aveuglent doivent tomber de vos yeux. Vous devez comprendre que votre vie terrestre, aussi merveilleuse soit-elle, ne vous apportera jamais le bonheur, la paix et la consolation éternelles qui se trouvent en Christ. Toutes vos prières feront fausse route tant que vous n'en aurez pas conscience.

Nous devons prendre conscience que nos affections sont « dans le désordre ». C'est l'un des grands thèmes d'Augustin, appliqué ici à la prière. Nous mettons en premier ce que nous devrions n'aimer qu'en troisième ou quatrième position. Nous avons conscience de l'existence de Dieu, l'être que nous devrions aimer le plus au monde, mais sa grâce et sa présence ne nous paraissent pas aussi fondamentales que la prospérité, le succès, notre statut social, notre vie sentimentale ou notre plaisir. À moins de reconnaître que nos priorités sont mauvaises et de prendre conscience des dégâts qu'elles provoquent, nos prières ne seront qu'un élément du problème et non un agent de guérison. Si notre sécurité et notre confiance dépendent de notre réussite matérielle, par exemple, nous nous empresserons d'appeler Dieu à l'aide au moindre revers financier, mais nos prières resteront au niveau d'« inquiétudes déposées devant Dieu ». Une fois terminées, nous serons plus bouleversés et angoissés qu'auparavant. La prière ne nous fortifiera pas, elle ne guérira pas notre cœur en réorientant notre vision, en nous aidant à faire la part des choses et en nous amenant à nous reposer en Dieu, notre véritable sécurité.

Une fois admis l'état de votre cœur et votre désespoir sans Christ, poursuit Augustin, vous pouvez commencer à prier. Pour quoi prierez-vous ? Avec un léger sourire, je crois, Augustin conseille à Proba de prier pour le sujet le plus répandu : « Avoir une vie heureuse. » Que vous apportera donc une vie heureuse ? Pour le chrétien fidèle au premier conseil d'Augustin, le confort, les récompenses et les plaisirs de cette vie ne procurent qu'un enthousiasme passager. Si votre cœur est attiré par eux, ils vous apporteront un bonheur de courte durée. Il cite alors le Psaumes 27.4 : « J'ai présenté à l'Éternel un seul souhait, mais qui me tient vraiment à cœur : je voudrais habiter dans la maison de l'Éternel, tous les jours de ma vie afin d'admirer l'Éternel dans sa beauté. »

C'est la prière par excellence d'un cœur dont le Saint-Esprit a dissipé les illusions. Augustin écrit : « Nous aimons Dieu *pour lui-même*, et [nous aimons] nous-mêmes et notre prochain à cause de Dieu. » Pour autant, ajoute-t-il rapidement, connaître, aimer et plaire à Dieu ne sont pas les seuls objets de nos requêtes. Le Notre Père met en évidence nos divers besoins. Toutefois si Dieu est notre plus grand amour, si le connaître et lui plaire sont nos plus grandes joies, la nature et le contenu de nos prières pour une vie meilleure en sont transformés.

Augustin cite ensuite Proverbes 30.8-9 en exemple : « Ne me donne ni pauvreté ni richesse, accorde-moi seulement ce qui m'est nécessaire pour vivre, car dans l'abondance, je pourrais te renier et dire : "Qui est l'Éternel ?" Ou bien, pressé par la misère, je pourrais me mettre à voler et déshonorer ainsi mon Dieu. » C'est un excellent test, et il est donc tout à fait approprié de prier : « Seigneur, donne-moi un emploi pour que je ne souffre pas de la pauvreté. » Cela équivaut à : « Donne-nous aujourd'hui notre pain de ce jour. » Pourtant Proverbes 30 révèle la seule motivation correcte derrière cette requête. Sans mettre au préalable de l'ordre dans nos priorités, notre prière spontanée sera : « Rends-moi aussi riche que possible. » À l'inverse, Proverbes 30 demande : « Oui, Seigneur, comble mes besoins matériels, donne-moi de l'argent, mais en rapport avec ce que je peux gérer, sans que cela entrave ma capacité à te mettre en premier dans ma vie. Parce qu'en fin de compte, je n'ai besoin ni de statut social ni de confort, j'ai besoin de t'avoir, toi, mon Seigneur. »

Imaginez un enfant de huit ans jouant avec un petit camion qui se casse. Il se met à pleurer et veut que ses parents le réparent. Tandis qu'il déverse son chagrin, son père lui dit : « Un cousin éloigné que tu n'as jamais rencontré vient de mourir. Il te lègue 100 millions d'euros. » Quelle sera la réaction de l'enfant ? Il pleurera encore plus fort, jusqu'à ce que son camion soit réparé. Ses capacités cognitives sont trop faibles pour comprendre sa situation réelle et être consolé. De même, les chrétiens n'ont pas la capacité spirituelle de comprendre tout ce qu'ils possèdent en Jésus. C'est pourquoi

Paul prie pour que les chrétiens reçoivent la capacité spirituelle de saisir la hauteur, la profondeur, la largeur et la longueur du salut de Christ (Éphésiens 3.16-19, Éphésiens 1.17-18). En général, notre manque de joie corrobore l'analyse de Shakespeare : « La faute, cher Brutus, n'est pas dans les étoiles, mais en nous-mêmes » (*Jules César*, Acte 1, Scène 2). Nous sommes comme un enfant de huit ans qui place son bonheur dans ses « étoiles », les aléas de la vie, plutôt que de reconnaître sa richesse en Christ. Voilà pourquoi le Notre Père nous enseigne à ne demander notre pain quotidien qu'après nous être rappelé la grandeur de Dieu et avoir ravivé notre amour pour lui. Alors seulement nous pourrons prier de la bonne manière pour notre bonheur et nos besoins.

Le troisième enseignement d'Augustin est à la fois théorique et pratique. Nous y avons déjà fait allusion. Après avoir mis de l'ordre dans vos priorités, en sachant où trouver la vraie joie, vous pouvez comprendre comment prier en étudiant le Notre Père. Observez les différents styles de prières : adoration, intercession, remerciement, confession. Regardez l'ordre et la forme des requêtes. Méditez longuement sur ce grand modèle et assurez-vous d'y faire entrer vos propres demandes. Augustin écrit : « Celui qui dit, en priant [...] Donne-moi autant de richesses qu'à tel autre ou augmente mon influence, fais de moi un homme illustre et puissant dans ce siècle. Celui-là, s'il demande par pur désir et sans vouloir en faire bénéficier Dieu, je doute qu'il trouve quoi que ce soit qui lui convienne dans le Notre Père. Dès lors, nous devrions avoir honte de demander de telles choses[161]. »

Le quatrième principe énoncé par Augustin concerne la prière dans les moments difficiles. Même après avoir suivi les trois premiers conseils, admet-il, « nous ne savons [toujours] pas ce qu'il faut demander en cas d'affliction ». Même le chrétien le plus affermi ne sait quoi demander lorsqu'il est englué dans les difficultés et la souffrance. En effet, les tribulations

« [...] peuvent nous servir, cependant, comme elles sont dures et pénibles [...] nous prions pour en être délivrés ». Devrions-nous alors prier pour un changement des circonstances ou pour avoir la force de supporter l'épreuve ? Augustin cite la prière de Jésus dans le jardin de Gethsémané, équilibre parfait entre le désir légitime de voir la coupe s'éloigner de lui et la soumission à Dieu : « toutefois, que ta volonté soit faite et non la mienne ». Il rappelle également Romains 8.26 qui promet que l'Esprit guidera nos cœurs et nos prières lorsque troublés, nous gémirons. Dieu les entendra, même adressées de façon imparfaite. Exprimons les désirs de notre cœur, conclut Augustin, mais souvenons-nous en même temps de la sagesse et de la bonté de Dieu.

Anicia Proba était une riche romaine qui avait perdu son mari vers l'âge de 30 ans. Elle se trouvait à Rome en 410 lors du ravage de la ville et dut fuir en Afrique avec sa petite-fille Demetrias, où elle rencontra Augustin. D'après les récits historiques dont nous disposons, la veuve n'aurait jamais retrouvé la vie confortable et protégée qu'elle avait connue jadis. Toutefois, Augustin argumente qu'il est possible de grandir dans la prière malgré et en raison de telles difficultés. Il conclut sa lettre par cette question : « Pourquoi cette œuvre [la prière] est-elle particulièrement adaptée aux veuves, si ce n'est parce qu'elles sont abandonnées et accablées ? » Une veuve ne devrait-elle pas consacrer « son veuvage à Dieu et lui demander, par d'instantes prières, d'être son défenseur » ? Quelle déclaration remarquable ! Ses souffrances étaient son bouclier, elles la protégeaient des illusions de l'autosuffisance et de l'aveuglement qui endurcissent le cœur et elles lui ont fait découvrir une vie de prière riche et passionnée susceptible d'apporter la paix en toute circonstance. Augustin demande à Proba de prendre sa situation à bras le corps et d'apprendre à prier. Tout porte à croire qu'elle a suivi son conseil[162].

Martin Luther : « Une façon simple de prier »

Le plus célèbre écrit de Luther sur la prière est également une lettre. Luther était un homme de prière extraordinaire. Veit Dietrich, l'un de ses amis, relate : « Pas un jour ne se passe sans qu'il ne consacre au moins trois heures à la prière, ces heures si utiles [au travail]. Un jour, j'ai eu la chance de l'entendre. Mon Dieu, quelle foi dans ses paroles ! Il parle avec la grande révérence de celui qui s'adresse à Dieu, mais avec l'espoir et la confiance de celui qui parle avec son père ou son ami[163]. »

Peter Beskendorf, coiffeur et barbier de Luther, lui a demandé un jour de lui enseigner une façon simple de prier. Peter était un homme pieux, mais faible. Complètement saoul à un repas familial, il a poignardé son gendre qui en a succombé. Grâce à Luther, en partie, il a été exilé plutôt qu'exécuté, mais ses dernières années se sont avérées difficiles. Toutefois, il a emporté avec lui l'un des plus grands textes de l'histoire sur la prière. Luther lui avait donné un guide de prière approfondi, mais aussi pratique.

Pour commencer, Luther conseille de cultiver la prière comme une *habitude* qui exige une discipline régulière. Il propose de prier deux fois par jour : « Il est bon de faire de la prière la première occupation, au début du jour, et la dernière, le soir. Et qu'ils se gardent avec soin de ces pensées fausses et trompeuses, ceux qui disent : patiente un peu, je prierai dans une heure, j'ai, d'abord, à faire ceci ou cela[164] ». Luther n'a rien d'un romantique. Il conclut : « Prier est commandé impérieusement et sévèrement, avec une même rigueur que tous les autres commandements [...] ne pas tuer, ne pas dérober[165]. » Nous devons prier, que nous en ayons envie ou non.

Luther suggère ensuite des moyens de garder nos pensées centrées sur la prière et d'y engager chaleureusement notre cœur. Cette vérité équilibre celle de prier par devoir. Certes, nous devrions prier sans nous soucier de nos sentiments, faire le nécessaire pour éveiller et réchauffer notre cœur car la prière est une élévation du cœur vers Dieu (Lamentations 3.41). Il est erroné pour Luther[166] de prier froidement, sans joie. Il propose une préparation à la prière : « Commence par réciter, de bouche, pour [t]oi-même » des passages de la Parole comme « les Dix commandements » ou « quelques paroles du Christ[167] ». Cette « récitation à soi-même » est une forme de méditation (ou de « contemplation », selon Luther) de l'Écriture, sans être une étude de la Bible. Il s'agit d'intérioriser des passages de la Bible afin de diriger nos pensées et nos sentiments vers Dieu. Ainsi, dit-il : « Que votre cœur soit bouleversé et guidé [...] qu'il soit chaleureusement incliné vers la prière[168]. » Cette méditation de la Parole crée un pont entre une étude plus formelle de la Bible et la prière.

L'art de la méditation

Après avoir fait l'éloge de la méditation, Luther décrit sa mise en application. Il utilise la métaphore du chapelet : « De chaque commandement, je fais un petit chapelet divisé en quatre [...]. Ainsi, je saisis chaque commandement, en premier lieu, comme un enseignement, ainsi qu'il l'est réellement, et songe à ce qu'en lui notre Seigneur Dieu exige si gravement de moi ; en second lieu, j'en fais une action de grâce ; troisièmement, une confession ; quatrièmement, une prière[169]. » Ainsi, le texte biblique devient un guide de prière. Comment ?

Nous devons d'abord discerner « l'instruction » du texte, autrement dit en tirer l'essentiel, ce que le passage nous demande de croire ou de faire. Il s'agit de l'interprétation du texte, appelée « texte d'écolier » par Luther, et qui ne prendra que quelques secondes, si vous avez déjà étudié le texte en profondeur auparavant. Vous pouvez ensuite en faire un résumé dont vous vous servirez pour le reste de la méditation. À l'inverse, si vous ne comprenez pas le texte, il sera difficile de le méditer. Par exemple, lors de votre méditation des Dix commandements, vous n'êtes pas certain de comprendre le second : « prendre le nom de Dieu en vain ». Il vous faut l'étudier et en intégrer le sens, avant de pouvoir le résumer et le méditer.

Une fois l'« instruction » extirpée et résumée en seul mot, il convient de se demander en quoi cet enseignement nous exhorte à louer et à remercier Dieu, en quoi il nous pousse à nous repentir et à confesser nos péchés, en quoi il nous amène à offrir à Dieu des demandes et des supplications. Par exemple, la méditation du début du Notre Père pourrait se dérouler ainsi : *Notre* nous informe qu'il nous faut connaître Dieu avec les autres, en communauté, pas seulement par nous-mêmes. Jésus ne nous a pas enseigné à prier *mon* père, mais *notre* père. Nous pouvons donc remercier Dieu pour tous ceux qui nous ont aidés à grandir dans la foi et louer Dieu car c'est lui qui crée la communauté et les liens d'amour. Nous pouvons confesser que nous ne prions pas assez avec les autres et que nous ne permettons pas à nos amis d'évaluer notre marche chrétienne. Nous pouvons enfin prier pour avoir plus d'amis proches avec lesquels partager notre marche par la foi. Voilà trois pistes possibles, parmi de nombreuses autres.

Luther nous apprend à mettre en place un éventail d'idées, limité mais riche, qui peuvent être rapidement élevées vers Dieu. Ceux qui ont déjà pratiqué ce genre de méditation savent qu'elle finira par générer sa propre dynamique. Elle oblige, de façon ingénieuse, à quitter la théorie pour réfléchir à ce que telle vérité biblique inspire et provoque en nous : la louange ? La repentance ? Un changement de cœur ? Un impact sur le monde ? Parfois ses effets sont très forts et émouvants et nous poussent à prier immédiatement. Avec le temps, la méditation s'exercera la journée, tournant nos cœurs naturellement vers Dieu. Vous constaterez que souvent, ce que vous lisez, voyez ou entendez, vous poussera naturellement à vous repentir, à louer ou à intercéder. Cela vous aidera à régulièrement intégrer Dieu dans chaque situation, vos sentiments et vos pensées en seront agrémentés, vous vous relèverez lorsque vous serez découragé et vous resterez humble lorsque vous réussirez.

Luther donne un exemple, court mais complet, de sa méditation des Dix commandements. Voici un aperçu d'une méditation du premier commandement :

> « *Je suis le Seigneur, ton Dieu* » etc. « *Tu n'auras point d'autres dieux à côté de moi* », etc. Ici je songe, en premier lieu [...] que mon cœur ne doit pas se fonder sur rien, ni ne se fier à rien d'autre, que ce soit biens, honneur, sagesse, force, sainteté, ou œuvres quelconques de la création. En second lieu, je rends grâce à sa miséricorde insondable qu'il s'abaisse si paternellement vers moi, homme perdu, et que, sans que je le prie, sans que je le recherche, sans que je le mérite, il s'offre lui-même à moi d'être mon Dieu, de me prendre en charge et, dans toutes mes détresses, d'être mon réconfort, ma garde, mon aide et ma force [...] Troisièmement, je confesse [...] avoir provoqué si abominablement sa co-

lère par d'innombrables idolâtries ; je le regrette et demande grâce. Quatrièmement, je prie : [...] préserve mon cœur, afin que je ne devienne plus si oublieux et ingrat ; que je ne recherche plus d'autres dieux ou d'autres réconforts sur la terre, ni dans toutes les œuvres de la création, mais que je demeure uniquement, purement et parfaitement auprès de toi, mon seul Dieu[170].

Remarquez comment Luther dégage la vérité du texte et comment elle transforme sa relation à Dieu, à lui-même et au monde. Ces méditations sont un mélange de pensées méthodiques et de remarques personnelles. Elles ne sont ni tout à fait des études bibliques ni tout à fait des prières. Il s'agit de réflexions dans la présence de Dieu : la méditation, à savoir des moyens d'incliner et de préparer le cœur à la prière, en se servant de son intelligence et en prenant les Écritures avec le plus grand sérieux ; tout cela en même temps.

« Improvisation » spirituelle sur le Notre Père

La méditation terminée, pouvons-nous nous lancer dans la prière ? Oui, mais Luther pratique un exercice supplémentaire avant de laisser parler librement son cœur. Il suggère de prier en paraphrasant et personnalisant chaque phrase du Notre Père.

Il donne un exemple personnel, semblable à de l'improvisation musicale sur un thème donné : « *Donne-nous aujourd'hui notre pain quotidien* » dit-il. Il ajoute dans la foulée : « Je te recommande aussi ma maison, mes biens, ma femme et mes enfants ; aide-moi à les bien gouverner et fasse que je puisse les nourrir et leur assurer une éducation chrétienne[171]. » Luther refuse que ses lecteurs répètent ses propres mots : « Je n'entends nullement que toutes ces paroles soient prononcées dans ta prière, car elle mènerait, en définitive, en un vain babil et un verbiage vide. » Cela réduirait à néant les vertus de l'exercice : « Je ne me lie pas à ces paroles et syllabes, mais je dis aujourd'hui ainsi, et demain autrement, les paroles vers lesquelles je suis enclin et disposé[172]. » Chaque croyant doit personnaliser sa prière, en y exprimant ses besoins, soucis et aspirations avec ses propres mots.

Cet exercice est d'une grande valeur. Il répond à l'une des plus grandes difficultés pratiques de la prière : les pensées qui nous distraient. Nous mettons de côté l'organisation de notre journée pour commencer à prier, pour découvrir que notre esprit reste concentré sur elle. La prière ordinaire, spontanée ou qui s'appuie sur une liste de sujets de prière, arrive rarement à éloigner la pensée de ses préoccupations antérieures. Développer le Notre Père exige de mobiliser toutes nos facultés mentales, une grande aide pour offrir à Dieu toute notre attention.

De plus, la prière par excellence, le Notre Père, nous oblige à utiliser tout le vocabulaire et toutes les formes de prières. Livrés à nous-mêmes, nous aurons tendance à n'aborder que les sujets qui nous posent le plus problème sur le moment. « Que ton nom soit sanctifié » et « Que ton royaume vienne » nous poussent à prier pour les progrès de l'Évangile dans notre ville, notre société et nos relations. « Que ta volonté soit faite » nous incite à accepter certains faits qui nous contrarient mais que Dieu permet pourtant. « Pardonne-nous nos offenses » nous amène à confesser nos échecs et nos péchés les plus récents tandis que « comme nous pardonnons ... » nous oblige à songer à nos rancunes tenaces. Le Notre Père nous oblige à chercher des sujets de reconnaissance dans les jours sombres, à nous repentir et à demander pardon lorsque tout va pour le mieux. Il nous astreint à offrir chaque partie de notre vie à Dieu.

Enfin, le Notre Père est une prière véritable, chargée de l'autorité des mots de Jésus, contrairement à la méditation biblique. Il nous apporte audace et aisance, et il prépare notre cœur à prier avec passion pour nos préoccupations les plus urgentes.

Cet exercice a le double mérite de n'être ni pesant ni long. Il ne prend en général que deux ou trois minutes, même si la prière peut parfois « s'embraser » et durer plus longtemps[173].

Pour résumer, Luther nous encourage à débuter par la méditation d'un texte bien connu, pour entrer dans la louange ou la confession en fonction de notre méditation et ensuite de paraphraser le Notre Père. Pour finir, notre prière devrait simplement sortir du cœur. Nous devrions faire l'exercice complet deux fois par jour.

L'enseignement du Saint-Esprit

Luther donne un autre conseil. Il ne s'agit pas d'une autre étape ou d'une pratique supplémentaire mais d'une idée à garder en tête lors de toute prière et de toute méditation. Il exhorte les chrétiens à être attentifs au Saint-Esprit. Si, en méditant ou en priant, « tant de bonnes pensées vous viennent, il faut négliger les autres prières et laisser libre carrière à ces pensées, les écouter en silence, et, à aucun prix, ne les entraver : car c'est le Saint-Esprit lui-même qui parle dans ce cas, et une seule de ses paroles vaut mieux qu'un millier de nos prières [...] j'ai plus appris en faisant une seule prière que je n'aurais pu le faire par des lectures et des méditations nombreuses[174] ». Ce principe est suffisamment important pour être répété. Il écrit, encore : « Si au milieu de telles pensées, le Saint-Esprit commence à vous enseigner des pensées riches et éclairantes, honorez-le en laissant tomber votre routine [...] Souvenez-vous bien de ce qu'il dit et vous verrez les merveilles de sa gloire (Psaumes 119.18)[175]. »

Il y a lieu de souligner l'équilibre de Luther, absent de nombreux ouvrages traitant de la prière. Il s'attend à entendre Dieu lui parler par sa Parole. Il ne commet pas l'erreur de George Whitefield, qui estimait que ses impressions étaient des révélations divines. Dieu communique avec nous par sa Parole. Pour autant, la méditation ne se réduit pas au seul exercice mental. Lorsque nous réfléchissons aux vérités bibliques devant Dieu, l'Esprit remplira parfois notre cœur d'idées et de pensées d'une grande richesse, nous rendant ces vérités poignantes et nouvelles, même si nous les avons déjà lues des centaines de fois. Luther parle des yeux de notre cœur qui sont illuminés (Éphésiens 1.18) pour que nos connaissances s'enracinent au plus profond de nous.

Bien sûr Luther croyait que toute prière au Père est rendue possible par l'Esprit d'adoption, par la médiation du vrai Fils, Jésus. Aucune prière n'est donc faite sans l'œuvre de l'Esprit, mais il illumine particulièrement notre intelligence et assure à notre cœur que Dieu est réel, comme le décrit Paul dans Romains 5.5 et 8.15-16.

Pour paraphraser le petit traité de Luther, nous devrions bâtir notre étude de la Bible à l'aide de la méditation et répondre à la Parole par la prière. Le Saint-Esprit peut commencer à nous « enseigner », à nous d'en prendre conscience, de sortir de nos habitudes et de lui accorder toute notre attention.

Chapitre 7

Les règles de la prière

Notre troisième « cours magistral » nous est donné par Jean Calvin dans son *Institution de la religion chrétienne*. La spécificité de Calvin émerge particulièrement dans ses « règles » de prière.

La crainte joyeuse

La première règle de Calvin concerne le principe de révérence ou « crainte de Dieu ». Calvin appelle les chrétiens à avoir, avant tout, un juste sens de la grandeur et du sérieux de la prière. C'est une audience privée et une conversation avec le Dieu Tout-Puissant de l'univers. Rien n'est pire que de traiter Dieu comme s'il « ne nous était quasiment rien[176] ». Il faudrait plutôt prier en étant « impressionné par la majesté de Dieu au point de se présenter devant elle débarrassé des pensées et sentiments terrestres ». Calvin pointe ici l'un des concepts les plus importants et pourtant les plus mal compris de la Bible :

la « crainte de Dieu ». Elle signifie que l'on est effrayé, mais pourquoi et de quoi ?

On imagine naturellement que craindre Dieu revient à redouter sa punition. Pourtant, 1 Jean 4.18 nous explique que « dans l'amour il n'y a pas de place pour la crainte », ajoutant que celle-ci « suppose la perspective d'un châtiment ». Romains 8.1 atteste qu'il n'y a plus de condamnation pour ceux qui sont en Jésus-Christ. Par conséquent, pour un chrétien, la crainte de Dieu ne peut signifier la peur constante d'être spirituellement perdu s'il ne vit pas parfaitement. D'autres textes, comme l'étonnant Psaumes 130.4, disent que la pratique du pardon *augmente* notre crainte de Dieu.

Qu'avons-nous donc à craindre de Dieu ? Imaginez, par exemple, qu'on vous présente quelqu'un que vous admirez depuis toujours, et que vous vénérez comme un héros. Au moment de lui serrer la main, vous réalisez que vous le rencontrez vraiment. Vous n'arrivez pas à y croire ! À votre grande honte, vous voilà tout suant et tremblant devant lui, incapable d'aligner deux mots. Que se passe-t-il ? Vous n'avez pas peur d'être maltraité ou puni. Vous êtes plutôt pétrifié à l'idée de commettre une bévue ou de dire une bêtise. Votre admiration joyeuse se teinte de crainte. Vous êtes à ce point impressionné que vous craignez de tout gâcher.

C'est notre réponse face à une personne emblématique. À combien plus forte raison devons-nous réagir ainsi devant Dieu ! L'un des chapitres du *Vent dans les saules* de Kenneth Grahame s'intitule : « Le joueur de pipeau aux portes de l'aurore ». Deux des protagonistes, la taupe et le rat, rencontrent le dieu des animaux, Pan, et l'écoutent jouer du pipeau. Ils sont pétrifiés :

> Elle trouva cependant la force de murmurer toute tremblante :

– Raton, as-tu peur ?

– Peur... répondit Rat de même, les yeux brillant d'un amour indicible, peur de *Lui* ? Jamais ! non... Jamais ! Et pourtant... si... Taupe j'ai peur[177] !

Je ne connais pas de meilleure description de la « crainte de Dieu ». La peur d'être puni est une crainte centrée sur soi. Elle se produit chez ceux qui ne se préoccupent que d'eux-mêmes. Ceux qui croient en l'Évangile, qui croient qu'ils ont reçu une grâce imméritée et inaliénable, entretiennent, paradoxalement, une crainte aimante et joyeuse. Conscients de l'immense privilège d'être dans sa présence et immergés dans son amour inaltérable et sa joie, nous tremblons car nous voulons plus que tout l'honorer. Nous avons peur de le décevoir.

Prenons un autre exemple. Vous seriez effrayé si on vous mettait entre les mains un magnifique et inestimable vase Ming. Vous ne trembleriez pas à l'idée qu'il vous détruise mais à celle que vous *le* détruisiez. Bien sûr, nous ne pouvons réellement faire du mal à Dieu mais un chrétien se doit de veiller à ne pas attrister ou déshonorer celui qui est si glorieux et qui a tant fait pour nous.

Pour Calvin, cette crainte de Dieu est un aspect capital de la prière. La prière l'exige et la produit. Le simple fait d'avoir accès à l'attention et à la présence de Dieu devrait diriger les pensées et ennoblir le cœur.

L'insuffisance spirituelle

La deuxième règle à adopter est « un sens du besoin qui exclut toute imagination[178] ». Calvin fait ici référence à l'humilité spirituelle. Elle allie une forte conscience générale de notre dépendance de Dieu à un empressement particulier à reconnaître nos fautes et à nous en repentir. Calvin met en garde contre la vision médiévale (et moderne) de la prière en tant que démonstration destinée à impressionner Dieu par notre dévotion. Il rejette l'idée qu'elle puisse apaiser Dieu ou qu'il en attende une quelconque performance[179]. En réalité, ceux qui veulent que leur prière porte du fruit doivent adopter l'attitude inverse : être d'une honnêteté absolue vis-à-vis de leurs faiblesses et de leurs fautes et faire tout leur possible pour éviter de sombrer dans une foi d'apparence. Nous devrions nous présenter devant Dieu en sachant que notre seul espoir réside dans sa grâce et son pardon et en étant honnêtes vis-à-vis de nos doutes, de nos peurs et de notre vide spirituel. Nous devrions venir à Dieu « comme un mendiant ».

Cette règle, comme la crainte de Dieu, peut sembler dure à entendre pour des lecteurs modernes, mais cela ne devrait pas être le cas. Calvin nous demande simplement de renoncer à tout faux-semblant, de fuir l'imposture. Avec des mots d'aujourd'hui, Francis Spufford, auteur chrétien, dit la même chose en parlant de notre nature pécheresse :

> Je ne parle pas ici de notre tendance à vaciller, à trébucher ou à tout gâcher par accident, de notre rôle passif d'agent du désordre. Je parle de notre tendance active à tout casser, « tout » comprenant les promesses, les relations qui nous sont chères, notre bien-être et celui des autres [...] [Nous sommes] des êtres dont les désirs sont insensés, incohérents : ils sont mal accordés de l'intérieur, nous voulons une chose et son contraire en même temps. Nous sommes plus doués pour la comédie de boulevard (ou même la tragédie) que pour les

fins heureuses [...] Nous sommes humains, c'est notre nature, c'est notre condition[180].

Tant que nous ne reconnaissons pas notre chaos intérieur que la Bible nomme péché, nous vivons dans ce que Calvin appelle l'« imaginaire ». Les conseillers en relation d'aide vous diront que les seuls défauts qui peuvent vous détruire sont ceux que vous ne voulez pas admettre. La confession et la repentance sont donc cruciales à la prière. Une fois encore, la prière exige et produit l'humilité. La prière nous amène dans la présence de Dieu où nos défauts sont révélés. Puis la nouvelle prise de conscience de notre insuffisance nous incite à chercher encore plus intensément le pardon et l'aide de Dieu. Calvin écrit : « Ceux qui le chercheront de tout leur cœur le trouveront (Psaumes 145.18 ; Jean 9.31) [...] C'est pourquoi une prière sincère requiert la repentance[181]. » Si nous sommes arrogants, rejetant l'origine de nos problèmes sur les autres, au lieu d'assumer nos propres responsabilités, nous ne cherchons pas Dieu de tout notre cœur. La prière exige et rend possible l'abandon de l'autojustification, du transfert de culpabilité, de l'apitoiement sur soi et de l'orgueil spirituel, au point de pouvoir perdre nos illusions d'indépendance et de développer une vie de prière plus riche et plus profonde.

Confiance et espérance

Il importe d'analyser ensemble les troisième et quatrième règles de prière de Calvin. Sa troisième règle stipule que nous devrions avoir une *confiance soumise* à Dieu : « Ceux qui se présentent devant Dieu pour prier [...] se dépouillent de l'idée qu'ils ont de leur propre valeur[182]. » Nous devons lui faire confiance même quand les choses ne se passent pas comme nous le souhaiterions. C'était aussi la « règle » appliquée par Jésus dans la prière, car tous ceux qui prient doivent dire : « Que ta volonté soit faite. » L'un des buts de la prière est d'amener nos cœurs à croire en sa sagesse, non en la nôtre. Autrement dit : « Voici ce dont j'ai besoin ; mais tu sais mieux que moi ce qui convient. » Déposer tous nos besoins et nos désirs entre ses mains ne peut se faire que par la prière, seul échange susceptible d'offrir réconfort et repos.

Pourtant, il faut mettre en parallèle la quatrième règle, tout aussi importante : prier avec *assurance et espoir*. Calvin écrit : « Étant ainsi portés et contraints par une vraie humilité, nous avons néanmoins le courage de prier et l'assurance d'être exaucés[183]. » Il reconnaît d'emblée que « le sentiment de la colère de Dieu et une confiance assurée dans sa grâce semblent, de prime abord, deux choses opposées, impossibles à accorder ». Puis il explique en quoi cette contradiction n'est qu'apparente.

Si la volonté de Dieu est toujours juste et que nous devons toujours nous y soumettre, pourquoi prier pour *quoi que ce soit* avec ferveur et confiance ? Calvin dresse une liste des raisons. Dieu nous demande de le faire et promet de répondre à nos prières car il est notre bon et aimant Père céleste[184] De plus, Dieu n'octroie pas la bénédiction tant que nous n'avons pas prié pour la recevoir. Pourquoi ? Parce que nous considérons en général que ce que nous avons sans l'avoir demandé est le fruit de notre sagesse et de nos efforts. Les cadeaux de Dieu que nous ne reconnaissons pas comme tels sont mortels pour l'âme car ils renforcent une illusion d'indépendance qui mène à une confiance en soi excessive et à l'échec.

Enfin, Calvin soutient que ces deux vérités, qui s'équilibrent, ne sont pas contradictoires mais complémentaires. D'un côté, nous savons que nous n'avons pas ce que nous désirons parce que nous ne demandons pas à Dieu (Jacques 4.2). De nombreuses bénédictions divines sont en attente tant que nous n'honorons pas Dieu et ne préparons pas nos cœurs à les recevoir dans la prière. D'un autre côté, quel individu raisonnable, conscient des limites de sa sagesse, oserait prier s'il pensait que Dieu allait à chaque fois l'exaucer ? Tous les contes de fées, de génies, de lampes et de souhaits, illustrent ce qui relève presque du cliché : nos désirs sont incohérents et souvent peu judicieux. Toutefois, il n'y a rien à craindre. Dieu ne nous donnera rien de contraire à sa volonté et ce qu'il nous donnera s'avèrera toujours le meilleur pour nous à long terme (Romains 8.28). Nous pouvons donc prier avec assurance *parce qu'il* ne nous donnera pas tout ce que nous voulons : « Selon son conseil incompréhensible, Dieu dirige tout ce qui se passe dans le monde de telle manière que les prières des saints, même si, par inadvertance, elles mélangent la foi et l'erreur, ne sont pas vaines et ne restent pas sans fruit[185]. »

Si nous lions la troisième et la quatrième règle, nous sommes fortement incités à prier. « Demandez, et vous recevrez » (Matthieu 7.7). Demandez dans la confiance et l'espérance. N'ayez pas peur de vous tromper en demandant. Vous vous tromperez forcément, c'est inévitable ! Dieu en « tempèrera l'issue » grâce à sa sagesse incompréhensible. Criez, demandez et faites appel à lui. Il vous répondra souvent. Quand la réponse ne vient pas ou qu'elle ne correspond pas à vos désirs, faites de la prière le moyen de vous reposer dans sa volonté.

La règle contre les règles

Après avoir expliqué ses quatre règles, Calvin a ajouté une conclusion importante, souvent considérée comme une cinquième règle, qui définit parfaitement le mot règle lui-même. Il écrit : « Ce que nous avons affirmé concernant ces quatre règles pour bien prier ne doit pas être pris au pied de la lettre, comme si Dieu rejetait les prières où ne se trouvent pas, avec une foi parfaite, une repentance caractérisée par un zèle ardent et une modération dans la formulation des requêtes, telles qu'il n'y ait rien à redire[186]. » La cinquième règle de Calvin est celle de la grâce, sans laquelle la liberté de prier serait un vain mot. Calvin nous met en garde de ne pas conclure que la stricte observance des règles rende nos prières dignes d'être écoutées. Rien de ce que nous pouvons dire ou faire ne nous rend dignes d'accéder à Dieu. Seule la grâce le peut, non en vertu de nos mérites, mais par l'œuvre de salut de Jésus-Christ.

Quelle est alors, l'utilité des « règles » ? En quoi la forme a-t-elle de l'importance si tout est grâce ? Parce que la prière doit s'accorder avec cette grâce. La crainte joyeuse, l'impuissance et cependant la confiance, sont autant de façons d'approcher Dieu, rendues possibles uniquement si nous les recevons comme un cadeau, sans chercher à les gagner. Ces règles alignent donc nos prières sur le Dieu de la grâce offerte gratuitement, ce qui nous unit toujours plus à lui.

Utilisons une illustration. Pour allumer la lumière, nous appuyons sur un interrupteur et l'ampoule s'éclaire. L'interrupteur fournit-il l'électricité à l'ampoule ? Non, elle est acheminée par les câbles. Le seul pouvoir de l'interrupteur est de connecter l'ampoule à l'électricité. De même, nos prières n'ont pas le pouvoir de nous faire accéder au Père. C'est l'œuvre de Christ. Néanmoins, les prières qui s'accordent au Dieu de grâce peuvent nous connecter à lui. Si nous prions sans humilité, si nos prières sont empreintes d'exigences, nous nous coupons de lui. De même, si nous prions sans aucun espoir d'être entendu, nous ne ressentirons pas sa présence. Ces deux erreurs empêchent de prier au nom de Jésus, de venir à Dieu sur la base de la miséricorde non méritée. Calvin l'explique dans un passage qui a défini la prière pendant des siècles :

> De fait, si la majesté de Dieu, qui nous fait trembler, nous vient à l'esprit, il est impossible que nous ne soyons pas épouvantés et que le sentiment de notre indignité ne nous effraye pas et ne nous donne pas envie de fuir, jusqu'à ce que Jésus-Christ s'avance et s'interpose pour changer le trône de gloire, qui nous impressionne, en trône de grâce […] « Jusqu'à présent, vous n'avez rien demandé en mon nom. Demandez et vous recevrez » (Jean 16.24) […] comme le dit Paul : « Toutes les promesses de Dieu sont ce oui en lui » (2 Corinthiens 1.20). Autrement dit, les promesses de Dieu sont assurées, fermes et certaines[187].

Prier au nom de Jésus n'a rien d'une formule magique. Nous ne devons pas imaginer que le simple fait de dire « au nom de Jésus » permette à toutes nos prières d'être exaucées. Comme nous l'avons vu, Dieu peut entendre et répondre aux prières de quiconque, même de ceux qui ne croient pas en Jésus. D'ailleurs, Calvin cite des passages bibliques qui montrent que Dieu entend les cris des opprimés même lorsqu'ils s'adressent à un faux dieu. En effet, le Seigneur est un Dieu compatissant[188]. « Au nom de Jésus » n'est donc pas une incantation magique.

Prier au nom de Jésus c'est venir à Dieu en faisant pleinement confiance à Christ pour notre salut et notre accès auprès du Père, sans compter sur nos œuvres ou notre propre valeur. C'est ancrer, jour après jour, notre relation avec Dieu dans l'œuvre salvatrice de Jésus. C'est également reconnaître notre statut d'enfant de Dieu, quel que soit notre état intérieur. Dieu, notre Père, est attaché au bien de ses enfants, comme n'importe quel père aimant.

Le privilège de Jésus

Pourquoi sommes-nous toujours écoutés grâce à Jésus ? D'après le théologien australien Graeme Goldsworthy, depuis l'expulsion d'Adam, Dieu a promis de nous réintégrer à sa famille. Il a appelé Israël « mon fils aîné » (Exode 4.22) et l'a fait sortir d'Égypte lors de l'Exode (Osée 11.1). Il a appelé les rois oints d'Israël, David et Salomon, « ses fils ». Cependant, l'histoire d'Israël et de ses rois est celle d'un échec à l'obéissance et à la filiation divine. Lors du baptême de Jésus, la voix de Dieu se fait entendre du ciel : « Tu es mon Fils bien-aimé. Tu fais toute ma joie » (Luc 3.22). Comme le dit Goldsworthy : « On peut presque entendre le ciel pousser un ouf de soulagement » car voici enfin un vrai Fils, qui pourra et saura parfaitement faire confiance à son Père, lui obéir et le réjouir[189].

Dès lors c'est en lui, et en lui seul parmi toute la race humaine, que repose le privilège de la prière et de l'accès à Dieu. Il est le seul à pouvoir dire avec assurance à Dieu : « Je sais que tu m'exauces toujours » (Jean 11.41-42). Lorsque nous croyons en Jésus-Christ, nous nous unissons à lui. Nous sommes « en lui » comme le répète Paul. Cela signifie que ce qui est vrai de Jésus l'est aussi de nous. Puisque cet enfant obéissant possède un accès parfait et solide auprès du Père, nous l'avons aussi : « Si le Père écoute toujours le Fils, alors il écoute ceux qui, en Christ, sont ses fils[190]. » Nous pouvons donc prier au nom de Jésus avec une immense confiance mais aussi en dépendant humblement de sa grâce imméritée.

Le prédicateur américain R.A. Torrey rapporte son entrevue avec un homme rencontré lors d'un séjour à Melbourne en Australie. Un jour, alors qu'il se trouve sur l'estrade, prêt à prêcher, il reçoit une note anonyme lui demandant d'aborder la question des prières non exaucées, en ces termes :

> Cher M. Torrey,
>
> Je suis très perplexe. Je prie depuis longtemps pour quelque chose qui, j'en suis certain, est en accord avec la volonté de Dieu, mais je n'ai aucune réponse. Je fais partie de l'Église presbytérienne depuis trente ans, en m'efforçant de vivre en accord avec mon choix. J'ai dirigé l'école du dimanche pendant vingt-cinq ans et je remplis le rôle d'ancien depuis vingt ans. Malgré cela, Dieu ne répond pas à ma prière et je ne comprends pas pourquoi. Pourriez-vous m'éclairer ?

Comprenant le sous-entendu du message, Torrey se jette à l'eau. Il s'avance, lit la note et s'en sert pour expliquer une vérité incontournable. Pour lui, le problème est évident : « Cet homme pense que tout ce qu'il a accompli en tant que membre de son Église, directeur et ancien, met Dieu dans l'obligation de répondre à sa requête. En réalité, il prie en son nom propre. » Il ne fait aucun doute que cet homme ajoutait consciencieusement « au nom de Jésus » à la fin de chacune de ses prières. Mais cette formule n'était qu'une façon de s'attirer la faveur de Dieu en respectant scrupuleusement toutes les règles. Torrey poursuit : « Il faut abandonner toute idée de droits sur Dieu [...] Mais Jésus-Christ a infiniment de droits et il faut prier Dieu en s'appuyant sur ceux-ci et non sur notre bonté personnelle. » À la fin de la réunion, l'homme s'approche de Torrey et lui avoue : « Vous avez mis en plein dans le mille[191]. »

Chapitre 8

La prière par excellence

Aucun des trois grands professeurs, Augustin, Luther et Calvin, n'a fondé son enseignement sur sa seule expérience. Les croyances et pratiques de prière de chacun d'entre eux s'inspiraient grandement de la plus grande leçon de prière jamais donnée, le Notre Père, au cœur du sermon sur la Montagne (Matthieu 6.9-13). La partie la plus remarquable du chapitre vingt du troisième livre de l'*Institution de la religion chrétienne* sur la prière de Calvin est une étude verset par verset du modèle donné par Jésus, comme l'a fait Luther dans ses lettres. Chacun de ces trois grands théologiens s'est exprimé abondamment sur le Notre Père dans des commentaires bibliques et exégétiques, mais aussi dans des écrits théologiques et pastoraux[192].

Dans ce chapitre, nous étudierons le Notre Père à la lumière des idées de ces trois maîtres. Nous pourrons ainsi tirer parti de leur sagesse et de la profondeur de cette prière.

La prière

Les dangers de la routine

Le Notre Père est sans doute le texte le plus répété dans l'histoire du monde. Jésus-Christ nous l'a offert afin de nous donner accès aux trésors de la prière. Il s'agit pourtant d'une ressource inexploitée, en partie parce qu'elle est si familière.

Prenons un exemple. Vous êtes invité pour la première fois chez quelqu'un qui habite à côté d'une voie de chemin de fer. Au beau milieu de la conversation, un train passe en trombe à quelques mètres de vous. Naturellement, vous sursautez en criant : « Qu'est-ce que c'est ? » et votre hôtesse demande : « Quoi donc ? » « Ce bruit ! J'ai cru que quelque chose allait traverser le mur ! » « Ah, ça, réplique-t-elle, ce n'est qu'un train. Tu sais, je crois que j'y suis tellement habituée que je ne l'entends même plus. » Perplexe, vous rétorquez : « Ce n'est pas possible. » Pourtant, c'est la vérité.

Il en va de même pour le Notre Père. Jésus nous offre, en peu de mots, l'expérience spirituelle à laquelle aspire le monde entier, comme s'il disait : « Ne souhaitez-vous pas rencontrer le Père et Roi de l'univers chaque jour, pour lui ouvrir votre cœur et sentir son attention et son amour ? » Nous ne pouvons que répondre *oui*.

« Tout est dans le Notre Père », dit Jésus. « Dans quoi ? » Nous le connaissons tellement bien que nous n'y prêtons plus attention. Pourtant, il contient tout ce dont nous avons besoin. Comment combattre le poison de l'habitude ? En écoutant, notamment, les trois grands maîtres qui ont sondé les profondeurs de la prière. Leur travail est le fruit d'années de réflexion et de pratique. Quelle était leur interprétation du Notre Père ?

Notre Père, qui es aux cieux

Cela s'appelle « s'adresser à », mais pas dans le sens d'une demande. Calvin explique qu'appeler Dieu « Père » *revient* à prier au nom de Jésus. « Nommer Dieu notre Père serait faire preuve d'arrogance et d'imprudence et une usurpation du statut d'enfant, si nous n'étions pas tels par sa grâce en Jésus-Christ[193]. » Pour Luther, s'adresser à Dieu de cette manière nous oblige à d'abord nous souvenir de notre situation et à prendre conscience de notre position en Christ, avant d'entrer dans la prière et de converser avec Dieu. Nous devons dire à Dieu : « Tu nous as enseigné à te considérer et à t'appeler notre Père à tous [...] alors que [...] tu pourrais être un juge sévère envers nous. » Dès lors, nous devrions commencer notre prière en demandant à Dieu d'« ancrer dans nos cœurs une confiance réconfortante en son amour paternel[194]. » Calvin abonde dans ce sens : « [Dieu] nous délivr[e] de toute méfiance à cause de la grande douceur dont témoigne ce nom[195]. »

Que ton nom soit sanctifié

Cette première requête est souvent hermétique aux lecteurs contemporains. Le mot « sanctifié » dont l'usage s'est perdu aujourd'hui en est la première raison. Ensuite, la notion de sainteté est étrangère à notre société sécularisée. Enfin, cette formule semble poser un problème de logique, comme l'exprime Luther : « Quel est le sens de cette prière ? Que ton nom devienne saint ? Ne l'est-il pas déjà ? » Luther répond sans tarder : « Oui, il est éternellement saint dans son essence, mais il n'est pas saint dans l'usage que nous en faisons[196]. » Il explique ensuite que le sceau du nom de Dieu est apposé sur tous les chrétiens baptisés. Ces porteurs de son nom représentent un Dieu saint et bon. Nous prions donc d'être gardés, de ne pas déshonorer son nom et qu'il nous donne la force de devenir nous-mêmes saints et bons. Toutefois, pour Luther et Augustin, cette requête a un second sens dans la mesure où il s'agit d'adresser à Dieu cette prière : « sois glorifié dans toutes les nations comme tu l'es parmi nous[197] ». C'est une requête que la foi en Dieu se propage dans le monde entier, que les chrétiens honorent Dieu par leur ressemblance à Christ et la sainteté de leur vie, et que de plus en plus de gens honorent Dieu et invoquent son nom.

Calvin adhère à ce point de vue tout en ajoutant une pensée qui touche profondément le cœur : « Qu'existe-t-il de plus vilain que de voir la gloire de Dieu être obscurcie en partie par notre ingratitude ? » Autrement dit, l'ingratitude et l'indifférence envers Dieu empêchent d'honorer son nom. « Sanctifier » le nom de Dieu ne consiste pas simplement à vivre dans la droiture, mais à élever un cœur rempli de joie reconnaissante envers Dieu et à être émerveillé par sa beauté. Nous ne révérons son nom qu'à condition que « sa vérité nous remplisse d'admiration et nous incite à le louer[198] ».

Que ton règne vienne

Augustin affirme ceci : « Dieu règne dès à présent mais la lumière, quoique présente, n'existe pas pour les aveugles ni pour ceux qui ferment les yeux ; ainsi le règne de Dieu, quoique permanent sur la terre, est absent pour ceux qui l'ignorent[199]. » C'est la cause de tous nos problèmes humains puisque nous avons été créés pour le servir. Lorsque nous sommes au service d'autres choses que la personne de Dieu, nous récoltons des problèmes d'ordre spirituel, psychologique, culturel et même matériel. Nous avons donc besoin que son royaume « vienne ». Calvin considérait que le royaume de Dieu venait de deux façons : par le Saint-Esprit qui « corrige et enlève [...] les désirs de la chair » et par la Parole de Dieu qui « infléchit et forme nos sens[200] ». Il s'agit donc d'une demande « de seigneurie » : que Dieu étende ses pouvoirs royaux dans chaque partie de nos vies. Cela comprend nos émotions, désirs, pensées et engagements et constitue un rappel de la prière d'ouverture de Thomas Cranmer pour le quatorzième dimanche suivant la Trinité : « que nous puissions obtenir ce que tu as promis, permets-nous d'aimer ce que tu commandes ». Nous demandons à Dieu de régner si pleinement en nous que nous *voulons* lui obéir de tout notre cœur et dans la joie.

Luther ajoute une dimension extérieure et future. En effet, le règne actuel de Dieu sur terre n'est que partiel, mais l'étendue du royaume à venir est inimaginable. Toute souffrance, injustice, pauvreté et mort seront alors anéanties. Prier « que ton règne vienne » revient à « désirer ardemment cette vie future » faite de justice et de paix, et demander que « ton royaume à venir soit la fin et l'aboutissement du royaume que tu as initié en nous[201] ».

Que ta volonté soit faite

Luther est le plus précis et le plus direct quant au sens de la troisième requête qu'il paraphrase ainsi : « Donne-nous la grâce de supporter de bon cœur maladie, pauvreté, déshonneur, souffrance et adversité de toutes sortes, et de reconnaître qu'à travers ce vécu ta volonté divine crucifie la nôtre[202]. » Une telle déclaration nous semble osée, mais elle nous permet de discerner l'importance de celui à qui elle s'adresse initialement. Nous ne pourrons jamais dire « que ta volonté soit faite » si nous ne sommes pas profondément convaincus que Dieu est notre Père. Le père représente souvent une énigme pour les jeunes enfants qui ne peuvent comprendre la plupart des interdits qu'il pose, mais ils lui font confiance. Nous ne pouvons demander la grâce de supporter nos difficultés avec patience que si nous croyons que Dieu est notre Père.

Comment pouvons-nous être certains que Dieu est digne de confiance ? Parce que ce passage du Notre Père est le seul que Jésus ait invoqué au Jardin de Gethsémané dans des circonstances infiniment plus éprouvantes que les nôtres. Jésus s'est soumis à la volonté de son Père plutôt que de suivre ses propres désirs, ce qui nous a sauvés. Nous pouvons donc lui faire confiance. Jésus ne nous demande pas d'accomplir pour lui ce qu'il n'a pas déjà fait pour nous, dans des circonstances bien plus difficiles.

Luther ajoute, à la suite d'Augustin, que sans cette confiance en Dieu nous aurons tendance à usurper la place de Dieu et à vouloir nous venger de ceux qui nous ont fait du mal[203]. Nous ne serons protégés des « vices horribles que sont les critiques personnelles, les calomnies, la médisance [...] la condamnation des autres » que si nous apprenons à nous en remettre à Dieu[204]. Si nous ne pouvons dire du fond du cœur « que ta volonté soit faite », nous ne connaîtrons jamais la paix. Nous nous sentirons forcés d'essayer de contrôler les autres ainsi que notre environnement, et d'arranger les choses à notre manière. Pourtant, contrôler ainsi la vie dépasse nos capacités et nous irons nous écraser contre un mur. Calvin ajoute pour cette raison qu'une telle prière revient à soumettre à Dieu notre volonté et nos sentiments, afin de ne pas céder à la dépression, l'amertume, et l'endurcissement du cœur[205].

Nous avons étudié les trois premières requêtes du Notre Père. Tous nos mentors respectent l'importance de leur ordre, et le fait qu'elles viennent en premier. Ce début de prière est entièrement centré sur Dieu. Nous ne devons pas laisser nos besoins et nos problèmes dominer nos prières, mais louer et honorer Dieu doivent occuper la place d'honneur. Nous devons désirer voir sa grandeur reconnue partout, et aspirer à l'amour parfait et à l'obéissance. George Herbert l'a expliqué avec une grande sobriété :

> *Mon cœur vers toi s'incline,*
> *Avec ses désirs.*
> *J'aspire*
> *À une pleine approbation divine*[206].

L'adoration et la louange centrées sur Dieu, viennent en premier parce qu'elles guérissent le cœur du nombrilisme qui nous fait nous centrer sur nous-mêmes et qui brouille notre vision. À mi-chemin de la prière, notre vision est recadrée et épurée par la grandeur de Dieu, nous pouvons donc nous tourner vers nos besoins et ceux du monde.

Donne-nous aujourd'hui notre pain de ce jour

Augustin nous rappelle que le « pain de ce jour » illustre le nécessaire plutôt que le superflu. Jésus nous invite à énoncer la « liste de prière » de nos besoins en gardant notre cœur centré sur le fait que Dieu est notre véritable nourriture, richesse et bonheur. Pour Augustin, la demande complète pourrait être Proverbes 30.8 : « Ne me donne ni pauvreté (de peur que je t'en veuille), ni richesse (de peur que je t'oublie)[207]. » Calvin s'accorde avec l'interprétation d'Augustin : « Jésus nous ordonne de prier pour notre pain quotidien, afin que nous nous contentions de ce que le Père céleste accorde à chacun et que nous ne nous mettions pas en chasse pour en avoir plus par des moyens plus ou moins illicites[208]. » Nous venons avec nos besoins en nous attendant à une réponse positive, transformés par notre satisfaction et notre confiance en lui. Nous ne venons pas dans l'orgueil et l'inquiétude en lui exposant ce qui *doit* arriver. Nous pouvons désormais demander calmement des choses qui nous auraient auparavant causé bien des tracas.

Luther voit une dimension sociale à cette prière. En effet, manger chacun à sa faim implique une économie prospère, le plein emploi et une société juste. Dire « donne-nous (à tous) notre pain de ce jour » consiste à prier contre « l'exploitation abusive » dans les affaires, le commerce, le travail, par ceux qui écrasent les « bien-aimés pauvres et ravissent leur pain quotidien ». Luther avertit ceux qui commettent l'injustice de la puissance de cette requête : « Qu'ils prennent garde [...] que cette modeste demande du Notre Père ne se retourne pas contre eux[209]. » Prier pour le pain quotidien revient pour lui à prier pour un ordre social juste et prospère.

Pardonne-nous nos offenses comme nous pardonnons à ceux qui nous ont offensés

Cette cinquième demande s'intéresse à nos relations, avec Dieu ou avec nos semblables. Luther, qui a lutté personnellement avec la culpabilité et le pardon pendant des années, lance un appel vibrant à rechercher chaque jour le pardon de Dieu dans ses prières :

> Si quelqu'un veut se targuer de sa piété et mépriser les autres, qu'il s'examine lui-même et qu'il place cette prière sous ses yeux, il découvrira qu'il n'est pas plus pieux que les autres et que nous devons tous abaisser nos plumes devant Dieu et être heureux d'obtenir le pardon [...] si Dieu ne pardonne pas sans cesse, nous sommes perdus[210].

Luther ajoute que cette demande défie notre fierté tout en éprouvant notre état spirituel. Si la repentance et la confession sont pour nous des expériences dévalorisantes et traumatisantes alors « le cœur n'est pas en paix avec Dieu et ne peut [...] avoir confiance en Dieu ». Si la confession régulière ne produit ni n'augmente notre joie et notre confiance, nous n'avons rien compris du salut par la grâce, qui est l'essence de la foi.

Pour Jésus, il existe un lien étroit entre notre relation avec Dieu et notre relation avec les autres. Cela marche dans les deux sens. Si nous n'avons pas reconnu notre péché et recherché le plein pardon de Dieu, nous ne pourrons pas pardonner et serons alors incapables de vouloir le bien de ceux qui nous ont offensés. Une amertume qui persiste est le signe que nous ne sommes pas en paix avec Dieu. Cela signifie également que si nous gardons rancune, nous devrions reconnaître notre hypocrisie à chercher le pardon de Dieu pour nos propres péchés. Calvin l'expose clairement :

> Si nous gardons de la haine en notre cœur, un désir de vengeance, si nous demandons comment nous pourrons nuire à nos ennemis, à ceux qui nous ont fait du mal ou qui ont été malveillants à notre égard, et même si nous ne nous efforçons pas, de tout notre pouvoir, d'être de nouveau en bons termes avec eux, d'éprouver paix, amour et charité à leur égard, de leur rendre service et de leur être agréable, c'est comme si nous demandions à Dieu, dans notre prière, de ne pas pardonner nos péchés[211].

Ne nous soumets pas à la tentation

En commentant ce verset, Augustin fait une distinction importante : « On ne demande donc point ici de ne pas éprouver de tentation, mais de n'y pas succomber[212]. » La tentation, dans le sens d'être éprouvé et testé, est non seulement inévitable, mais souhaitable. La Bible parle de la souffrance et des difficultés comme d'une fournaise dans laquelle de nombreuses impuretés de l'âme sont consumées. Nous en sortons grandis en connaissance de nous-mêmes, en humilité, en foi et en amour. Toutefois, « céder à la tentation » selon les termes de Jésus (Matthieu 26.41) revient à envisager et entretenir la perspective de céder au péché. Calvin cite deux catégories de tentations : celles de « droite » et celles de

« gauche », avec à droite, « les richesses, les honneurs et les autres choses de ce genre », qui nous tentent dans le péché de nous croire indépendants de Dieu[213]. À gauche nous avons « la pauvreté, l'ignominie, le mépris, les afflictions et les autres réalités semblables » dont la tentation consiste à nous pousser au désespoir et, dans notre colère, à nous éloigner de Dieu. La prospérité et l'adversité sont dès lors de douloureuses épreuves qui apportent chacune son lot d'attraits visant à vous voler votre confiance en Dieu, à vous amener à centrer votre vie sur vous-même et à avoir des « désirs abominables » envers d'autres choses[214].

Délivre-nous du mal

Calvin regroupe cette phrase avec « ne nous soumets pas à la tentation » en une sixième (et donc dernière) demande. Augustin et Luther la considèrent comme une septième requête indépendante. Elle peut également être traduite par « délivre-nous du malin », c'est-à-dire du diable. Pour Luther, elle est dirigée contre « toutes choses mauvaises qui peuvent nous arriver sous le règne du diable : pauvreté, opprobre, mort, et en bref toutes misères funestes et souffrances amères qui, sur la terre, sont sans nombre[215] ». Augustin indique que, si la sixième formule demande à Dieu de nous délivrer du mal qui subsiste en nous, la septième s'élève contre le mal extérieur, les forces malignes de ce monde, notamment nos ennemis qui veulent notre perte[216].

Car c'est à toi qu'appartiennent, le règne, la puissance et la gloire aux siècles des siècles

Voici, enfin, ce que l'on appelle l'attribution : « Car c'est à toi qu'appartiennent le règne, la puissance et la gloire aux siècles des siècles. Amen. » Augustin n'en fait pas mention car cette formule était absente des plus anciens manuscrits ou de la Vulgate. Luther l'ignore également. Calvin précise cependant que « bien qu'elle ne figure pas dans les textes latins, [elle] est tellement appropriée qu'elle ne doit pas être omise ». Après avoir fait le tour de nos besoins, problèmes et limites, nous revenons à la vérité de l'entière autosuffisance de Dieu. Nos cœurs peuvent donc être assurés d'un « ferme et tranquille repos » et se souvenir que rien ne peut arracher le royaume, le pouvoir et la gloire à notre Père céleste rempli d'amour[217].

Donne-nous, pardonne-nous, délivre-nous

Les dernières remarques de Calvin sur le Notre Père sont très utiles. Comme Luther, il affirme qu'il ne s'agit pas d'une prière à répéter au mot près mais à utiliser comme modèle, pour son contenu. En effet, même Luc ne rapporte pas les mots de Jésus exactement de la même manière. Le Notre Père est un résumé de toutes les autres prières qui nous apporte un éclairage essentiel sur les thèmes et sujets les plus importants. Dès lors, « même si les croyants formulent d'autres paroles, leurs demandes ne s'écartent pas du sens des requêtes du Notre Père[218] ». Celui-ci doit marquer et inspirer nos prières. Le meilleur moyen pour suivre le conseil de Luther de prier deux fois par jour, est de paraphraser le Notre Père en le personnalisant avant de se livrer à une louange et une intercession plus spontanées.

Un autre éclairage tout aussi important concerne la forme plurielle du Notre Père. *Nous* demandons à Dieu de *nous* donner ce dont nous avons besoin. De ce fait, autant que possible « les prières des chrétiens doivent être communautaires et tendre à l'édification et au progrès général de l'Église[219] ». Le théologien américain Michael Horton a montré que, pour Calvin, « le ministère public étaye le culte personnel et non l'inverse[220] ». Calvin prenait grand soin de définir les prières publiques et la liturgie parce qu'il voulait que les prières privées s'appuient sur la louange collective de l'Église chrétienne.

La prière n'est donc pas une affaire strictement privée. Chaque fois que c'est possible, nous devrions prier ensemble, de façon formelle lors du culte ou de façon informelle avec nos amis. Pourquoi ? Si l'essence de la prière est de poursuivre une conversation avec Dieu et si son but est de mieux le connaître, son meilleur élément sera la communauté.

C.S. Lewis explique qu'il faut toute une communauté pour comprendre un individu. En réfléchissant à ses amitiés, il s'est rendu compte que certains aspects de la personnalité d'un de ses amis ne se révélaient qu'en présence d'un autre ami. S'il perdait ce dernier, il se privait d'une facette de la personnalité de son premier ami : « Seul, je n'ai pas l'envergure suffisante pour susciter l'activité d'un être humain dans sa totalité ; j'ai besoin d'autres lumières que la mienne pour faire briller toutes ces facettes[221]. » Si une communauté est nécessaire pour connaître un être humain ordinaire, à combien plus forte raison est-elle fondamentale pour mieux connaître

Jésus ? En priant avec vos amis, vous pourrez découvrir de nouvelles facettes de Jésus, jusque-là inconnues.

C'est pour cela, selon Lewis, que les anges d'Ésaïe 6 s'adressent *les uns aux autres* pour proclamer « Saint, saint, saint ». Chaque ange communique à tous les autres la part de gloire qu'il perçoit. Connaître Dieu est une affaire collective et cumulative. Ensemble, nous devons prier et louer. De cette façon « plus nous partageons le pain céleste et plus nous en avons[222] ».

Chapitre 9

Les pierres de touche de la prière

Dans ce chapitre, nous allons passer de la théorie à la pratique grâce à l'enseignement de plusieurs grands spécialistes de l'histoire de l'Église. Est-il possible de rassembler et de résumer tous les principes et les règles de la prière en une seule liste ? Oui... et non.

Lorsque l'on essaie d'unifier leurs conseils, on se rend compte que les mêmes choses reviennent souvent, mais sont traitées d'un point de vue différent. L'approche de Calvin est plus théologique, développant les doctrines de Dieu, du péché, du Christ et de l'Évangile, dans la pratique de la prière. Celle de Luther est très pragmatique, dans la mesure où il répondait à un homme qui l'interrogeait sur la manière concrète de prier. Augustin aborde la prière d'un point de vue existentiel, en mettant l'accent sur les motivations du cœur. Les principes de prière de chacun d'entre eux s'entrecroisent donc mutuellement. Souvenons-nous également que Calvin s'élevait contre les règles rigides. J'ai bien peur que de nombreux livres contemporains tentent de donner la « clé » ou le

« secret » de la prière. Une telle solution miracle n'existe tout simplement pas !

L'autre extrême consiste à refuser de réduire la prière à des principes et à se contenter d'essayer encore et encore. Si la prière était indéfinissable, aux disciples qui lui demandaient « Seigneur, apprends-nous à prier », Jésus aurait répondu : « C'est impossible. » Jésus n'a pas prétendu que la prière était ineffable, mais il leur a donné une succession de mots, le Notre Père.

Pouvons-nous alors tirer des applications des enseignements de nos mentors ? Je le crois. J'appellerai le résultat : « des pierres de touche ». La pierre de touche est petite et contient de la silice utilisée pour révéler le degré de pureté d'un morceau d'or ou d'argent. Comme nous l'avons vu, toute prière est, en quelque sorte, impure. Les motivations du cœur ne sont jamais totalement bonnes, et la prière n'est jamais exprimée d'une manière digne de son objet. Dieu ne l'écoute et n'y répond donc que par pure grâce. Toutefois, tout l'enseignement biblique nous indique que nous devrions nous efforcer de prier correctement. Si nos prières ne dépendent pas de Jésus (Jean 16.24-26), qu'elles manquent de foi (Jacques 1.6), si nos motivations sont égoïstes (Jacques 4.3) ou si nous tentons de prier en désobéissant volontairement à Dieu (Psaumes 66.18), nos prières ne seront pas d'« une grande efficacité » (Jacques 5.16).

Ce qui suit n'a rien d'une série de règles qui déclencherait une réponse automatique ou magique de Dieu. Il s'agit plutôt de douze pierres de touche qui peuvent nous permettre d'évaluer les forces et les faiblesses relatives de nos prières pour honorer Dieu et nous relier à lui. Je les ai regroupées en quatre catégories de trois points chacune.

La prière est…

Un travail : la prière est un devoir et une discipline
La prière devrait être pratiquée, au moins une fois par jour, de façon régulière, soutenue, résolue et tenace, que nous en ayons envie ou non. « Le pire péché est l'absence de prière » écrit Peter T. Forsyth. « Ses effets secondaires et sa punition sont [...] les péchés apparents [...] ou les incohérences flagrantes qui nous surprennent souvent chez les chrétiens [...] Un péché peut en cacher un autre : celui de ne pas vouloir prier[223]. » Nous devrions prier, même quand nous n'en retirons rien. Imaginez que vous soyez en colocation avec quelqu'un qui ne vous adresse presque jamais la parole et qui se contente de vous laisser des post-its. Quand vous lui demandez des explications, il vous répond : « Je ne vois pas l'intérêt de te parler. Je trouve ça ennuyeux, mes pensées partent dans tous les sens, alors je n'essaie même pas. » Qu'en concluriez-vous ? Peu importe vos qualités oratoires, le fait de ne pas vous adresser la parole est malpoli. Le dialogue est nécessaire pour la vie communautaire. Évidemment, le terme « malpoli » est bien trop faible pour exprimer notre incapacité à nous adresser à notre Créateur, notre Soutien et notre Rédempteur, à qui nous devons notre souffle de vie.

Nous devons prier avec persévérance. « Je vous le demande » écrit Paul en Romains 15.30, « combattez avec moi, en priant Dieu pour moi ». La prière nécessite un effort. Il faut choisir de prier même quand les émotions fluctuent. « Ne dites pas : "Je ne peux pas prier. Je ne suis pas d'humeur" » écrit Forsyth. « Priez jusqu'à être d'humeur[224]. » La prière a aussi un effet cumulatif. À la Galerie Royale de Dresde, Austin Phelps a observé des visiteurs qui restaient assis des heures entières à observer un seul chef d'œuvre. « Chaque année, des semaines entières sont consacrées à l'étude d'une œuvre de Raphaël. Les amoureux de l'art ne peuvent en jouir pleinement avant de se l'être appropriée par une communion prolongée avec ses formes incomparables. » Phelps rapporte que l'un de ces admirateurs affirme avoir passé des années à observer une peinture et qu'il y « découvrait toujours de nouvelles beautés et de nouvelles joies ». À combien plus forte raison devrions-nous prêter la même attention à la prière ! Quelle peinture, demande Phelps, peut rivaliser avec Dieu, « car l'âme doit le concevoir fermement pour comprendre la bénédiction qu'est la prière[225] ».

Prier est toujours un exercice difficile et souvent une souffrance. Nous vivons parfois une bataille intérieure pour arriver à prier : « Ainsi, lorsque sonne l'heure mise à part pour rencontrer Dieu, il nous semble souvent que tout conspire contre nous. » Parfois, nous luttons *dans* la prière, simplement pour nous concentrer : « Votre pensée [virevolte] dans un constant va-et-vient entre Dieu et les tâches qui vous réclament[226]. » Même si Dieu peut nous accorder des temps de paix et de sérénité, aucun chrétien ne peut sous-estimer le besoin de lutter et de persévérer dans la prière.

Une réponse à la Parole : la prière est une conversation avec Dieu

Dans le jardin d'Éden, Dieu a marché avec nous (Genèse 3.8). Dans la Bible, « marcher avec » signifie avoir une relation d'amitié, car les gens se parlent quand ils se promènent ensemble. La prière au nom de Jésus et la puissance de l'Esprit restaurent le plus beau privilège que nous avions avant la chute : une libre communication avec lui.

On peut comprendre de deux manières la prière en tant que dialogue. Dans la première, la prière est comprise comme une réponse à la voix de Dieu que l'on semble percevoir dans notre cœur. Nous nous asseyons calmement à l'écoute d'intuitions, d'impressions, d'émotions que nous ne considérons pas comme psychologiques mais comme la voix intérieure de Dieu. Dans la seconde, Dieu nous parle d'abord par sa Parole. Comme l'a dit Luther, l'Esprit nous convainc et nous illumine lors de notre lecture, nous l'entendons donc au travers de sa Parole. Nous l'avons déjà stipulé antérieurement, ce livre adoptera le second point de vue.

C'est l'une des problématiques fondamentales de l'histoire du christianisme. L'un de ses points de tension se situe au XVIIe siècle, lors du débat entre les puritains anglais et les premiers quakers. Pour les puritains, le langage de l'Esprit était la Bible, puisque l'Esprit nous parle par son entremise. Les quakers et beaucoup d'autres à leur suite, croyaient que la Bible était inspirée, mais que l'Esprit pouvait susciter une nouvelle révélation en nous[227]. Autrement dit, la Bible n'est pas indispensable pour converser avec Dieu et nous pouvons discuter avec lui dans nos cœurs. Nous avons déjà mis en évidence les faiblesses de cette approche. Pour James Packer, quand nous avons compris que la prière est une conversation, nous devons lier régulièrement prière et profonde méditation biblique. La méditation est un pont entre l'interprétation et l'étude biblique d'une part et la prière libre d'autre part. La pratique personnelle de Packer consiste à « lire la Parole, méditer sur ce qu'elle me révèle de Dieu, et faire de cette révélation un sujet de louange avant d'aller plus loin [dans la prière] ». Il ajoute qu'il s'agit d'un moyen primordial de « connaître Dieu[228] ».

Un équilibre entre louange, confession, reconnaissance et supplication

Le Notre Père passe de l'adoration et de la louange (« Notre Père, qui es aux cieux, que ton nom soit sanctifié, que ton règne vienne ») à l'intercession pour nos besoins (« Donne-nous aujourd'hui notre pain de ce jour [...] délivre nous du mal »), mais aussi à la confession de nos péchés et à la demande d'un changement intérieur (« Pardonne-nous nos offenses comme nous pardonnons aussi à ceux qui nous ont offensés »), puis aux remerciements pour nos bénédictions (« Car c'est à toi qu'appartiennent le règne, la puissance, et la gloire ») et même pour nos difficultés (« Que ta volonté soit faite »). Le Notre Père et les Psaumes nous montrent que toutes ces dimensions de la prière sont d'une importance capitale.

Toutefois, aucune forme de prière n'est à privilégier, certaines n'étant pas des étapes moindres ouvrant la voie aux suivantes, plus élevées. En réalité, toutes sont nécessaires. Elles interagissent et se stimulent mutuellement. Quand nous saisissons la grandeur de Dieu, notre péché nous est alors révélé d'une nouvelle manière, nous reconnaissons davantage l'ampleur de nos fautes, nous nous en repentons et nous offrons notre reconnaissance émerveillée de la grâce de Dieu. « Ses nombreux péchés lui ont été pardonnés, c'est pour cela qu'elle m'a témoigné tant d'amour » (Luc 7.47). Plus nous verrons la puissance de Dieu, plus nous voudrons dépendre de lui. Ces diverses façons de prier devraient toutes interagir l'une avec l'autre et de manière équilibrée, quand nous prions.

Ce que la prière exige

La grâce : prier « au nom de Jésus », selon les Évangiles

Nous avons déjà traité ce point essentiel auparavant. Notre prière doit être pleinement consciente et reconnaissante du sacrifice coûteux de Jésus, le Vrai Fils, comme don gratuit offrant l'accès à Dieu le Père. Le Saint-Esprit l'atteste en nous, confirmant intérieurement que nous sommes enfants de Dieu. Le nom de Jésus, loin d'être une formule magique déclenchant mécaniquement les forces surnaturelles ou la puissance de Dieu, est un résumé de sa personne divine et de son œuvre de salut. En nous adressant au Père au nom de Jésus, et non en notre nom, nous prouvons que nous avons pleinement compris qu'il nous écoute à cause du prix de la grâce. C'est le seul principe qui nous garantit d'être entendus même si nous ne suivons aucune autre « règle » de manière satisfaisante.

Cette idée soulève un problème : devons-nous prier le Père seul et non le Fils et l'Esprit ? Jésus a demandé aux disciples de le prier (Jean 14.13-14, Matthieu 11.28). Néanmoins, il leur a également enseigné le Notre Père. Même si nous ne sommes pas obligés de respecter cette prière à la lettre, cette instruction doit être prise au sérieux. Après l'ascension de Jésus, seules trois prières néotestamentaires lui sont adressées. Dans la majorité des cas, les prières s'adressent au Père. Il n'est pas déplacé de s'adresser au Fils ou à l'Esprit, mais la norme est de prier le Père, avec gratitude pour le Fils et dans la dépendance de l'Esprit[229]. Packer a sa propre méthode : « Je prie le Père par la médiation du Fils grâce au Saint-Esprit. Il m'arrive de parler directement au Fils ou à l'Esprit lorsque c'est approprié, c'est-à-dire, quand je prie sur un sujet qui les concerne directement selon les Écritures[230]. »

La crainte : prier du fond du cœur dans une admiration mêlée d'amour et de respect

Nous savons que le cœur doit s'impliquer dans la prière. Elle ne doit pas être une simple récitation : « Ce peuple m'honore du bout des lèvres, mais, au fond de son cœur, il est bien loin de moi » (Matthieu 15.8). Un signe important d'un cœur pleinement engagé est la crainte devant la grandeur de Dieu et les privilèges de la prière. *Le Grand Catéchisme de Westminster* affirme que le domaine affectif devrait envahir nos prières avec une « juste appréhension » de la puissance, de la majesté et de la grâce de Dieu[231].

De nos jours, personne n'imagine que rencontrer Dieu puisse être traumatisant, voire mortel. Pourtant quand Moïse a voulu s'approcher de Lui pour voir sa gloire, Dieu a refusé pour préserver sa vie (Exode 33.18-23). Seul son « dos » a été visible et Dieu a mentionné qu'il le couvrirait de sa main pour le protéger de sa sainteté et empêcher qu'il ne meure. Moïse a été protégé de Dieu par Dieu. C'est cela l'Évangile. Cependant, en Jean 1.14, nous apprenons qu'en Jésus-Christ nous contemplons la gloire de Dieu. Comment est-ce possible ? Parce qu'en Christ, nos péchés sont couverts. En Christ, nous sommes cachés dans le creux de la main de Dieu (Colossiens 3.1-3). Ne prenons pas pour autant à la légère le privilège d'approcher le « trône ». Il s'agit d'un droit incroyable, acquis à un prix inimaginable et que nous exerçons quand nous prions au nom de Jésus. Nous devons nous en souvenir à chaque fois que nous prions. Prenons le temps de méditer cette vérité jusqu'à ce qu'elle nous enchante.

« Une admiration mêlée d'amour et de respect » n'implique pas de s'approcher de Dieu en faisant preuve d'une familiarité sentimentale ou désinvolte, ni d'une solennité guindée ou distante. Bon nombre d'excellents livres sur la prière conseillent de prendre du temps et de s'éveiller à l'ampleur de l'événement à venir avant de commencer à méditer et à prier. L'un d'eux suggère de s'exhorter ainsi :

> Dieu est là, entre ces murs ; derrière moi, devant moi, à ma droite, à ma gauche. Celui qui remplit l'univers est venu jusqu'ici, auprès de moi. Je m'apprête à me prosterner devant lui, et à lui *parler* [...] Je peux lui présenter mes désirs, aucune syllabe ne lui échappera. Je peux lui parler comme je le ferais à mon meilleur ami[232].

Cette mise en situation peut s'effectuer en réfléchissant brièvement à certains aspects de la théologie de la prière. Souvenez-vous, par exemple, qu'à présent vous êtes un enfant adopté et aimé qui va vers son Père. Ou souvenez-vous que votre Grand Prêtre et Avocat assis à la droite de Dieu vous permet de vous approcher du trône avec confiance. Rappelez-vous que le Saint-Esprit vit en vous. Il vous pousse et vous aide à prier. Tout cela prépare votre cœur à la prière.

La faiblesse : accepter notre état de faiblesse et de dépendance

L'auteur norvégien Ole Hallesby débute son court livre *La prière* en la définissant comme une attitude de l'esprit et du cœur, caractérisée en premier lieu par la vulnérabilité : « Pour autant que j'en puisse juger, la prière est avant tout pour ceux qui sont sans force. [...] La faiblesse et la prière sont inséparables l'une de l'autre. Seul celui qui a conscience de sa faiblesse sait prier[233]. » Une telle prière n'est que la manifestation de la foi de l'Évangile car seul celui qui confesse sa complète déroute spirituelle peut recevoir le salut de Christ. Augustin a expliqué à Anicia qu'il était impossible de prier avant de constater que : « Quel que soit donc votre bonheur dans ce siècle, vous devez vous y croire comme abandonnée. »

Cette pierre de touche est intimement liée à la prière au nom de Jésus, mais elle mérite son propre développement, parce qu'elle représente un principe important et utile. Beaucoup de personnes se mettent dans des situations où elles se sentent si démunies et impuissantes qu'elles ne veulent pas prier. La prière existe cependant pour ceux qui n'ont aucun autre recours, aucune autre issue. Prier revient à relier Jésus à notre vulnérabilité totale, notre dépendance et notre sentiment de fragilité. Paul le prouve lorsqu'il enseigne que l'Esprit nous vient en aide dans nos désespoirs profonds, lorsque nous ne savons même plus pour quoi prier : « De même, l'Esprit vient nous aider dans notre faiblesse. En effet, nous ne savons pas prier comme il faut mais l'Esprit lui-même intercède en gémissant d'une manière inexprimable » (Romains 8.26). Il semblerait que l'aide de l'Esprit soit provoquée par notre vulnérabilité. Prier, c'est accepter d'être, à jamais, entièrement dépendants de Dieu pour toutes choses.

En fait, notre vulnérabilité peut aussi nous donner de l'assurance. On utilise fréquemment la déclaration de Jésus à l'Église de Sardes pour appeler les non-croyants à la foi en Christ : « Voici : je me tiens devant la porte et je frappe. Si quelqu'un entend ma voix et ouvre la porte, j'entrerai chez lui et je dînerai avec lui et lui avec moi » (Apocalypse 3.20). Mais dans l'Antiquité, inviter quelqu'un à dîner revenait à lui offrir son amitié. Jésus invite les croyants à entrer dans une totale communion avec lui, à prier. La prière, ici, répond à Jésus, à ses coups frappés à la porte. Nous ne lui ouvririons pas s'il n'était pas venu chez nous. Puisqu'aucun cœur humain ne recherche Dieu de façon naturelle (Romains 3.11) ou ne peut venir à Dieu sans qu'il ne l'attire (Jean 6.44), personne ne pense à prier sans que Dieu ne l'y pousse par le Saint-Esprit.

En résumé, si vous voulez prier, ne vous inquiétez pas de savoir si Dieu va vous écouter. Devant Dieu, vous n'aurez pas le sentiment d'être incapable et dans le besoin, à moins que Dieu ne vous en ait fait prendre conscience, pour vous pousser à prier. Quand vous vous sentez totalement vulnérables, soyez alors sûrs que Dieu vous accompagne et écoute vos prières.

Ce qu'offre la prière

Une perspective : la prière réoriente notre vision vers Dieu

La prière sous toutes ses formes (adoration, confession, reconnaissance et requête), réoriente notre vision globale. En replaçant Dieu dans le cadre, elle apporte une nouvelle perspective. Le simple fait d'exprimer oralement à Dieu nos besoins, peurs, espoirs, préoccupations, questions, problèmes et péchés, nous oblige presque immédiatement à les considérer différemment.

Cette réorientation peut s'illustrer par l'exemple d'un randonneur. Une fois arrivé à une certaine hauteur, il a une vue d'ensemble sur le chemin parcouru et constate : « Je suis plus loin que je ne le pensais » ou bien « J'ai moins progressé que prévu ». Lorsque nous prions, nous pouvons découvrir que Dieu prend soin de nous et nous aime au-delà de ce que nous imaginions, ce qui diminue nos peurs. Nous pouvons aussi découvrir que nous sommes bien plus stupides et égocentriques que nous ne le pensions, et la prière élimine nos sentiments de colère et d'apitoiement sur soi.

Psaumes 73.17-20 est un exemple pratique de cette réorientation de la prière. Le psalmiste exprime son envie remplie de ressentiment contre les abus de pouvoir de ceux qui exploitent les autres sans jamais être punis, semble-t-il. Tout semble leur réussir alors que lui-même est envahi de problèmes. À quoi bon servir Dieu dans ce cas ? « Alors c'est donc en vain que je suis resté pur, que j'ai lavé mes mains en signe d'innocence ! Tous les jours, je subis des coups » (v. 13-14).

Il ajoute : « jusqu'au jour où je suis entré dans la maison de Dieu » (par la prière) « et où j'ai réfléchi au sort qui les attend » (v. 17). Dans la présence de Dieu, le psalmiste s'est rappelé que Dieu maintient toute vie et histoire sous son contrôle. Non seulement le péché finira par nous prendre dans son piège à un moment de notre vie, mais il y aura un jugement dernier. Puis, le psalmiste illustre cette réorientation : « Comme les images du rêve s'évanouissent, après le réveil, ô Éternel, quand tu interviendras, tu les feras tous disparaître » (v. 20). Dans ce cas, la prière ressemble au réveil après un cauchemar. Nous rions de l'avoir pris au sérieux et constatons que tout va bien. Bien entendu, la prière peut entraîner l'effet inverse : briser nos rêves et nous montrer que nous courons un danger spirituel bien plus grand que prévu. Nous pouvons aussi passer d'un rêve agréable à la triste réalité. Ainsi, la prière peut faire l'effet d'un électrochoc. Nous dirons alors : « Pourquoi ai-je eu si peur ? Si Dieu est avec moi, je n'ai rien à craindre ! » Ou, à l'inverse : « Pourquoi ai-je été si inconscient ? Comment ai-je pu justifier ainsi mes actes ? » La prière met les choses en perspective, elle nous donne une vue d'ensemble, nous extirpe les mauvaises herbes et nous remet sur le droit chemin.

Une force : la prière est une union spirituelle avec Dieu

« La prière est un moyen d'avoir de l'énergie » selon James Packer : « Une prière honnête sur n'importe quel sujet apporte régulièrement au croyant alerte spirituelle, vigueur et confiance. Pour les puritains prier consistait à huiler les roues de l'âme[234]. » P.T. Forsyth écrit :

> Comme la nourriture, la prière renouvelle notre force et notre santé [...] La vie de chaque organisme n'est rien de moins que la victoire constante d'une plus grande énergie, sans cesse nourrie face à des forces élémentaires. Prier, c'est assimiler la force morale d'un Dieu saint. Il faut travailler pour vivre. Nous devons lutter dans la prière pour nourrir notre âme [...] La

prière revient à s'approprier puissamment une puissance, une puissance divine. Elle est donc créative[235].

Lorsque nous devenons chrétiens, nous sommes « unis avec Christ[236] ». Cela signifie, entre autres, que nous sommes comme des sarments greffés à un cep, afin que la vie de Christ, le Cep, puisse apparaître de plus en plus en nous (Jean 15.1s). La prière est l'un des moyens d'y parvenir.

À la fin de sa lettre aux Éphésiens, Paul exhorte ses lecteurs : « Puisez votre force dans le Seigneur et dans sa grande puissance » (Éphésiens 6.10). Ce n'est pas une directive abstraite. Les chrétiens sont enjoints à revêtir une « armure » spirituelle, avec la vérité comme ceinture, la justice comme cuirasse, la paix qui vient de l'Évangile pour chaussures. Ils se défendent à l'aide du bouclier de la foi et du casque du salut. Cette métaphore a été expliquée avec talent à des milliers d'assemblées au cours de l'histoire. Pour résumer, nous devons nous approprier au quotidien les bénéfices du salut en Christ qui ont été concrètement garantis pour nous : le pardon, la paix, l'amour de Dieu. L'assurance de l'amour de Dieu, la promesse de la présence de l'Esprit en nous, la conscience de notre pardon, de notre accès au Père, le pouvoir de vaincre nos mauvais penchants ne sont que des notions abstraites tant que nous ne les avons pas intériorisées pour les mettre en pratique. Elles ne doivent pas seulement toucher notre cœur mais façonner notre vie grâce au Saint-Esprit qui opère en nous.

Comment nous préparer aux batailles de la vie ? Comment devenir forts en Dieu ? Comment développer une sensibilité spirituelle qui permette le discernement dans des situations compliquées ? Comment recevoir l'assurance de la sagesse, de l'amour et de la puissance de Dieu pour pouvoir nous tourner vers lui et trouver le repos en lui ? À la fin du passage, Paul met fin à la métaphore et écrit : « En toutes circonstances, faites toutes sortes de prières et de requêtes sous la conduite de l'Esprit. Faites-le avec vigilance et constance, et intercédez pour tous ceux qui appartiennent à Dieu » (Éphésiens 6.18). Beaucoup de commentateurs ont essayé d'ajouter la prière à la liste des éléments de l'armure (vérité, foi, salut, justice, paix et Parole de Dieu). Cette interprétation est erronée car chaque partie correspond à une image (casque, épée ou cuirasse). Concernant la prière, Paul dit seulement de prier : prier dans l'Esprit, prier en étant vigilant, prier de diverses manières, prier sans cesse.

Il est difficile de faire plus simple. La prière est le moyen par lequel tout ce que nous croyons, et que Christ a acquis pour nous, devient notre force. La prière est le moyen par excellence pour que cette vérité remplisse notre cœur et crée de nouveaux réflexes, instincts et caractères.

Une réalité spirituelle : la prière cherche à faire ressentir la présence de Dieu à notre cœur

Edmund Clowney écrit : « Dieu ne se contente pas de parler [...] il est présent. La prière s'ancre dans la conscience de la présence de Dieu, conscience souvent remplie d'admiration respectueuse[237]. » Par la prière, notre connaissance quelque peu abstraite de Dieu devient une réalité tangible. Nous ne nous contentons plus de croire en la gloire de Dieu, nous la sentons. Nous ne croyons plus abstraitement que Dieu nous aime, nos cœurs sont inondés de son amour.

Le Grand Catéchisme de Westminster dit que l'un des rôles du Saint-Esprit est de nous aider à prier en « travaillant et stimulant nos cœurs (bien que toutes les personnes ne soient pas nécessairement concernées, ni à chaque fois et dans la même mesure) à travers ces perceptions, manifestations d'affection et grâces qui sont indispensables à la bonne tenue de ce devoir[238] ». Cette déclaration est admirablement équilibrée. La prière est un devoir, nous devons prier quoi qu'il arrive. Toutefois, manifester notre « affection », à savoir un cœur rempli de crainte, d'émerveillement et d'amour, est nécessaire pour « la bonne tenue » de la prière. Il est donc approprié de ne pas se montrer distrait ou insensible dans nos prières. Ce n'est pas la meilleure façon d'honorer Dieu.

Cependant, nous ne sommes pas pleinement maîtres de nos émotions. Même le Saint-Esprit n'agit pas de la même façon avec tout le monde en même temps. John Newton, pasteur et compositeur du XVIIIe siècle, parlait de la « présence sensible » de Dieu, ce ressenti de sa présence dans nos cœurs, comme d'un cadeau de Dieu que nous ne pouvons exiger. Il disait : « Parfois, le Seigneur retire son influence sensible, et le bourdonnement d'une mouche sera une rude épreuve pour notre patience ; en d'autres occasions, il nous montrera ce qu'il peut faire en nous et pour nous[239]. »

Le grand catéchisme ne prône pas pour autant la passivité. En abordant la manière dont les chrétiens devraient prendre le Repas du Seigneur, il précise qu'ils devraient « méditer sur sa mort et ses souffrances avec tendresse, ce qui les pousserait à un vigoureux exercice de réflexion sur leurs grâces[240] ». Nous devons donc méditer la vérité jusqu'à ce que nos cœurs débordent de tendresse au point de désirer servir Dieu. Comment la présence et la réalité de Dieu se manifestent-elles dans la prière ? Certes, l'Esprit agit différemment selon les circonstances, néanmoins cet exemple extrait du *Grand intérêt du chrétien*, de William Guthrie, est remarquable :

> C'est une manifestation divine glorieuse de Dieu qui résonne dans l'âme, qui diffuse son amour dans le cœur, c'est une chose que l'on ressent plus aisément qu'on ne l'exprime. Ce n'est pas une voix audible, mais un rai de gloire qui remplit l'âme de Dieu car Il est vie, amour, lumière et liberté, ce qui correspond à la voix criant « Tu

> es bien-aimé de Dieu » (Daniel 9.23) [...] C'est l'expérience qui se produit entre Christ et Marie-Madeleine, quand il l'appela par son nom « Jésus lui dit : Marie ! » Quand il soupira ce seul mot « Marie », elle fut saisie d'un admirable transport divin et d'une manifestation qui transperça son cœur. Elle en fut si comblée que tout débat et querelle sur l'identité de son vis-à-vis fut évacué[241].

Guthrie précise qu'il ne s'agit pas d'une voix audible ou d'un signe visible à l'œil nu, mais d'une voix et d'une vision du cœur, non des sens physiques. Nous pouvons venir dans la présence de Dieu dans la prière.

La prière nous mène à …

La connaissance de nous-mêmes – La prière exige et crée de l'honnêteté et de la connaissance de soi

Comme nous l'avons déjà vu précédemment, on ne peut commencer à prier sans humilité. Loin de nous amener à simplement reconnaître nos manquements, la prière doit nous pousser à être pleinement honnêtes avec nous-mêmes. Il semble évident qu'on ne peut qu'être honnête en face d'un Dieu omniscient, mais force est de constater que nous marmonnons souvent des platitudes sans faire l'effort d'exprimer à Dieu et à nous-mêmes, nos plus grandes peurs, blessures et faiblesses ainsi que nos péchés : « La prière, la prière authentique, nous empêche de nous tromper nous-mêmes. Elle met à mal notre ego. Elle éclaire notre vision spirituelle [...], elle sape notre aveuglement volontaire et notre pharisaïsme [...]

Ainsi, dans la prière, nous devenons pleinement nous-mêmes[242] ».

La prière exige non seulement la confession de nos péchés et de nos manquements, mais elle révèle aussi les attitudes et comportements intérieurs ainsi que les désirs excessifs qui nous poussent à pécher[243]. Plus nous nous rapprochons de la beauté, de l'intelligence et de la pureté suprêmes, plus nous comprenons notre disgrâce, notre fadeur et notre impureté.

Les premiers mots de *L'Institution de la religion chrétienne* de Calvin sont restés célèbres : « Presque toute la sagesse que nous possédons, qui est, en définitive, réelle et véritable, présente un double aspect : la connaissance de Dieu et de nous-mêmes[244]. »

Autrement dit, nous ne pouvons réellement mieux connaître Dieu sans en venir, dans le même temps, à mieux nous connaître nous-mêmes. L'inverse est également vrai. Si je nie mes faiblesses et mon péché, je serai également aveugle quant à la grandeur et la gloire de Dieu. Nul exemple n'est plus pertinent que celui d'Ésaïe. Lorsqu'il a vu la gloire de Dieu dans le temple, il a aussitôt répondu : « Malheur à moi ! Je suis perdu, car j'ai les lèvres impures et j'habite au milieu d'un peuple aux lèvres impures. *Et voici que, de mes yeux, j'ai vu le Roi, le Seigneur des armées célestes* » (Ésaïe 6.5). C'est parce qu'il avait vu le roi d'une nouvelle façon qu'il s'est vu d'une nouvelle façon. Cela va de pair. Si nous ne sommes pas prêts à reconnaître notre petitesse et notre péché, nous ne comprendrons jamais la grandeur et la sainteté de Dieu.

Selon Edmund Clowney, la prière implique une honnêteté qui n'a pas d'équivalent dans les relations humaines car vous n'y dévoilez nécessairement qu'une part de votre personnalité. Vous ne vous comportez pas de la même façon avec votre conjoint, votre patron ou une vague connaissance, car chaque rôle social ne représente qu'une part de votre personnalité. Même votre conjoint n'en voit qu'une partie. En revanche, « nulle créature n'échappe au regard de Dieu, tout est à nu et à découvert aux yeux de celui à qui nous devons rendre compte » (Hébreux 4.13). Bas les masques et les faux-semblants. Notre relation à Dieu n'est pas partielle mais totale. Tout ce que nous sommes est lié à notre Créateur et Rédempteur[245].

La confiance : la prière exige et crée une confiance totale et un espoir sans faille

Tout comme la prière doit allier admiration respectueuse et intimité, elle doit conjuguer soumission et « sollicitation ». Nos dernières paroles lors de chaque prière doivent remercier Dieu pour la réponse, quelle qu'elle soit, qu'il apportera dans sa sagesse. Même les enfants récalcitrants sont conscients que leurs parents connaissent les choses mieux qu'eux. Notre Père « seul sait ce qui est le meilleur pour nous. Bien souvent, accéder à nos requêtes causerait notre perte[246] ».

Nous sommes également invités à faire régulièrement connaître nos besoins avec précision et intensité en sachant qu'ils seront entendus. L'auteur norvégien Ole Hallesby parle de la prière comme d'un « travail » et d'un « combat[247] ». Même si nous devons toujours conclure en disant : « Cependant, que ta volonté soit faite », au début, nos prières devraient faire preuve d'acharnement devant Dieu. Luther avait la témérité de voir la prière de sollicitation comme une « conquête de Dieu[248] ». Prier ne ressemble en rien à un exercice passif, silencieux et calme.

Il est tout fait crucial de trouver un équilibre entre ces deux attitudes : une confiance totale et un espoir sans faille. Dans les prérequis à la prière de sa théologie systématique, Hodge renvoie « sollicitation » et « soumission » dos à dos. Si la soumission l'emporte, nous devenons passifs. Nous ne pourrons utiliser la force et les arguments d'Abraham implorant la clémence de Dieu pour Sodome et Gomorrhe (Genèse 18.16-33), ou le ton de Moïse plaidant la miséricorde pour Israël et pour lui (Exode 33.12-22), ou l'audace d'Habacuc et de Job remettant en cause l'action du Créateur dans l'histoire. Toutefois, si nous « sollicitons » Dieu à l'excès, si nous intercédons sans nous appuyer sur sa sagesse et sa souveraineté, nous serons furieux si nous ne sommes pas exaucés. Dans tous les cas, nous cesserons de confier nos besoins à Dieu avec patience, persistance et endurance, et nous céderons à l'hystérie.

Hallesby, qui vivait en Norvège au début du XXe siècle, assimile la prière au travail minier de cette époque. Les puits de mine étaient forés de deux manières différentes. Pendant de longues périodes, écrit-il, « on perce de grands trous avec maints efforts dans la roche ». Il fallait beaucoup de patience, de talent et de calme pour creuser les trous nécessaires aux endroits stratégiques. On plaçait ensuite la « charge » pour la connecter au détonateur. « Allumer la mèche et mettre feu à la charge est non seulement facile mais très intéressant à faire [...] On peut voir le "résultat" ... explosions, débris qui s'éparpillent. » Il conclut que contrairement à tout travail difficile qui nécessite de l'habileté et une certaine force de caractère : « N'importe qui peut allumer une mèche[249]. » Fort à propos, cette illustration nous met en garde contre une utilisation exclusive de prières « à détonateur », le genre de prière que l'on abandonne si l'on n'obtient pas des résultats rapides. Si nous croyons à la fois au pouvoir de la prière et à la sagesse de Dieu, notre vie de prière creusera les trous patiemment. Les chrétiens matures savent que la ténacité fait partie de l'efficacité de la prière.

Évitons de tomber dans des extrêmes : ne rien demander à Dieu ou s'imaginer qu'on arrivera à faire plier sa volonté.

Combinons sollicitation tenace, ou « acharnement devant Dieu », et pleine acceptation de la sage volonté de Dieu.

La soumission : la prière exige et crée l'envie de soumettre sa vie entière par amour pour Dieu

Le Psaumes 66.18 dit : « Si j'avais gardé dans mon cœur des intentions coupables, Dieu ne m'aurait pas écouté. » Il semble possible au premier abord de mériter les réponses de Dieu aux prières si l'on est suffisamment moral. Cette interprétation est contredite par tout l'enseignement vu jusqu'à présent sur la prière au nom de Jésus. De quoi s'agit-il alors ? Jacques parle de prières non exaucées car « vous demandez avec de mauvais motifs : vous voulez que l'objet de vos demandes serve à votre propre plaisir » (Jacques 4.3).

Tout comme la foi en Christ ne peut gagner notre salut, mais est nécessaire pour l'obtenir, il est nécessaire de mettre Dieu en premier, de l'aimer et de le suivre pour qu'il puisse répondre à nos prières sans nous blesser. Si Dieu n'a pas la première place, nos prières seront égoïstes, instrumentalisées et dévastatrices.

Cette vérité se trouve en Jacques 1.6-8 : « Il faut cependant qu'il demande avec foi, sans douter [...] Qu'un tel homme [qui doute] ne s'imagine pas obtenir quoi que ce soit du Seigneur. Son cœur est partagé, il est inconstant dans toutes ses entreprises. » Ces versets sont source d'angoisse pour beaucoup, car il semblerait que Jacques suggère qu'il faut être absolument certain de la réponse pour demander. Ce n'est pas ce qui est écrit. Le mot *doute* est défini au verset 8 comme « partagé », en grec *dipsychosis*, « deux psychés » littéralement. James Packer et Carolyn Nystrom l'expliquent en se référant au classique de Kierkegaard, *La pureté du cœur*. La pureté morale n'est pas la perfection, la morale absolue, l'absence de doute. C'est le fait d'avoir décidé d'accepter Dieu comme étant notre Dieu et de se défaire de tout concurrent possible. C'est s'approprier le Psaumes 73.25 : « Qui ai-je au ciel, si ce n'est toi ? Et ici-bas que désirer, car je suis avec toi ? » Packer répond : « Rien, c'est-à-dire, rien que je ne sois prêt à abandonner si Dieu l'exigeait. C'est placer la volonté et la communion avec Dieu au-dessus de ma volonté et de mes désirs[250]. »

À première vue, nous pourrions nous demander : « Mais alors, qui peut prier ? » « Tout croyant né de nouveau sans aucune exception[251]. » Conscients de l'imperfection de leur amour pour Dieu, les vrais croyants *veulent* néanmoins l'aimer par-dessus tout. Ils peuvent déplorer que « le bien que je veux faire je ne le fais pas », et « même si je prends plaisir en Dieu au fond de moi, tant de pulsions m'en éloignent[252] ». Romains 7 et d'autres passages témoignent que même si les chrétiens peuvent chuter et douter, leur nature a fondamentalement changé. Ce changement est essentiel pour une vie de prière dépourvue de superficialité et d'égoïsme.

Revenons à la lettre d'Augustin à Anicia. En résumé, il lui recommande de ne pas commencer à prier avant d'avoir compris qu'en Dieu elle a tout ce dont elle a besoin. Autrement dit, à moins de reconnaître que Dieu est notre seul besoin réel, nos requêtes et nos supplications peuvent être de l'inquiétude et de la convoitise déguisées. Nous pouvons nous servir de la prière comme d'un instrument pour obtenir ce que nous désirons avec ardeur. Dieu n'écoutera pas de telles prières, car la requête est égoïste, dans le but de satisfaire nos passions (Jacques 4.2-3). De plus, ces prières n'offriront ni nouvelle perspective, ni soulagement du fardeau de l'égocentrisme qui plonge dans la mélancolie.

L'une des déclarations les plus étonnantes de Calvin au sujet de la prière concerne le fait qu'elle est le moyen principal de recevoir tout ce que nous possédons en Christ : « Il nous reste à chercher et à demander, par des prières et des supplications ce qui, comme nous l'avons appris, se trouve en lui[253]. » Réfléchissons-y. Nous ne pouvons recevoir Christ et croire en son nom (Jean 1.12-13) si ce n'est en priant. Martin Luther a écrit que « la vie tout entière est repentance », notre manière de grandir en grâce. Mais il s'agit à nouveau de prière. Pour le petit catéchisme de Westminster, « la fin principale de l'homme est de glorifier Dieu et de se réjouir en lui éternellement ». La prière est l'essence même de tous ces éléments.

À la fin des temps, l'histoire atteindra son apogée lors d'un grand banquet (Apocalypse 19.9). Cependant, comme nous l'avons vu, nous pouvons d'ores et déjà manger avec Jésus : « Voici : je me tiens devant la porte et je frappe. Si quelqu'un entend ma voix et ouvre la porte, j'entrerai chez lui et je dînerai avec lui et lui avec moi » (Apocalypse 3.20). Les commentateurs ont compris cette proposition de Jésus comme une invitation à devenir son ami et à entrer en communion avec lui par la prière. Même si elle est souvent épuisante, voire douloureuse, la prière est, sur le long terme, la plus grande source de puissance qui soit.

La Prière

Ce qu'elle est

	Un travail	La prière est un devoir et une discipline.
	Des mots	La prière est une conversation avec Dieu.
	Un équilibre	La prière est louange, confession, reconnaissance et supplication.

Ce qu'elle exige

	La grâce	Nous devons prier « au nom de Jésus », selon les évangiles.
	La crainte	Nous devons prier du fond du cœur dans une admiration mêlée d'amour et de respect.
	La vulnérabilité	Nous devons accepter notre état de faiblesse et de dépendance.

Ce qu'elle offre

	Une perspective	La prière réoriente notre vision vers Dieu.
	Une force	La prière est une union spirituelle avec Dieu.
	Une réalité spirituelle	La prière cherche à faire ressentir la présence de Dieu à notre cœur.

Ce qu'elle induit

	La connaissance de soi	La prière exige et crée de l'honnêteté et de la connaissance de soi.
	La confiance	La prière exige et crée une complète confiance et un espoir sans faille.
	La soumission	La prière exige et crée l'envie de soumettre sa vie entière par amour pour Dieu.

Quatrième partie

Approfondir sa vie de prière

Chapitre 10

Comme une conversation : méditer sa Parole

Nous avons vu que quand nous répondons avec confiance à la Parole de Dieu, la prière devient une conversation avec Dieu. Beaucoup d'encre a coulé concernant l'hyperactivité de la société contemporaine et son déficit d'attention qui fait de la réflexion profonde et de la méditation un art perdu. Toutefois, si l'on souhaite que notre prière soit réellement une conversation avec Dieu, elle doit être régulièrement précédée d'une écoute de la Parole de Dieu par la méditation de l'Écriture.

Une voie d'accès à la prière

> *Heureux l'homme qui ne marche pas selon les conseils des méchants,*
> *qui ne va pas se tenir sur le chemin des pécheurs,*
> *qui ne s'assied pas en compagnie des moqueurs.*
> *Toute sa joie il la met dans la Loi de l'Éternel*
> *qu'il médite jour et nuit.*

> *Il prospère comme un arbre planté près d'un courant d'eau ;*
> *il donne toujours son fruit lorsqu'en revient la saison.*
> *Son feuillage est toujours vert ;*
> *tout ce qu'il fait réussit.*
> *Tel n'est pas le cas des méchants :*
> *ils sont pareils à la paille éparpillée par le vent.*
> *Aussi, lors du jugement, ils ne subsisteront pas,*
> *et nul pécheur ne tiendra au rassemblement des justes.*
> *Car l'Éternel veille sur la voie des justes ;*
> *mais le sentier des méchants les mène à la ruine.*
>
> Psaumes 1.1-6

Les Psaumes sont le livre de prières de la Bible, mais il faut souligner que le premier psaume n'est pas une prière en soi, mais une méditation, plus exactement une méditation sur la méditation. Sa position n'est pas due au hasard. Eugene Peterson explique qu'il constitue l'introduction du livre : « Le texte [des Psaumes] qui nous enseigne comment prier ne commence pas par la prière. Nous ne sommes pas encore prêts. Nous sommes centrés sur nous-mêmes. Nous sommes malmenés par le monde. » Le Psaume 1 est une « pré-prière, pour nous préparer[254] ».

Il s'agit d'une découverte importante. Dans notre culte personnel nous sommes nombreux à passer d'une étude assez intellectuelle de la Bible à la prière. Il existe pourtant un « juste milieu » entre les deux, semblable à un pont. Même si de profondes expériences de la présence et de la puissance de Dieu peuvent avoir lieu par des biais extrêmement différents, la norme pour grandir spirituellement dans la prière consiste à méditer les Écritures. « Si nous prions sans méditer » écrit Edmund Clowney, « notre communion avec Dieu sera médiocre et distante[255] ».

Selon le Psaume 1, la méditation promet au moins trois choses. La première est la stabilité. L'homme versé dans la méditation est comme un arbre profondément enraciné qui ne peut être emporté par le vent. Remarquez que cet arbre est planté près d'un cours d'eau. Les arbres plantés près des courants d'eau sont vigoureux même en période de sécheresse. Cette image illustre le chrétien capable d'avancer malgré les difficultés. Il importe d'enraciner votre cœur et votre âme en Dieu par l'intermédiaire de la méditation. Les courants d'eau représentent la « Loi de l'Éternel », la Parole de Dieu. Plonger ses racines dans l'eau est une métaphore de la méditation[256]. La méditation est donc ce qui vous donne la stabilité, la paix et le courage lors des périodes de grandes difficultés, d'adversité et de bouleversements. Elle vous aide à rester enracinés dans l'eau divine quand toutes les autres sources d'hydratation, de joie, d'espoir et de force, se tarissent. Par contraste, la bale (NDE : la paille dans la Semeur), cette enveloppe du grain de blé, est très légère et la moindre brise peut l'emporter. Tout peut la faire bouger. Pour être un arbre et non de la bale, il faut méditer la Parole de Dieu.

Cette remarque est réaliste. L'arbre ne porte de fruits qu'en saison mais ne perd jamais ses feuilles. La méditation mène à la stabilité (l'arbre est toujours vert !) mais n'exempte pas de la souffrance et de la sécheresse. La méditation ne nous garantit pas des expériences uniformes de joie et d'amour. Nous avons des saisons de grande joie (les bourgeons du printemps ?) et des saisons de maturité et de sagesse (les fruits de l'été ?). Cependant, nous connaissons également des hivers spirituels, quand nous ne sentons plus Dieu proche de nous, même si nous restons profondément enracinés dans sa vérité.

La méditation promet aussi de nous donner de la substance, de forger notre caractère. La bale ne produit rien, alors que l'arbre donne des fruits. La différence réside dans le fait que l'arbre est un être vivant qui grandit, contrairement à la bale. Ceux qui méditent gagnent en substance, ils sont réfléchis et ont de profondes convictions. Ils savent expliquer des concepts difficiles dans un langage simple. Tout ce qu'ils font est motivé par de bonnes raisons. Beaucoup de gens ne méditent pas. Ils lisent en diagonale, choisissent sous l'impulsion du moment et n'agissent pas de manière réfléchie. En suivant leurs lubies, ils vivent de façon superficielle. Ceux qui méditent résistent à la pression ; les autres suivent le troupeau, où qu'il aille.

La méditation porte du fruit, ce que la Bible présente comme des traits de caractère tels que l'amour, la joie, la paix, la patience, l'humilité, la maîtrise de soi (Galates 5.22-23). La véritable méditation ne se contente donc pas de nous faire nous sentir « proches de Dieu », elle transforme notre vie. Comme l'a écrit le professeur d'Ancien Testament, Derek Kidner : « L'arbre n'est pas un simple canal conduisant l'eau, intacte, d'un endroit à un autre, mais un organisme vivant qui l'absorbe, pour donner naissance, en temps voulu, à quelque chose de nouveau et de délicieux, conforme à son espèce et correspondant à la saison[257]. »

Pour finir, la méditation apporte la *bénédiction*, une idée extrêmement présente dans la Bible. Elle implique la paix et la quiétude en toute situation ainsi que maturité, stabilité et joie (Psaumes 1.2). Méditer la Loi de l'Éternel, l'Écriture, nous fait passer du devoir à la joie. Les promesses bibliques liées à la méditation sont immenses.

Méditation et esprit

Lorsque le Psaume 1 nous invite à la méditation, il utilise un mot qui signifie littéralement « marmonner ». En effet, dans les temps anciens, l'Écriture était récitée par cœur. Rien ne vaut la mémorisation pour méditer un verset et y puiser toutes les leçons, les implications et les richesses. D'autres mots traduits par « méditer » dans les psaumes signifient réfléchir et approfondir (cf. Psaumes 77.3, 6, 12). Méditer revient à se poser des questions sur la vérité, comme : « Est-ce que je vis en conformité avec cette vérité ? Quelle différence cela fait-il ? Est-ce que je prends cette parole au sérieux ? Si j'y croyais et m'y tenais, comment cela transformerait-il ma vie ? Quand je l'oublie, quelles sont les répercussions sur ma vie et mes relations ? » Dans chaque cas, la méditation nécessite de mettre son intelligence à contribution[258].

Méditer un texte biblique suppose que, par l'étude et l'interprétation, vous en compreniez le sens. Il est impossible de réfléchir ou de prendre plaisir à ce que l'on ne comprend pas. Comprendre un passage de l'Écriture revient à répondre à deux questions. Premièrement, quel message l'auteur voulait-il faire passer à ses lecteurs ? Deuxièmement, quel est le rôle de ce texte dans la Bible ; en quoi contribue-t-il au message de l'Évangile et comment s'intègre-t-il au schéma narratif général de la Bible, qui culmine avec le salut offert par Jésus-Christ ? Ces deux questions sont « herméneutiques » ; leurs réponses vous aident à interpréter le sens du texte pour que vous puissiez en méditer les implications et les applications.

À moins de faire l'effort de répondre à ces questions, nos méditations ne seront pas étayées par ce que Dieu dit réellement dans le passage. Quelque chose peut vous « interpeller », mais vous risquez de comprendre l'opposé du sens réel. En agissant ainsi, vous écoutez votre cœur ou l'esprit de votre culture, mais pas la voix de Dieu dans l'Écriture. Beaucoup d'ouvrages contemporains conseillent la « lecture divine » de la Bible et la définissent imprudemment comme une lecture « non pour apprendre mais pour entendre la parole personnelle que Dieu vous adresse ». Cette définition présente une opposition erronée. La méditation ramène certainement la Parole sur un plan personnel, mais il faut d'abord chercher à savoir autant que possible ce que l'auteur voulait dire à ses contemporains avant de réfléchir à ce que le texte peut nous dire personnellement aujourd'hui. Martin Luther disait qu'il ne pouvait transformer un texte biblique en louange qu'une fois qu'il l'avait compris comme une « instruction », une vérité[259]. En résumé, la méditation biblique s'appuie sur une étude et une interprétation rigoureuses des textes.

La méditation biblique ne met pas notre raison de côté. Le « mantra » de la méditation transcendantale, en revanche, encourage ses participants à répéter un mot ou une phrase qui annihile d'abord toute pensée avant de perdre tout sens. Une étude récente a défini la méditation mantra comme « la répétition d'une phrase qui vise à plonger la personne dans un état d'aise où l'attention est absente[260] ». En conséquence, l'on perd toute conscience des mots, des idées, des images et des concepts, pour ne demeurer conscient que de la conscience elle-même. De plus, d'autres formes de conscience poussent les adeptes à ne faire qu'un avec tout ce qui les entoure, avec Dieu qui est en tout. Comme l'a rappelé un théologien chrétien, c'est l'exact opposé du but de la méditation chrétienne. Il ne s'agit pas là de « connaître Dieu mais [...] d'être Dieu[261] ».

À l'inverse, la méditation chrétienne est rationnelle, voire argumentative : « Pourquoi donc, ô mon âme, es-tu si abattue, et gémis-tu sur moi ? » proclame David dans le

Psaume 42, littéralement en lutte contre son propre cœur. La méditation mantra cherche à supprimer le côté analytique de l'esprit, alors que la méditation chrétienne stimule notre analyse et notre réflexion, et qu'elle est centrée sur la gloire et la grâce de Dieu.

La méditation et le cœur

La méditation biblique va au-delà d'une réflexion intense. La Bible est une source d'information, mais bien plus encore car elle se dit vivante et efficace (Hébreux 4.12). L'Évangile, message de la Bible, n'est pas que parole, mais puissance (Romains 1.16, 1 Thessaloniciens 1.5). Quand Paul parle de la Parole de Dieu qui « réside » au milieu de nous (Colossiens 3.16), il désigne clairement quelque chose qui dépasse une adhésion à une information. Il parle d'une « méditation profonde et pénétrante » qui permet au message biblique de nous transformer[262].

La métaphore du Psaume 1 fait ressortir tout cela. La méditation ressemble aux racines d'un arbre allant puiser de l'eau. Il ne s'agit pas seulement de connaître une vérité mais de l'intégrer jusqu'à ce qu'elle devienne une partie de nous. La méditation est une « dégustation » spirituelle de la Parole ; elle fait nos délices, nous ressentons la saveur de son enseignement, nous sommes convaincus de ce qu'elle nous révèle de nous-mêmes. Enfin, nous remercions et louons Dieu de ce qu'elle nous révèle de lui. La méditation est également une « digestion » spirituelle de la Parole. Nous la mettons en pratique, nous nous demandons comment elle nous touche, nous décrit, nous guide de la façon la plus utile possible. Méditer, c'est puiser notre force dans la Parole, la laisser nous donner de l'espoir, nous en servir pour nous rappeler à quel point nous sommes aimés. Pour changer de métaphore, la méditation consiste à prendre à cœur la vérité jusqu'à ce qu'elle s'embrase et transforme notre façon d'interagir avec Dieu, nous-mêmes et le monde.

Psaumes 103.1-2 est un exemple de méditation : « Que tout mon être loue l'Éternel ! Que tout ce que je suis loue le Dieu saint ! Que tout mon être loue l'Éternel, sans oublier aucun de ses bienfaits. » David ne parle pas directement à Dieu, même s'il est conscient d'être dans sa présence. Il se parle à lui-même, à son âme. Il digère la vérité devant Dieu. Les « bienfaits » listés par David sont ceux du salut : le pardon des péchés, la grâce et l'amour infini et inconditionnel de Dieu (Psaumes 103.3, 8-12). David prend ces vérités bibliques et les conduit à son cœur jusqu'à ce qu'elles le touchent, le réjouissent et le transforment. Il le fait en réprimandant son cœur qui a tendance à « oublier » ce salut. Cela ne peut signifier littéralement que David oublie qu'il est un croyant. En réalité c'est son *cœur* qui oublie. Nos émotions, réactions et attitudes ne sont pas toujours en accord avec les vérités que nous professons. La méditation d'un chrétien dans des dispositions semblables pourrait ressembler à cela :

> Quand j'oublie que je suis justifié par la foi seule, je laisse la place à la culpabilité et aux regrets quant au passé. Je deviens par conséquent l'esclave des idoles de l'argent et du pouvoir qui me font me sentir mieux.
>
> Quand j'oublie que la présence du Saint-Esprit en moi me sanctifie, je baisse les bras, je n'essaye plus de changer.
>
> Quand j'oublie l'espérance de ma résurrection future, j'ai peur à l'idée de vieillir et de mourir.

Quand j'oublie mon adoption dans la famille de Dieu, une foule de peurs m'envahissent. Je ne prie plus avec sincérité. Je perds ma confiance en Dieu. J'essaie de cacher mes fautes à Dieu et à moi-même.

Concentrer nos pensées

S'il existe de nombreuses façons de méditer un passage biblique, le théologien britannique John Owen pense néanmoins que la méditation est rythmée par trois phases[263]. Il distingue la méditation de l'étude biblique et de la prière :

> Elle se distingue de l'étude de la Parole, où notre principal objectif est d'apprendre la vérité ou de l'annoncer aux autres, ainsi que de la prière où Dieu lui-même est l'objet immédiat. Mais [...] la méditation [...] touche nos propres cœurs et esprits avec amour, délice et [humilité][264].

Il explique ensuite la première étape, qui consiste à « *concentrer nos pensées* », c'est-à-dire à sélectionner et à comprendre une vérité de la Bible :

> Par méditation sérieuse ou requise, j'entends [premièrement] le fait de concentrer, de forcer et d'ordonner nos pensées sur une vérité spirituelle ou divine [... C'est] un réel exercice de l'esprit, dans ses pensées, ses méditations et ses désirs, qui se concentre sur les choses spirituelles et célestes.

De nombreuses méthodes traditionnelles permettent la même analyse claire d'un texte. L'une d'elles consiste à lire le texte lentement, en répondant à quatre questions : Qu'est-ce que ce texte m'apprend de Dieu et de son caractère ? De la nature humaine, du caractère et du comportement humain ? De Christ et de son salut ? De l'Église ou de la vie des hommes de Dieu ? Prenons par exemple le texte de Jean 2.13-22, quand Jésus chasse les vendeurs du temple :

> *Le jour où les Juifs célèbrent la fête de la Pâque était proche et Jésus se rendit à Jérusalem. Il trouva, dans la cour du Temple, des marchands de bœufs, de brebis et de pigeons, ainsi que des changeurs d'argent, installés à leurs comptoirs. Alors il prit des cordes, en fit un fouet, et les chassa tous de l'enceinte sacrée avec les brebis et les bœufs ; il jeta par terre l'argent des changeurs et renversa leurs comptoirs, puis il dit aux marchands de pigeons : Ôtez cela d'ici ! C'est la maison de mon Père. N'en faites pas une maison de commerce. Les disciples se souvinrent alors de ce passage de l'Écriture : L'amour que j'ai pour ta maison, ô Dieu, est en moi un feu qui me consume. Là-dessus, les gens lui dirent : Quel signe miraculeux peux-tu nous montrer pour prouver que tu as le droit d'agir ainsi ? Démolissez ce Temple, leur répondit Jésus, et en trois jours, je le relèverai. Comment ? répondirent-ils. Il a fallu quarante-six ans pour reconstruire le Temple, et toi, tu serais capable de le relever en trois jours ! Mais en parlant du « temple », Jésus faisait allusion à son propre corps. Plus tard, lorsque Jésus fut ressuscité, ses disciples se souvinrent qu'il avait dit cela, et ils crurent à l'Écriture et à la parole que Jésus avait dite.*

Qu'apprenons-nous sur Dieu dans ce passage ? Nous découvrirons qu'il ne peut être pris à la légère parce qu'il est saint. Dans sa présence, sa « maison », notre manière de vivre est importante. Qu'apprenons-nous sur nous et sur la façon dont nous devrions vivre ? Nous voyons à quel point nous devons nous concentrer sur lui pendant la louange et ne pas laisser nos pensées vagabonder. Nous pouvons aussi méditer sur ce que signifie être consacré ou zélé pour Dieu dans les autres domaines de notre vie. Qu'apprenons-nous de Christ et de son salut ? Jésus ne se contente pas d'annoncer sa résurrection, il déclare qu'il est le temple suprême, le pont qui relie Dieu à l'humanité. Qu'apprenons-nous sur notre statut de peuple de Dieu ? Nous voyons l'importance d'apprendre les Écritures, même si cela requiert du temps et de la patience pour les comprendre et nous réjouir de leur enseignement. Une autre approche fructueuse consiste à s'interroger sur les applications possibles. Voit-on des exemples à imiter ou à rejeter ? Des commandements auxquels obéir ? Des promesses à revendiquer ? Des avertissements à prendre en compte ? Utilisons un autre passage de l'Évangile selon Jean (1.29-42) :

> *Le lendemain, Jean aperçut Jésus qui se dirigeait vers lui ; alors il s'écria : Voici l'Agneau de Dieu celui qui enlève le péché du monde. C'est de lui que je vous ai parlé lorsque je disais : « Un homme vient après moi, il m'a précédé, car il existait avant moi. » Moi non plus, je ne savais pas que c'était lui, mais si je suis venu baptiser dans l'eau, c'est pour le faire connaître au peuple d'Israël. Jean-Baptiste rendit ce témoignage : J'ai vu l'Esprit descendre du ciel comme une colombe et se poser sur lui. Je ne savais pas que c'était lui, mais Dieu, qui m'a envoyé baptiser dans l'eau, m'avait dit : Tu verras l'Esprit descendre et se poser sur un homme ; c'est lui qui baptisera dans le Saint-Esprit. Or, cela, je l'ai vu de mes yeux, et je l'atteste solennellement : cet homme est le Fils de Dieu.*

> *Le lendemain, Jean était de nouveau là, avec deux de ses disciples. Il vit Jésus qui passait, et il dit : Voici l'Agneau de Dieu ! Les deux disciples entendirent les paroles de Jean et se mirent à suivre Jésus. Celui-ci se retourna, vit qu'ils le suivaient et leur demanda : Que désirez-vous ? Rabbi, c'est-à-dire Maître, lui dirent-ils, où habites-tu ? Venez, leur répondit-il, et vous le verrez. Ils l'accompagnèrent donc et virent où il habitait. Il était environ quatre heures de l'après-midi. Ils passèrent le reste de la journée avec lui. André, le frère de Simon Pierre, était l'un de ces deux hommes qui, sur la déclaration de Jean, s'étaient mis à suivre Jésus. Il alla tout d'abord voir son frère Simon et lui dit : Nous avons trouvé le Messie – ce qui veut dire le Christ. Et il le conduisit auprès de Jésus.*
>
> *Jésus le regarda attentivement et lui dit : Tu es Simon, fils de Jonas. Eh bien, on t'appellera Céphas ; ce qui veut dire Pierre.*

Nous avons ici un exemple à suivre. Jean-Baptiste est un enseignant suivi par des disciples loyaux, mais il sait qu'un être humain doit la plus grande loyauté à Jésus. Il envoie donc ses disciples à la suite de Jésus, et ils obéissent. Nous devrions nous aussi nous assurer qu'aucune relation humaine n'importe plus que notre relation avec Christ. Par ailleurs, ce passage nous donne un ordre : « regarder », croire et reconnaître Jésus comme l'Agneau de Dieu. Nous devons mettre notre confiance en Jésus, notre sacrifice expiatoire, notre Agneau de Pâques, celui par qui nos péchés peuvent être pardonnés. Nous avons aussi une promesse : « Venez et vous verrez. » Suivre Jésus est un processus. Il ne nous donne pas instantanément tout ce que nous voulons. Jésus nous appelle à venir à lui et à nous engager. Au fil du temps, nous « verrons » et apprendrons des choses merveilleuses. Le texte contient même un léger avertissement. Si nous nous engageons à devenir des disciples de Jésus, nous « verrons » mais nos vies en seront bouleversées, et nous serons transformés, comme le prouve Jésus à Simon en lui donnant un nouveau nom. Nous ne serons plus les mêmes.

Une autre approche, sur un court passage, consiste à sélectionner un seul verset clé et à y penser en insistant sur chaque mot. Il s'agit de se demander comment chaque mot contribue au sens du texte, ou quel sens serait perdu si ce mot manquait. Utilisons cette méthode pour Marc 1.17 : « *Suivez*-moi et je ferai de vous des pêcheurs d'hommes. » Autrement dit, nous ne sommes pas appelés à être de simples étudiants purement intéressés par les connaissances théoriques, mais de véritables disciples qui dirigent toute leur existence selon Christ. Jésus ne dit pas « obéis » mais « obéis et suis-*moi* ». Même si nous devons effectivement obéir, le christianisme est, au final, une relation intime et personnelle avec Jésus. Nous devons éprouver un élan et un attachement pour lui, et non une simple adhésion éthique. « Suivez-moi et *je ferai* de vous des pêcheurs d'hommes. » C'est une promesse, l'assurance qu'il nous transformera. « Suivez-moi et je ferai *de vous* des pêcheurs d'hommes. » Toutefois, cela va prendre du temps, nous ne devons pas céder à l'impatience. Si nous n'avions pas examiné comment les mots s'enchaînent, nous serions passés à côté de l'interprétation.

Une autre méthode pour se concentrer sur la vérité contenue dans le passage est de le paraphraser avec vos propres mots. Lisez le(s) verset(s), fermez votre Bible et essayez de le(s) reformuler. Puis, relisez-le(s) et constatez ce que vous avez oublié. Recommencez jusqu'à ce que vous soyez satisfait de votre paraphrase. Ce type de méditation vous oblige à réfléchir plus intensément au texte que vous ne le feriez d'habitude. Si vous réalisez que vous ignorez la signification d'un mot ou d'un concept, passez du temps à faire des recherches. Reformulez, avec vos propres mots, ceux du cœur. Votre être intérieur en sera touché plus facilement.

Comme nous l'avons déjà vu, une dernière façon de méditer un texte passe par sa mémorisation. Cette méthode, en vigueur autrefois, a été plus ou moins délaissée, ce qui est bien dommage. Mémoriser porte du fruit et peut se combiner avec les autres méthodes. Vos efforts pour vous souvenir des mots exacts, vous amèneront à être frappé par des significations particulières, occultées sans cela. Des pensées à leur sujet s'imposeront tout à coup à vous. Au cours de la journée, ces textes mémorisés vous reviendront spontanément et s'appliqueront à des situations précises. L'expression « apprendre par cœur » n'est pas anodine. En effet, cela nous amène à la deuxième phase de la méditation.

Faire fléchir son cœur

D'après John Owen, la deuxième partie de la méditation consiste à prédisposer son cœur. Après avoir entraîné l'esprit à distinguer ce que Dieu voulait nous apprendre sur lui-même, Christ, le salut, l'éternité et notre état, nous devons ensuite chercher à conduire notre cœur jusqu'à ce qu'il place son espérance et sa joie dans ces vérités.

Owen décrit ce processus comme « l'inclinaison, la disposition et la forme » de tout ce que nous affectionnons afin que le cœur « adhère et aspire aux choses spirituelles [...] qu'il les aime et s'y complaise et [...] y prenne part[265] ». C'est ce que Baxter, un contemporain d'Owen, appelait un « soliloque », c'est-à-dire percevoir comment une vérité de Dieu peut vous toucher vous, votre vie et vos relations, puis parler et prêcher à votre cœur jusqu'à ce qu'il l'intègre, commence à délaisser ses faux espoirs et modifie ses attitudes, sentiments et engagements. Baxter parle de s'exhorter soi-même : « Persévère jusqu'à ce que d'une motte de terre tu deviennes une flamme, que d'un pécheur oublieux et aimant le monde, tu deviennes quelqu'un qui aime ardemment Dieu ; que d'un lâche craintif tu deviennes un chrétien résolu, que tu passes d'une tristesse stérile à une vie joyeuse ; en un mot, jusqu'à ce que tu aies convaincu ton cœur de passer de la terre au ciel[266]. »

Comment faire concrètement ? Adoptons par exemple la démarche de Luther. Quand la vérité est devenue instruction pour l'esprit, que nous révèle-t-elle sur le caractère de Dieu qui nous pousse à le louer, sur nous qui puisse nous inciter à nous repentir, et en quoi nous encourage-t-elle à intercéder ? Dans chaque cas, Luther introduit cette vérité dans sa relation à Dieu, à lui-même et au monde.

Luther fait passer la vérité scripturaire de l'abstrait au concret, refusant toute désinvolture. Il s'immerge en elle et y abreuve son âme pour voir comment cette vérité peut le transformer. Un vieux dicton anglo-saxon explique la différence entre connaissance abstraite et sagesse réelle : « Être sage c'est savoir et agir en conséquence. » C'est prendre en compte la vérité dans toutes nos relations. C'est se demander : « Quelles en sont les conséquences sur ma relation avec Dieu ? moi-même ? mes amis ? cette personne ou groupe ? sur ce comportement ou cette habitude ? sur ma culture ? »

Une autre façon de discerner comment une vérité peut vous transformer est de vous examiner vous-même encore davantage. Demandez-vous quelles sont les conséquences négatives qui découlent de l'oubli de cette vérité. Puis pensez aux sentiments excessifs et difficiles à contrôler qui résultent du fait que vous ne l'embrassez pas totalement. Si vous vous détournez de cette vérité, en quoi placer votre espérance si vous ne la placez pas en ce que Dieu seul peut vous donner ? Quels péchés ou mauvais comportements résulteront d'un oubli ou d'un manque d'appréciation de cette vérité ? Soyez pragmatique : devriez-vous mettre un terme à quelque chose à cause de cette vérité ? Devriez-vous commencer à faire quelque chose ?

Enfin, vous pouvez discerner comment une vérité spirituelle peut vous transformer, en réfléchissant au moment où elle vous a percuté. Pourquoi Dieu vous la montrerait-elle *aujourd'hui* ? Quel lien a-t-elle avec ce qui se passe dans votre vie ?

Ces questions impliquent d'aller en profondeur. Y répondre sera un processus peu plaisant, susceptible de vous bouleverser. En assimilant une vérité, vous pouvez être tour à tour convaincu, humilié, troublé, calmé, réconforté, enthousiasmé et rempli d'une joie irrépressible. La méditation s'intéresse ici au cœur. Owen écrit avec force à ce sujet :

> Un Christ imaginaire n'aura pas d'effets spirituels dans les esprits des gens. Ce n'est que par la connaissance spirituelle de la gloire de Christ par le moyen de la foi que la grâce est communiquée, pour donner à l'âme la volonté d'être transformée avec joie à sa ressemblance[267].

C'est une erreur, dit Owen, de se contenter d'adhérer intellectuellement aux doctrines concernant Jésus, parce que cela ne l'honore pas. Nous devons avoir pour lui de l'amour et « une joie glorieuse qu'aucune parole ne saurait exprimer » (1 Pierre 1.8)[268]. La seule façon de les obtenir est d'étudier la Parole, de la méditer au point d'en faire notre plaisir (Psaumes 1.2), puis de vivre un amour et une joie intérieurs ainsi qu'une vie transformée. Owen appelle cela atteindre « la bonne température dans notre état spirituel ». Nous en faisons l'expérience quand la « connaissance de la gloire de Dieu en Christ » est proportionnelle aux manifestations d'affection de notre cœur[269]. Autrement dit, toutes nos connaissances théologiques doivent être « attestées » par notre cœur avec toute la joie, la paix, la maîtrise de soi, l'amour, la résistance, la patience et la grâce qu'il est capable d'engendrer chez un être humain.

Savourer ou pleurer

Selon John Owen, une fois que nous avons pleinement médité, en digérant et intégrant la vérité, les effets immédiats peuvent varier. La façon dont le cœur vivra la vérité « dépendra de ses différents degrés ; certains en ayant plus que d'autres ». Quelle est alors la troisième phase de la méditation ? Tout dépend de notre position (les *différents degrés*) entre deux extrêmes.

Le cœur sent peut-être la présence et la réalité de Dieu et de son salut avec émotion. Owen nous demande alors de faire une pause afin d'en profiter. Il utilise le vieux mot « appétence » pour parler de cette expérience de douceur spirituelle et de satisfaction :

> Dans cette appétence et cette délectation tiennent la douceur et la satisfaction de la vie spirituelle. Seules, les données abstraites des vérités spirituelles sont stériles, froides et inutiles. Dans cette appétence nous goûtons à la grâce de Dieu, au fait que l'amour de Christ est meilleur que le vin, ou que tout autre met. Telle est la vraie fondation de la « joie glorieuse qu'aucune parole ne saurait exprimer[270] ».

David en parlait en ces mots : « J'ai présenté à l'Éternel un seul souhait [...] je voudrais [...] admirer l'Éternel dans sa beauté » (Psaumes 27.4). « Mon âme a soif de toi [...] C'est pourquoi, dans ton sanctuaire, je te contemple, pour admirer ta puissance et ta gloire. Car ton amour vaut bien mieux que la vie, aussi mes lèvres chantent sans cesse tes louanges [...] Mon cœur sera comblé comme en un bon festin » (Psaumes 63.1-6).

Comme Martin Luther, qui savait que parfois le Saint-Esprit « nous prêche » immédiatement et parfois non, Owen est réaliste. Il reconnaît que par moments, malgré nos efforts, nous n'arrivons pas à nous concentrer, ou alors nous nous ennuyons, nous sommes distraits et endurcis. Il conseille d'implorer intensément l'aide de Dieu en étant bref. Parfois, vous y consacrerez tout votre temps mis à part. À d'autres moments, cet appel à l'aide vous permettra de vous concentrer et adoucira votre cœur. Il écrit : « Quand après cette préparation, vous êtes dérouté et perdu, incapable de continuer à avoir des pensées spirituelles jusqu'à être rafraîchi [...] pleurez et soupirez après Dieu pour qu'il vous aide et vous soulage[271]. » Même si vos méditations ne font que « renouveler avec grâce la notion de votre faiblesse et insuffisance », il ne s'agit en aucun cas d'une perte de temps. Vous ne serez que plus conscient de la réalité spirituelle. En outre, ajoute-t-il, la tristesse due à l'absence supposée de Dieu, démontre notre amour pour lui, et il ne l'oubliera pas[272].

Owen conseille de clore son culte personnel pour le reprendre le lendemain : « La constance dans ce devoir rendra capable de s'y atteler. Ceux qui reviendront consciencieusement à la tâche deviendront plus lumineux, sages et expérimentés, jusqu'à ce qu'ils y arrivent avec grand succès[273]. » Le Psaume 1 est, une fois encore, d'une aide précieuse. Celui qui médite est semblable à un arbre. Les arbres ne grandissent pas en un jour. La méditation est un processus continu, à l'image d'un arbre dont les racines poussent jusqu'à atteindre l'eau. Les effets sont cumulatifs. Nous devons persévérer.

Nous devons méditer « jour et nuit », régulièrement et de façon soutenue.

Selon Owen, méditer revient à analyser la vérité avec son esprit, à l'appliquer à ses sentiments, ses attitudes et les engagements du cœur, et à y répondre selon l'éclairage et la réalité spirituelle que donne le Saint-Esprit. Nous pourrions dire que méditer avant de prier, consiste à réfléchir, puis s'incliner et enfin, savourer la présence de Dieu ou admettre son absence et lui demander aide et miséricorde. Méditer, c'est ingérer et digérer une vérité jusqu'à ce que ses idées prennent de l'ampleur et de la saveur, et que le cœur ressente la réalité de Dieu[274].

Méditer sur le Verbe incarné

Le Psaume 1 nous apprend que l'homme ou la femme de Dieu médite *la loi de l'Éternel*, mots qui se réfèrent à l'ensemble des Écritures, avec une insistance sur leur caractère normatif. C'est notre « règle de foi et de pratique ». Elle démontre la volonté de Dieu pour nos vies, ce qui soulève une importante question pratique. Comment quelqu'un qui médite réellement la volonté de Dieu dans la Parole peut-il la trouver réjouissante ? Prenons l'exemple de la méditation de Jésus sur les dix commandements, lors du sermon sur la montagne. Il commente le sens de « Tu ne commettras pas d'adultère » et conclut que quiconque convoite une femme autre que la sienne commet un adultère (Matthieu 5.27-30). Il médite sur « Tu ne commettras pas de meurtre » et conclut que nous ne pouvons même pas en vouloir à notre prochain (Matthieu 5.21-22). Comment peut-on étudier la loi de l'Éternel sans sombrer dans le désespoir ?

Il faut regarder la figure centrale de toute la Parole, celui que l'Évangile de Jean appelle « La Parole devenue homme » (Jean 1.14), Jésus-Christ, l'expression et la communication ultimes de Dieu. Cela nous amènera à comprendre comment Jésus voyait l'Écriture.

Jésus est le grand Médiateur. Il est celui qui prend plaisir à faire la volonté de Dieu. Hébreux 10.7 attribue Psaumes 40.8-9 à Jésus : « Je prends plaisir à faire ta volonté [...] ta loi est gravée tout au fond de mon cœur. » Il est celui qui prie nuit et jour (Luc 5.16 : « Mais lui se retirait dans des lieux déserts pour prier » et 6.12 : « Vers cette même époque, Jésus se retira sur une colline pour prier. Il passa toute la nuit à prier Dieu » ; 9.18, 28 ; 11.1 ; et 22.39-40 précise : « comme d'habitude »). Il est celui qui se réjouit lorsqu'il rencontre Dieu (Luc 3.21-22 : « Or, pendant qu'il priait, le ciel s'ouvrit et le Saint-Esprit descendit sur lui, sous une forme corporelle, comme une colombe. Une voix retentit alors du ciel : Tu es mon Fils bien-aimé »). Il est celui qui médite si profondément la Parole qu'il finit par presque la « saigner », en la citant d'instinct lors des moments les plus difficiles de sa vie. Il combat toutes les attaques de Satan en disant : « Il est écrit » (Matthieu 4.1-11). Alors qu'il meurt, il cite Psaumes 22.2 : « Mon Dieu, mon Dieu, pourquoi m'as-tu abandonné ? » (Matthieu 27.46). C'est ainsi qu'il a tenu ferme. Il a vraiment été un arbre « toujours vert ». Il s'est servi de la Parole de Dieu même lorsqu'il a enduré l'agonie suprême de la croix. Voulez-vous être capable de supporter la douleur la plus extrême ? Enracinez-vous dans l'Écriture, comme il l'a fait.

Jésus n'est pas seulement un bon exemple. S'il n'était que cela, sa vie nous écraserait de culpabilité, puisque personne ne peut méditer les Écritures comme lui. Dieu merci, il est infiniment plus. Toute l'Écriture pointe vers lui puisque le message principal de la Bible est celui du salut par grâce en Jésus-Christ (Luc 24.27, 44). La Bible ne parle que de lui.

Moïse a écrit sur lui, et Abraham s'est réjoui de voir son jour (Jean 5.46, 8.56).

La Parole écrite et sa loi sont un joyau parce que la Parole incarnée est venue et est morte pour nous, assurant ainsi le pardon de nos péchés et de nos défauts devant la loi de Dieu. Il est *impossible* de se réjouir dans la loi de l'Éternel sans comprendre toute la mission de Jésus. Sans lui, la loi n'est qu'une malédiction, une condamnation, un témoin contre nous (Galates 3.10-11). Il a pleinement obéi à la loi pour nous (2 Corinthiens 5.21) pour que nous en fassions nos délices et non un désespoir permanent.

Jésus est l'objet suprême de notre méditation, parce qu'il *est* la méditation de Dieu. Il est la vérité de Dieu incarnée, concrétisée et mise en œuvre. Grâce à lui, nous pourrons affronter le Jugement dernier. C'est lui qui nous accorde le fruit de l'Esprit (Galates 5.22-23). Nous devons méditer sur lui et avec lui. Alors non seulement le Psaume 1 prendra vie d'une nouvelle manière, mais nous deviendrons des arbres inébranlables, comme lui. Richard Lovelace a écrit :

> Le fait que nous soyons enfants de Dieu est un élément de foi ; beaucoup de choses en nous s'y opposent. La foi qui surmonte ce scepticisme peut se réchauffer devant le feu de l'amour de Dieu, au lieu de devoir voler de l'amour et de la reconnaissance à d'autres sources. Cette foi est le commencement de la sainteté [...] Nous ne sommes pas sauvés par l'amour que nous diffusons, mais par celui auquel nous croyons[275].

Quand Lovelace parle de se réchauffer « devant le feu de l'amour de Dieu », il décrit l'expérience de méditer sur la justice que nous possédons en Christ mort en s'offrant en sacrifice. Si nous ne méditons pas à ce sujet jusqu'à ce que nos cœurs soient brûlants d'assurance, nous volerons de

« l'amour et de la reconnaissance » auprès des succès humains, de la beauté ou du statut social.

Méditez sur Jésus, la méditation suprême de Dieu. Regardez-le vous aimer. Regardez-le mourir pour vous. Regardez-le faire de vous sa joie. Regardez-le s'égayer en vous avec des chants (Sophonie 3.17, Darby). Regardez tout cela et il sera pour vous un délice. Alors, la loi sera un joyau à vos yeux et vous serez comme un arbre planté près d'un cours d'eau. Vous porterez du fruit en sa saison et, quoiqu'il advienne, vos feuilles ne flétriront pas.

Chapitre 11

Comme une rencontre : rechercher sa face

La prière est une conversation qui nous amène à rencontrer Dieu. Comme nous l'avons vu, le *Grand Catéchisme de Westminster* reconnaît que ce travail « hâtant nos cœurs » n'a pas lieu « systématiquement chez toutes les personnes, ni à chaque fois et dans la même mesure[276] ». Il doit néanmoins être notre but. Pour John Owen, la troisième étape de la méditation nous prépare à être transformés de l'intérieur par la présence et la réalité de Dieu.

Selon Jean Calvin, nous ne faisons pas suffisamment l'expérience des dons que Jésus a offerts à son peuple. Ils ne peuvent faire notre joie que dans la « communion avec Jésus-Christ » et par « le Saint-Esprit, dont la puissance et l'action secrète nous permettent de jouir de la présence de Christ et de tous ses biens[277] ». Il ajoute ultérieurement : « Tant que la Parole de Dieu voltige dans le cerveau, elle n'est pas encore reçue par la foi. Elle n'est vraiment reçue que lorsqu'elle a pris racine au plus profond du cœur[278]. » Nous ne devons pas nous contenter d'avoir un esprit cultivé, nous devons engager notre cœur.

Tout ceci amène naturellement à se demander à quel genre d'expérience il faut s'attendre et comment la rechercher.

Être riche mais vivre dans la pauvreté

Cette idée de Calvin, nous ne faisons pas l'expérience des bénédictions que nous avons en Christ, se trouve dans la prière magistrale d'Éphésiens 3 :

> *Je me mets à genoux devant le Père [...] Je lui demande qu'il vous accorde, à la mesure de ses glorieuses richesses, d'être fortifiés avec puissance par son Esprit dans votre être intérieur. Que le Christ habite dans votre cœur par la foi. Enracinés et solidement fondés dans l'amour, vous serez ainsi à même de comprendre, avec tous ceux qui appartiennent à Dieu, combien l'amour du Christ est large, long, élevé et profond. Oui, vous serez à même de connaître cet amour qui surpasse tout ce qu'on peut en connaître, et vous serez ainsi remplis de toute la plénitude de Dieu.*
>
> Éphésiens 3.14, 16-19

Paul a trois grandes requêtes pour ses lecteurs : qu'ils soient habités par Christ par la foi (v. 17), qu'ils connaissent son amour (v. 18-19) et qu'ils soient remplis de toute la plénitude de Dieu (v. 19)[279].

Les Éphésiens auxquels Paul écrivait étaient tous chrétiens. Pourtant, Paul enseigne ailleurs que, si le Saint-Esprit et Christ n'habitent pas en nous, nous ne sommes pas chrétiens du tout. En Éphésiens 2, l'apôtre explique longuement comment ses lecteurs ont été unis à Christ et à tous ceux qui ont Christ. En Éphésiens 1, il leur dit que, unis à Christ, ils possèdent *déjà* la plénitude de Dieu (Éphésiens 1.22-23). Nous pouvons alors nous poser ces questions : Christ ne vit-il pas déjà dans les croyants ? Ne connaissent-ils pas déjà son grand amour sacrificiel ? Comment peut-on alors être chrétien ? Pourquoi Paul demande-t-il à Dieu d'accorder aux chrétiens ce qu'ils possèdent certainement déjà ?

Il ne peut y avoir qu'une seule réponse. À un certain niveau, les chrétiens possèdent ces choses. À un autre niveau, ils n'en ont pas encore fait l'expérience. Dire que l'on connaît l'amour de Christ est une chose. *S'approprier* la largeur, la longueur, la hauteur et la profondeur de son amour en est une autre. Paul différencie le principe de son appropriation totale, en s'en servant et en le vivant dans « votre être intérieur » (v. 16) ou « votre cœur » (v. 17).

Les chrétiens peuvent faire preuve d'un manque de véracité, de sincérité et d'authenticité à un degré élevé. Ces carences révèlent qu'ils n'ont pas enraciné cette vérité dans leur cœur. Par conséquent, elle n'a pas réellement transformé leur caractère et leur vie.

Blaise Pascal, chrétien et philosophe, est l'un des grands esprits de l'Histoire. À sa mort, on a découvert qu'il avait fait coudre, à l'intérieur de son manteau, le témoignage d'une expérience vécue un soir en ces termes : « L'AN DE GRÂCE 1654. Lundi, 23 novembre [...] Depuis environ dix heures et demie du soir jusques environ minuit et demi, FEU, Dieu d'Abraham, Dieu d'Isaac, Dieu de Jacob, non des philosophes et des savants. Certitude. Certitude. Sentiment. Joie. Paix[280]. » Pascal ne se réfère pas à la vision d'un feu réel mais à son expérience de la présence de Dieu, souvent représentée par un feu dans la Bible. Il croyait en Dieu, mais lorsqu'il oppose le Dieu d'Abraham, d'Isaac et de Jacob au « Dieu » des philosophes et des savants, cela signifie qu'il connaît désormais avec le cœur ce qu'il savait intellectuellement[281]. Un autre exemple, moins connu, concerne Dwight Moody, célèbre pasteur et évangéliste de la fin du XIXe siècle, qui partage : « Un certain jour, à New York ; oh ! comme je m'en souviens ! Je ne puis décrire la chose, et même je n'y fais pas souvent allusion, car ce fut une expérience presque trop sacrée pour en parler ... Je puis seulement dire que Dieu lui-même se révéla à moi, j'eus une telle manifestation de son amour que je dus lui demander d'arrêter sa main[282] ». Il ne faut pas en déduire que Moody n'était pas chrétien ou qu'il n'avait jamais vécu l'amour et la présence du Christ. Il est possible que la réalité objective de son identité en Christ et l'expérience intérieure subjective se soient rencontrées, formant ainsi pendant un instant, la personne qu'il était vraiment.

Ces deux illustres témoignages sont le fruit de rencontres spirituelles fortes, à ne pas classer trop rapidement dans les cas exceptionnels. Paul ne prierait pas pour que chacun de ses lecteurs à Éphèse vivent des événements rares, d'une intensité exceptionnellement élevée. En Éphésiens 3, il prie que grâce à la puissance de l'Esprit, les vérités de la foi dans notre esprit impliquent et transforment notre cœur et ses manifestations d'affection. Une telle sensibilité du cœur ne peut venir que par étapes successives, d'un doux appel à une révélation explosive. Même si ce genre d'expérience est profitable, elle ne doit pas rester un beau témoignage mémorable sur le papier. Le point commun de tous ces moments est de nous faire ressentir la puissance de ce qui nous a été donné en Christ afin que nos attitudes, nos sentiments et notre comportement soient transformés. Imaginez que vous soyez informés que quelqu'un vous a légué de l'argent. Pour des raisons diverses, vous supposez qu'il ne s'agit que d'une somme modique. Vous ne vous prenez pas le temps de vous en occuper. Le jour où vous décidez de connaître le montant, vous êtes abasourdi de découvrir qu'il s'agit d'une fortune dont vous n'avez pas profité. En fait vous étiez riche, mais vous avez vécu dans la pauvreté. C'est ce que Paul veut éviter à ses amis chrétiens. Seule une rencontre avec Dieu par la prière leur permettra d'y parvenir.

Peut-être en êtes-vous là. Vous êtes en lui. Vous êtes adoptés dans la famille du Père. Vous possédez la plénitude de la vie divine, le Saint-Esprit, en vous. Vous êtes aimé et accepté en Christ. Vous savez tout cela. Pourtant, vous l'ignorez à un autre niveau, vous ne l'avez pas intégré. Vous êtes toujours handicapé par vos mauvaises habitudes, en proie à l'inquiétude, à l'ennui, au découragement ou à la colère. Peut-être avez-vous certains problèmes particuliers auxquels vous devez faire face pour les traiter avec les moyens adéquats. Toutefois, tous ces problèmes ont une même racine : vous êtes riche en Christ mais vous vivez dans la pauvreté.

« La vérité commence à briller »

Qu'est-ce que l'expérience spirituelle intérieure ? Qu'est-ce que « l'homme intérieur » ? C'est la même chose que le cœur, le centre de notre conscience et de nos plus forts engagements spirituels[283]. C'est là que les vérités sur Jésus, que nous connaissons intellectuellement, peuvent ne pas être enregistrées. Notre cerveau a beau savoir que Jésus nous aime, notre cœur s'investit dans la quête de l'amour grâce aux éloges des gens. Dans ce cas, ce que l'on croit intellectuellement n'a pas affecté l'être intérieur. L'Esprit doit le préparer à être transformé par la vérité. Comment cela arrive-t-il ?

L'Esprit crée une sensibilité intérieure à la vérité de l'Évangile. Paul dit : « Je lui demande qu'il vous accorde, à la mesure de ses glorieuses richesses, d'être fortifiés avec puissance par son Esprit dans votre être intérieur [...] vous serez ainsi à même de comprendre, avec tous ceux qui appartiennent à Dieu, combien l'amour du Christ est large, long, élevé et profond ». Le verbe *comprendre* est important ; son sens dépasse l'idée de « croire ». Il s'agit de s'approprier fermement quelque chose.

Auparavant, on avait besoin de pellicule photosensible pour prendre des photos. L'obturateur s'ouvrait pour laisser entrer la lumière qui projetait l'objet visé, un arbre, par exemple. L'image formée « comprend » l'arbre et s'imprime. L'arbre a imprimé la pellicule de manière permanente, il l'a changée. Imaginez cependant que la pellicule n'ait pas reçu le traitement chimique adapté. L'obturateur s'ouvre, la lumière entre, mais la pellicule n'est pas assez sensible pour recevoir une image nette, voire une image tout court. La lumière n'influe en rien sur la pellicule.

La prière de Paul suggère que les chrétiens ont besoin du « traitement chimique » du Saint-Esprit, c'est-à-dire d'une sensibilisation spirituelle, autrement les vérités qu'ils professent n'influeront en rien sur leur façon de vivre. Si vous êtes exposé à la « lumière » de la vérité chrétienne que Dieu est saint, et si le Saint-Esprit a sensibilisé votre cœur, il en résultera que vous exprimerez vos émotions (en pleurant, en tremblant ou en vous réjouissant) mais aussi que vous opérerez un changement dans votre manière de vivre et de vous comporter. Quand vos sentiments et votre comportement sont transformés, vous avez alors *compris* une vérité particulière sur Dieu jusqu'à un certain point. La lumière entre et s'imprime de manière permanente.

Personne ne l'a mieux exprimé que Jonathan Edwards dans sa grande prédication intitulée : « Une lumière divine et surnaturelle ». Au cœur de son message, il utilise l'image du miel. Il y a deux façons de savoir que le miel est sucré, dit-il. Premièrement, d'une façon rationnelle, parce qu'on nous l'a dit et qu'on le croit, deuxièmement par l'expérience, si nous l'avons nous-mêmes goûté. Dans ce cas, nous le savons pleinement : intellectuellement et par l'expérience.

Quand de la connaissance abstraite nous passons à la pratique gustative du miel, nous pouvons nous exprimer ainsi : « Je savais que c'était sucré, mais je ne comprenais pas vraiment ce que cela signifiait. *Je savais mais sans savoir.* » Edwards conclut que de la même manière « il y a une différence entre partager l'opinion que Dieu est saint et plein de grâce, et ressentir l'amour, la beauté et le charme de cette sainteté et de cette grâce dans son cœur ».

Peut-être direz-vous : « Je crois vraiment en Dieu, je crois vraiment que Jésus est mort sur la croix. Je n'en ai aucun doute. » Edwards répondrait que vous n'aviez pas de doute non plus quant au fait que le miel était sucré. Cent personnes auraient pu vous le confirmer, vous auriez pu lire des écrits scientifiques prouvant que le miel contient du sucre et est agréable au palais, vous auriez pu en acquérir une certitude sans jamais y avoir goûté vous-même.

Néanmoins, si le miel est une chose, Dieu en est une autre. Connaître Dieu n'est pas une option. Les prières de Paul abondent dans ce sens. Il demande au Saint-Esprit de sensibiliser nos cœurs afin que nous puissions goûter à ces vérités d'une façon spirituelle, ou que nous puissions les voir, spirituellement parlant, à la manière d'Éphésiens 1.18 : « Qu'il illumine les yeux de votre cœur » (NEG). Lorsque l'Esprit accomplit son œuvre, les vérités de la Parole et de l'Évangile nous élèvent, nous émeuvent, nous frappent, nous adoucissent et nous poussent à l'action. Voilà ce qui nous arrive en lieu et place de nos discours suffisants. Un vieux cantique utilise le même langage des sens :

Ceux qui te goûtent ont faim,
Ceux qui te boivent ont encore soif,
Ils ne savent pas ne désirer,
Que Jésus, qu'ils recherchent[284].

Connaître le Père

Une autre déclaration, dans la prière de Paul, nous aide à comprendre la nature de l'expérience spirituelle. Paul débute ainsi : « Je me mets à genoux devant le Père » (Éphésiens 3.14). Les chrétiens et les juifs ne priaient pas à genoux, il s'agit donc d'un acte d'une « grande révérence et soumission[285] ». Paul prête peut-être une attention particulière au fait que Dieu est désormais notre *Père*. En Romains 8, Paul appelle l'Esprit qui nous aide à prier l'« Esprit d'adoption » qui nous pousse à prier « *Abba*, c'est-à-dire Père » (v. 15). Il poursuit en disant : « L'Esprit Saint lui-même et notre esprit nous témoignent ensemble que nous sommes enfants de Dieu » (v. 16). Un autre aspect de la communion avec Dieu est donc une plus grande compréhension et appropriation de notre relation filiale avec le Père.

Lorsque le Saint-Esprit est descendu sur Jésus le jour de son baptême, une voix s'est fait entendre : « Celui-ci est mon Fils bien-aimé, celui qui fait toute ma joie. » De même, Romains 8.16 nous apprend que l'Esprit témoigne à notre cœur que nous sommes enfants de Dieu. L'une des missions de l'Esprit est de nous rappeler que le Père nous aime, qu'il prend plaisir en nous et que nous sommes ses enfants. Nous pouvons le savoir intellectuellement, mais le Saint-Esprit enflamme ces réalités dans nos vies.

Thomas Goodwin, pasteur puritain du XVIIe siècle, a écrit qu'un jour il avait vu un père et son fils marcher dans la rue. Soudain, le père a soulevé son fils dans ses bras, l'a embrassé, lui a dit qu'il l'aimait, puis l'a reposé. Le petit garçon était-il davantage le fils de son père lorsqu'il était dans ses bras que lorsqu'il était à terre ? Cela ne faisait aucune différence objectivement et légalement, mais il y en avait une fondamentale sur le plan subjectif et de l'expérience. Dans les bras de son père, ce petit garçon *expérimentait* la filiation.

Quand le Saint-Esprit vous remplit pleinement, vous pouvez sentir les bras du Père qui vous soutiennent. Vous savez qui vous êtes. L'Esprit vous rend capable de vous dire : « Si quelqu'un d'aussi puissant m'aime autant, si je fais ses délices, s'il est allé jusqu'au bout pour me sauver, s'il promet de ne jamais m'abandonner mais de me glorifier, de m'amener à la perfection et d'enlever tout le mal dans ma vie, si tout cela est vrai, alors pourquoi m'inquiéter de quoi que ce soit ? » Au minimum, cela signifie joie et absence de peur et de timidité.

En Éphésiens 5.18, Paul affirme : « Ne vous enivrez pas de vin ; cela vous conduirait à une vie de désordre ; mais laissez-vous constamment remplir par l'Esprit. » Souvenez-vous des disciples à la Pentecôte. Ils ont annoncé l'Évangile en public avec une absence de timidité si merveilleuse que certains ont pensé qu'ils étaient ivres (Actes 2.13). Mais leur témérité n'avait rien de commun avec l'ivresse. L'alcool est un dépresseur, il annihile certaines parties du cerveau rationnel. Le bonheur de l'ivresse provient du fait que l'on est moins conscient de la réalité. L'Esprit vous donne au contraire un courage joyeux qui vous rend *plus* conscient de la réalité. Il vous donne l'assurance que vous êtes un enfant du Seul Être dont les opinions et la puissance ont de l'importance. Il vous aime jusqu'aux nuées et ne vous abandonnera jamais.

Comprendre l'amour

Paul demande au Saint-Esprit de permettre aux chrétiens de « comprendre ». Le mot grec *katalambano* signifie littéralement « lutter » ou « prendre possession », par exemple d'une ville lors d'une bataille. Il s'agit de se jeter sur quelqu'un, de le maîtriser, le terrasser et de le vaincre. Ce mot peut sembler curieux pour parler de l'amour de Dieu. Mais Paul parle de méditer et de réfléchir jusqu'à ce que l'on franchisse l'obstacle, jusqu'à ce que « la vérité nous saute aux yeux » comme le veut l'expression. Cette percée ou prise de conscience, ne se produira qu'avec l'aide de l'Esprit.

Comment cela s'accomplira-t-il ? Par la bénédiction de l'Esprit quand nous méditons l'œuvre de salut de Jésus. Je crois qu'Éphésiens 3 nous propose une étude de cas. Pourquoi Paul nous demande-t-il de mesurer la largeur, la longueur, la hauteur et la profondeur de l'amour de Christ ? Il nous propose une façon de méditer et nous y invite. Acceptons son invitation.

Quelle est la *largeur* de l'amour de Dieu ? Pensez à Ésaïe 1.18 : « Si vos péchés sont rouges comme de l'écarlate, ils deviendront aussi blancs que la neige. » Le sang est écarlate. C'était la manière pour Dieu de nous dire par la bouche d'Ésaïe : « Même si tu as du sang sur les mains, même si tu as tué, mon amour est assez large pour t'envelopper et t'embrasser, qui que tu sois et quoi que tu aies pu faire. Qu'importe si tu *as* tué. Si Jésus-Christ est mort sur la croix pour te sauver par la seule *grâce*, alors mon amour est infiniment grand et assez large pour toi. »

Quelle est la *longueur* de l'amour de Dieu ? Jésus déclare en Jean 10 : « Mes brebis écoutent ma voix, je les connais et elles me suivent. Je leur donne la vie éternelle : jamais elles ne périront et personne ne pourra les arracher de ma main. » En

Philippiens 1.6, Paul dit à tous les chrétiens de Philippes : « J'en suis fermement persuadé : celui qui a commencé en vous son œuvre bonne la *poursuivra* jusqu'à son achèvement au jour de Jésus-Christ. » Paul ne dit pas : « peut la poursuivre », mais « la *poursuivra* ». Son amour est infiniment long dans le temps. Quand cet amour a-t-il débuté ? L'Apocalypse nous apprend que l'Agneau de Dieu a été égorgé avant la fondation du monde. Dieu vous a aimé avant l'origine du monde et il ne vous retirera jamais son amour. Pourquoi ? Parce que le salut est par grâce et non par les œuvres. Il ne vous est pas accordé en rapport avec ce que vous faites. L'amour de Dieu a commencé avant la création et continuera pour l'éternité. Il est infiniment long.

L'amour de Dieu est infiniment large et infiniment long parce qu'il est infiniment *profond*. Quelle est la *profondeur* de l'amour de Dieu ? Sans Jésus-Christ, parler de la « profondeur de l'amour de Dieu » serait abstrait. Sans Jésus-Christ, Dieu pourrait vous répéter du soir au matin qu'il vous aime profondément, cela ne changerait rien. Pour vraiment comprendre la profondeur de l'amour de Dieu, vous devez saisir jusqu'où Jésus-Christ est descendu pour *vous* aimer. Jusqu'à quelle profondeur est-il allé ? « Mon Dieu, mon Dieu, pourquoi m'as-tu abandonné ? » Jusqu'en enfer. Il a été jeté dans la plus grande fosse où personne n'est jamais allé, de son plein gré. Il est descendu, toujours plus bas, toujours plus bas, dans les *tréfonds*. Grâce à l'Évangile, vous pouvez savoir que l'amour de Dieu est infiniment large et infiniment long car il a été infiniment profond.

L'amour de Dieu est également infiniment *haut*. Quelle en est la *hauteur* ? En Jean 17, Jésus dit : « Père, mon désir est que ceux que tu m'as donnés soient avec moi là où je serai et qu'ils contemplent ma gloire, celle que tu m'as donnée, parce que tu m'as aimé avant la création du monde. » En 1 Jean 3.2, l'apôtre écrit : « Mes chers amis, dès à présent nous sommes enfants de Dieu et ce que nous serons un jour n'a pas encore été rendu manifeste. Nous savons que lorsque le Christ paraîtra, nous serons semblables à lui, car nous le verrons tel qu'il est. » Voilà la hauteur de l'amour de Christ. Il nous donnera ce qui remplit son cœur d'une joie parfaite de toute éternité. Il nous montrera et nous donnera sa gloire.

Existe-t-il quelque chose de plus élevé ? C'est là que nous mène l'amour de Jésus.

Nous venons de méditer brièvement sur les dimensions de l'amour de Christ. Si, ce faisant, l'Esprit nous donne le pouvoir de le comprendre, nous rencontrerons Dieu. Cette expérience transformera notre vision du monde et notre comportement. L'expérience spirituelle procède d'une vérité éclairante et d'une profonde assurance de l'amour paternel de Dieu.

Il existe pourtant une autre façon d'en parler.

Le visage de Christ

David affirme : « C'est vers toi que je me tourne, ô Éternel » (Psaumes 27.8). Dieu est bien évidemment omniprésent ; il est partout (Psaumes 139.7-12). Qu'entend-on alors par « chercher sa face » ou « se rapprocher », s'il se trouve partout ? Quand nous parlons à quelqu'un, nous ne regardons généralement ni son ventre ni ses pieds, mais son visage, « porte relationnelle » de l'esprit et du cœur. Rechercher la face de Dieu ne consiste pas à chercher l'emplacement où il vivrait, mais plutôt à laisser le Saint-Esprit nous faire ressentir sa réalité et sa présence. « Sur la montagne, l'Éternel vous a parlé directement du milieu du feu » (Deutéronome 5.4, cf. Genèse 32.30, Nombres 6.25-26). Dieu lance cet appel : « prie et cherche ma face » (NEG, 2 Chroniques 7.14). Perdre la sensation de la présence de Dieu revient à perdre de vue la face de Dieu (Psaumes 13.2). Dès lors, rechercher sa face, c'est rechercher la communion avec lui, une véritable interaction avec Dieu, un partage d'amour et de pensées.

Cependant, l'Ancien Testament nous dit que personne ne peut voir la face de Dieu et vivre (Exode 33.20). Malgré cela, Jean commence son Évangile en nous disant que Jésus, la Parole de Dieu, s'est fait chair et « nous avons contemplé sa gloire » (Jean 1.14). Nous pouvons désormais être proches de Dieu, grâce à son sang versé et à son pardon. La personne et l'œuvre de Jésus ouvrent la porte à tous ceux qui veulent se rapprocher de Dieu et chercher sa face.

John Owen s'est beaucoup intéressé à 2 Corinthiens 3.18 : « Et nous tous qui, le visage découvert, contemplons, comme dans un miroir, la gloire du Seigneur, nous sommes transformés en son image dans une gloire dont l'éclat ne cesse de grandir. C'est là l'œuvre du Seigneur, c'est-à-dire de l'Esprit », en lien avec 2 Corinthiens 4.6, où Paul dit que Dieu a fait « resplendir la connaissance de la gloire de Dieu qui rayonne du visage de Jésus-Christ ». Tout au long de ses écrits, Owen développe ce qu'il appelle la félicité. Ce terme se réfère au fait de voir directement la gloire de Dieu. Les rachetés y auront pleinement accès dans le ciel tandis que les croyants actuels en goûtent les prémices par la foi et non par la vue. Alors que le théologien catholique Thomas d'Aquin a fait de ce concept le cœur de sa pensée, peu de théologiens protestants s'y sont intéressés. Pourtant, Owen « insiste obstinément sur le fait que la méditation de la félicité est une pratique vitale à cultiver pour les chrétiens » car « notre vie chrétienne et notre raisonnement devraient être orientés vers l'espérance de la félicité, et forgés par les prémices que nous recevons ici et maintenant[286] ».

Pour Owen, « contempler la gloire de Dieu dans le visage de Jésus-Christ » n'avait rien d'une expérience ésotérique, pas plus qu'elle n'était réservée à une élite spirituelle. Il a affirmé avec force que « personne ne verra jamais la gloire de Christ s'il ne l'aperçoit pas déjà un peu par la foi. Nous devons être préparés par la grâce pour la gloire et par la foi pour la vue[287]. » La prière et la méditation deviennent alors des enjeux de taille. Selon Owen, nous vivons une vie chrétienne authentique en ce monde si, et seulement si, nous apprenons à nous immerger dans la gloire de Christ.

Qu'entend Owen par « contempler » la gloire de Christ ? Il est important de « ne pas classer cette vérité [de la gloire de Christ] [...] comme un simple assentiment de doctrine ». Il observe avec justesse qu'il ne s'agit pas d'une simple croyance en la gloire de Christ. « Nous devons vraiment désirer connaître l'efficacité de cette vérité dans nos cœurs. Désirons-nous la même joie, le même repos, les mêmes délices et la même satisfaction indescriptible qu'éprouvent les saints qui sont au ciel ? Notre connaissance actuelle de la gloire de Christ marque le commencement de ces bénédictions et plus nous aurons d'expérience, plus nos âmes seront changées en quelque chose de mieux[288]. »

Contempler la gloire de Jésus signifie que nous commençons à découvrir la beauté de Christ par rapport à qui il est réellement. C'est prier non seulement pour être pardonné, pour recevoir son aide, non seulement pour gagner ses faveurs et ses bénédictions, mais surtout pour connaître son caractère, sa parole et son œuvre. Resplendir de la gloire de Jésus c'est puiser en lui sa satisfaction, son plaisir, son réconfort et sa force[289]. Owen répétait avec insistance qu'il était crucial pour les chrétiens de pouvoir faire cette démarche. Si la beauté et la gloire de Christ ne peuplent notre imagination, ne dominent consciemment nos pensées et ne remplissent nos cœurs de désir et d'aspiration, alors quelque chose d'autre le fera. Nous « ruminerons continuellement » certaines choses comme étant notre espoir et notre joie. Quelles qu'elles soient, ces choses « accapareront nos âmes » et « nous transformeront à leur ressemblance ». Si nous ne contemplons pas la gloire de Dieu dans le visage de Christ, alors quelque chose d'autre règnera dans nos vies. Nous serons des esclaves[290].

Il y a quelques années, j'ai discuté avec un homme qui allait à l'Église depuis son plus jeune âge. Il restait pourtant extrêmement inquiet et craintif. Un jour, lors d'une annonce très claire de l'Évangile, il a pris conscience que toute sa vie il avait été un moraliste. Il s'attendait à ce que Dieu écoute ses prières et le sauve grâce à une vie vécue en toute sincérité en respectant l'éthique et les convenances. De ce point de vue, Dieu était quelqu'un avec qui il devait négocier pour obtenir la vie dont il rêvait. Grâce à l'Évangile, il a réalisé l'ampleur et la profondeur de son égocentrisme, de son entêtement spirituel et de son péché, impossibles à vaincre aux yeux de Dieu avec un aussi piètre record de bonnes œuvres. Il a également pris conscience que l'amour de Dieu pour lui était totalement immérité et que le prix de cette grâce, payé par Jésus sur la croix, était inimaginable. Pour la première fois de sa vie, il s'est senti attiré par ce Dieu. Il a commencé à trouver sa joie *en* Dieu de manière graduelle. À la simple liste de requêtes de ses moments de prière, il a ajouté l'adoration, la confession et le plaisir d'être dans la présence de Dieu.

À mesure que Dieu faisait la joie de son cœur, il est devenu moins inquiet et plus courageux : « Dans le passé, dire de Dieu qu'il était mon trésor me semblait si mielleux et irréel. Désormais, il l'est vraiment devenu, et je ne me fais plus du souci pour l'argent comme avant. »

Nous sommes face à un choix. Si nous voulons être certains de vivre cette vision plus tard, nous devons la vivre par la foi maintenant. Si nous voulons être libérés de la peur, de l'ambition, de la cupidité, de la convoitise, des addictions et du vide intérieur, nous devons apprendre à méditer sur Christ, jusqu'à ce que sa gloire se répande dans nos âmes.

Unir vérité et expérience

L'équilibre de John Owen est impressionnant[291]. Il prend indubitablement appui sur l'expérience. Il utilise le terme « spirituellement éveillé ». Il écrit : « Ne nous trompons pas nous-mêmes. Être spirituellement éveillé ne signifie pas avoir une connaissance abstraite des choses spirituelles. Il ne s'agit pas d'être assidu, ou performant dans le service, car on peut le vivre sans qu'il n'y ait aucune grâce dans le cœur ». Autrement dit, vous pouvez détenir la doctrine la plus solide qui soit et vous échiner à accomplir vos devoirs religieux et éthiques selon des principes bibliques, et ne posséder « absolument aucune grâce dans le cœur ». Quelle est l'essence du vrai christianisme ? « C'est de voir nos esprits se préoccuper avec joie des choses célestes, de celles d'en haut, en particulier de Christ lui-même assis à la droite de Dieu[292]. » Owen fait l'apologie de ce que l'on pourrait appeler un mysticisme radicalement biblique. Il provient de la méditation de la Parole, de la vérité théologique, de l'Évangile, mais une réelle expérience de Dieu doit transparaître.

Désireux de garder l'expérience spirituelle dans un cadre biblique, Owen se méfie de la tradition du mysticisme développée au Moyen-âge. Dans son seul livre sur la prière, il consacre tout un chapitre à la tradition contemplative catholique. Il l'ouvre sur une déclaration fracassante au sujet de l'importance de la rencontre avec Dieu :

> Nous devrions tendre à prier en nous concentrant spirituellement avec force dans la contemplation de Dieu en Christ, jusqu'à ce que l'âme soit engloutie par l'admiration et le ravissement, jusqu'à ce qu'elle soit complètement perdue dans l'infini de ces excellences qu'elle admire et adore. C'est ainsi que nous pouvons

prier, par les richesses de la bienveillance divine dont nous pouvons régulièrement jouir[293].

Voici un auteur qui n'a pas peur des expériences spirituelles. En effet, comme nous l'avons vu, le seul moyen de ne pas être dominés par de faux dieux et emprisonnés par nos passions est de nous réjouir en Dieu et de vivre des expériences agrémentées de douceur et d'amour. Toutefois, il se montre critique envers la tradition catholique, parce que la Bible n'occupe pas une place primordiale en tant que moyen par excellence pour méditer et contempler Dieu.

Owen fixe aussi un principe sur le lien entre vérité et expérience. Voici ses mots : « Quand la lumière laisse de côté les preuves d'affection, elle finit en formalisme ou en athéisme ; quand les manifestations d'affection l'emportent sur la lumière, elles sombrent dans le bourbier de la superstition, dans l'adoration d'images ou autre[294]. »

La « lumière » mentionnée par Owen est la connaissance de la vérité ou de la doctrine. Notre connaissance doctrinale et biblique ne peut « laisser les émotions de côté ». Si nous croyons intellectuellement que Dieu est saint, nous devons aussi trouver du plaisir dans sa sainteté et de la satisfaction dans la louange de cette sainteté. Si nous croyons que le Dieu créateur de l'univers nous aime vraiment, la critique, la souffrance et la mort ne devraient pas nous ébranler émotionnellement. En bref, nous devons *accéder* de façon existentielle à nos convictions doctrinales. Si la solidité doctrinale ne s'accompagne pas d'une expérience du cœur, elle aboutira à un christianisme de pure forme, voire à l'incrédulité. L'ironie est qu'un grand nombre de chrétiens conservateurs semblent obnubilés par la défense de la saine doctrine au détriment de la prière. Ils ne font aucun effort pour vivre une expérience avec Dieu. Cette attitude peut les amener à la perte de la saine doctrine. Pour Owen, un christianisme sans réelle expérience de Dieu ne sera pas un christianisme du tout.

La direction inverse est tout aussi dangereuse. « Des manifestations d'affection peuvent l'emporter sur la lumière » et mener non pas à l'incrédulité mais à « la superstition, dans l'adoration d'images ou autre ». Owen fait ici allusion à de nombreux éléments de la tradition mystique médiévale. Les techniques de méditation et l'imagination peuvent servir à altérer la conscience pour l'éloigner totalement de la réalité de Dieu. Imaginez par exemple, avec force détails, l'expérience extraordinairement puissante de Jésus marchant dans votre chambre et vous encourageant. Ou encore, imaginez qu'il intervient dans un événement passé de votre vie, qu'il vous défend et vous prend dans ses bras. Il serait alors aisé de mettre dans la bouche de Jésus des mots qui contredisent l'enseignement de la Bible. De même, comme nous l'avons vu, la répétition inlassable de mots et de phrases peut altérer la conscience et entraîner des états de transes.

Dans son chapitre sur la prière contemplative catholique romaine, Owen émet de nombreuses critiques. Selon lui, les expériences de paix parfaite, d'absence de colère ou de désir, s'inspirent de philosophes néo-platoniciens comme Plotin. Mais Jésus a prié avec de grands cris et des larmes (Hébreux 5.7). L'amour de Dieu ne met pas fin au désir, il le comble. Pour Owen, la prière sans mot, bien qu'elle se produise parfois, n'a jamais été prescrite, ni vu comme un idéal à atteindre. En Luc 11, Jésus a encouragé ses disciples à prier à voix haute. En 1 Corinthiens 14, Paul incite les chrétiens à prier avec leur intelligence, avec des mots.

Le deuxième problème soulevé par Owen est l'accent mis sur les techniques ascétiques qui classent les prières sur une échelle de valeurs, allant des prières inférieures (l'intercession et la confession) à des formes plus élevées. Ces techniques peuvent ternir la vérité de la grâce de Dieu. La prière devient alors un système qui nous prépare à être dignes de la vision. Elle devient alors élitiste, réservée à une caste de moines ayant assez de temps pour se consacrer à ces techniques complexes. Enfin, Owen dénonce l'oubli de la centralité de la médiation du Christ entre le Père et nous. La tradition médiévale parle souvent d'expérience directe avec Dieu dans son essence.

Tout ceci tend à mettre de côté tout un pan de l'Évangile et de son œuvre de salut. C'est extrêmement grave, affirme Owen, puisque ce sont des expériences purement psychologiques. Les mystiques n'entrent pas en contact avec le vrai Dieu, qui ne se révèle personnellement que par l'intermédiaire de Christ[295].

Toutefois, malgré ces préoccupations légitimes, Owen conclut : « Mieux vaut que nos manifestations d'affection l'emportent sur notre lumière au détriment de notre compréhension, plutôt que la lumière ne l'emporte sur nos preuves d'affection au point de corrompre notre volonté[296]. » Ce propos est tout à fait remarquable dans la bouche d'un puritain. Si nous devons être déséquilibrés, mieux vaut une doctrine faible en ayant une vie de prière riche, et vraiment ressentir Dieu dans son cœur, qu'une doctrine appliquée à la lettre, tout en étant froid et endurci spirituellement. Dans son traité *La préoccupation spirituelle*, Owen consacre un passage à un concept qui mérite d'être intégralement cité :

> Veillez à concevoir et à diriger vos pensées sur Christ selon *la règle de la parole*, faute de quoi vous tromperez votre âme, laissant partir vos manifestations d'affection à la dérive dans de vains imaginaires [... mais] n'outrepassons pas notre devoir [de contempler Christ] parce que d'autres hommes se sont fourvoyés dans le leur, et ne nous défaisons pas des principes pratiques et fondamentaux de la religion sous prétexte

qu'ils ont été malmenés par la superstition [...] Toutefois, je dois admettre que je préfère me joindre à ceux qui, dans leur manière d'exprimer leur amour et leur affection pour Christ, succombent à des irrégularités et des excès [...] qu'à ceux qui, bien qu'ils se disent chrétiens n'ont presque aucune pensée ni aucun amour pour la personne de Christ[297].

Des auteurs catholiques contemporains, comme Hans Urs von Balthasar, ont admis la difficulté de faire cohabiter la « Parole extérieure » de la Bible avec celle de l'Esprit : la « Parole intérieure qui habite l'être[298]. » Von Balthasar concède que la tradition mystique catholique repose trop sur l'intériorité, arrivant très vite à la contemplation tranquille, alors que le protestantisme s'appuie davantage sur l'étude de la Bible pour entendre Dieu, lutter avec lui, et lui répondre. Il note toutefois que les protestants n'ont pas une conscience suffisante de la présence de l'Esprit pour vivre des expériences riches. Il estime qu'ils privilégient la pure connaissance doctrinale[299]. Certes, de nombreux protestants sont réticents vis-à-vis des expériences spirituelles. Toutefois, les meilleures théologies protestantes sur le Saint-Esprit sont tout à fait adéquates, comme en attestent les grands traités d'Owen.

Prudence et appréciation

La critique de ce que John Owen considère comme un mysticisme sans fondement biblique va de pair avec une appréciation de ceux qui désirent intensément être submergés par la gloire de Dieu, à l'image des mystiques médiévaux. Owen n'hésite pas à dire que nous *devrions* vouloir « contempler Dieu en Christ, jusqu'à ce que l'âme soit submergée d'admiration et de ravissement ». Mais il critique avec véhémence ceux qui n'enracinent pas leur contemplation dans la Parole et dans l'Évangile de grâce.

Owen aurait pu, je crois, admettre facilement les ressemblances entre ses propres expériences spirituelles et celles des mystiques. Dans l'ensemble, il est dans le vrai et fait preuve d'un rare équilibre.

Ceci étant posé, les protestants attirés par le mysticisme biblique de John Owen ou de Jonathan Edwards devraient lire et apprécier les mystiques médiévaux, tout en prenant de multiples précautions[300]. L'historien de l'Église, Carl Trueman, a écrit un article intitulé : « Pourquoi les évangéliques avertis devraient-ils lire les chrétiens mystiques ? » Il y explique que la spiritualité médiévale catholique défend ce qu'il considère (moi aussi) comme une immense erreur : la croyance que Jésus est sacrifié à nouveau à chaque messe, notre pardon des péchés n'étant donc pas complètement « accompli », et que notre gloire future n'est pas garantie par la mort de Christ sur la croix. C'est ce qui a engendré de nombreuses altérations dans le mysticisme médiéval : l'idée qu'il est possible de se purifier soi-même et d'atteindre par soi-même de plus grandes expériences, la forte impression qu'il est possible d'être en lien direct avec Dieu, sans intermédiaire, et un manque d'utilisation de l'Évangile dans la prière.

Toutefois, Trueman dit des mystiques médiévaux qu'ils « ont une idée de la sainteté de Dieu et de la transcendance qui manque cruellement aux écrits et réflexions théologiques actuelles [...] Leur mysticisme est produit par la conscience de leur faiblesse et de leur insignifiance, devant la grandeur d'un Dieu mystérieux, qui a choisi de se révéler dans la forme fragile des mots et de la chair humaine. Si leur théologie laisse souvent à désirer, il est toutefois préférable de combiner l'ambition des mystiques à une théologie équilibrée, plutôt que de la rejeter[301] ».

Dans le Jardin d'Éden, nous avons péché et perdu la présence de Dieu. On ne pourrait imaginer catastrophe plus désastreuse, puisque nous avions été créés pour vivre dans l'unique, parfaite et merveilleuse lumière de sa face. Nous en sommes sortis vidés et déchus. Moïse avait compris qu'il réaliserait toutes ses aspirations dans la félicité de la face de Dieu, mais son péché faisait obstacle. En Jésus, cette barrière est levée. Nous pouvons désormais voir, partiellement et par la foi, la lumière de la gloire de Dieu dans le visage de Christ. Lorsque nous méditons et prions l'Évangile et les vérités qu'il contient, dans nos cœurs par la puissance de l'Esprit, nos aspirations sont peu à peu comblées. Les joies de la vie deviennent des cadeaux et non plus des dieux. Lentement mais sûrement, un changement de caractère radical transforme nos relations. Augustin l'exprime mieux que quiconque dans ses *Confessions*. Il a compris que tout ce qu'il aimait était en Dieu, la source de tous les ruisseaux du désir :

> Or qu'est-ce que j'aime lorsque je vous aime ? Ce n'est ni tout ce que les lieux enferment de beau ni tout ce que les temps nous présentent d'agréable. Ce n'est ni cet éclat de la lumière qui donne tant de plaisir à nos yeux, ni la douce harmonie de la musique, ni l'odeur des fleurs et des parfums, ni la manne, ni le miel, ni tout ce qui peut plaire dans les voluptés de la chair.
>
> Ce n'est rien de tout cela que j'aime, quand j'aime mon Dieu, et j'aime néanmoins une lumière, une harmonie, une odeur, une viande délicieuse, et une volupté quand j'aime mon Dieu. Mais cette lumière, cette harmonie, cette odeur, cette viande, et cette volupté ne se trouvent que dans le fond de mon cœur, dans cette partie de moi-même qui est tout intérieure et tout invisible, où mon âme voit briller au-dessus d'elle une lumière

que le lieu ne renferme point, où elle entend une harmonie que le temps ne mesure point, où elle sent une odeur que le vent ne dissipe point, où elle goûte une viande qui en nourrissant ne diminue point, et enfin où elle s'unit à un objet infiniment aimable dont la jouissance ne dégoûte point. Voilà ce que j'aime quand j'aime mon Dieu[302].

Cinquième partie

La pratique de la prière

Chapitre 12

Une admiration mêlée de respect : louer sa gloire

Il existe trois formes principales de prières. D'abord, la prière dite « verticale », comprenant la louange et la reconnaissance, centrée sur Dieu lui-même. Nous pourrions la qualifier de « prière d'admiration mêlée de respect ». Ensuite, la prière « intérieure », avec l'examen de soi et la confession, qui affine notre perception du péché et en retour, avive notre conscience de la grâce et de l'assurance de l'amour de Dieu. C'est la prière d'intimité. Enfin, il y a la prière « horizontale », faite de supplication et d'intercession pour nos besoins et ceux du monde. Elle exige de la persévérance et implique souvent une forme de combat. Dans les trois chapitres qui suivent, nous les examinerons à tour de rôle.

La prière par excellence

La louange occupe la première place du « Notre Père », la prière modèle de Jésus. En quoi est-elle primordiale ? Elle donne l'impulsion aux autres formes de prière. Plus nous nous focalisons sur la justice et la sainteté parfaites de Dieu, plus nous prenons conscience de nos faiblesses et plus nous nous empressons de les confesser. Plus la grandeur de Dieu devient concrète à nos yeux, plus nous sommes poussés à intercéder. Plus nous nous ouvrons à sa majesté, plus nous réalisons que nous dépendons de lui et plus volontiers nous nous tournons vers lui pour tous nos besoins. L'adoration de Dieu emplie de respect rectifie les autres formes de prière.

Il y a quelques années, lors d'une prédication sur le « Notre Père », j'ai fait une remarque incidemment : puisque l'adoration venait chronologiquement avant la demande du « pain quotidien », nous devions passer du temps à penser à Dieu et à le louer pour qui il est, avant d'énumérer dans la prière notre liste de besoins. Ma réflexion a touché le cœur d'une dame de mon assemblée qui a raconté, quelques semaines plus tard à quel point ce conseil avait transformé sa vie : « Auparavant, je me ruais sur ma liste de sujets de prière. Plus je partageais les problèmes et les besoins, plus ils devenaient un fardeau et me rendaient inquiète. À présent, je commence par passer du temps à méditer sur la bonté et la sagesse de Dieu. Je me remémore mes nombreuses prières exaucées. Puis quand j'en arrive à mes propres besoins, c'est avec confiance que je peux les déposer dans ses mains. Je me sens alors déchargée de mon fardeau. » Je n'ai jamais oublié son témoignage. Elle avait adopté un principe que je comprenais à peine moi-même, et s'en était emparé pour sa vie.

La louange et l'adoration sont les prérequis nécessaires pour pratiquer et formuler convenablement toutes les autres formes de prière. Ceci ne signifie pas qu'il soit absolument interdit de passer directement aux requêtes ou à la confession, mais dans notre vie de prière courante, il importe que la louange et l'adoration occupent une place prépondérante.

Louange et guérison

La deuxième explication de l'importance de la louange se trouve dans sa grande puissance pour guérir ce qui s'est altéré en nous et restaurer notre santé spirituelle.

Un des essais modernes les plus influents sur le sujet de la louange est le chapitre intitulé « Un mot sur la louange » dans *Réflexions sur les Psaumes*[303] de C.S. Lewis. Il le débute en y exposant un problème qui le gênait dans un grand nombre de psaumes, à savoir que Dieu demande si souvent aux humains de le louer. « Nous éprouvons tous du mépris pour un homme qui réclame qu'on l'assure continuellement de sa vertu, de son intelligence ou de son merveilleux caractère » s'exclame Lewis. C'est presque comme si Dieu disait : « Ce que je désire le plus, c'est que l'on me dise que je suis bon et que je suis grand[304]. »

Avec le temps, Lewis s'est mis à réfléchir aux raisons qui poussent les hommes à s'extasier. Que voulons-nous dire, par exemple, lorsque nous trouvons un tableau, un morceau de musique ou un livre « admirable » ? Notre message insinue que les gens *devraient* admirer ces choses et qu'ils se privent de quelque chose de précieux s'ils ne le font pas. Cette réflexion a aidé Lewis à comprendre l'invitation à louer Dieu. Si Dieu est l'objet d'admiration par excellence, au-dessus de toute autre source de beauté et de magnificence, alors le louer et l'admirer signifie simplement « être éveillé, entrer dans le monde réel ». S'en abstenir implique d'être bien plus handicapé qu'un aveugle, un sourd ou un grabataire[305].

Lewis va de découverte en découverte : « De façon étrange, l'élément le plus évident au sujet de la louange, qu'elle soit de Dieu ou de quoi que ce soit d'autre, m'échappait. » Il n'avait jamais été frappé par le fait que toute appréciation se transforme naturellement en éloge sauf si « la timidité ou la crainte d'ennuyer les autres ne tentent de l'empêcher ». Face à un phénomène extraordinaire et enthousiasmant, on ressent un besoin instinctif et quasi viscéral de partager notre admiration et d'amener les autres à la reconnaître. « Écoutez ceci ! » dites-vous à vos amis. « Il faut absolument que vous lisiez ce livre ! Vous allez adorer ! » « Tu ne trouves pas cela extraordinaire ? N'est-ce pas merveilleux ? » Pour quelle raison, lorsque quelque chose captive notre imagination, ressentons-nous inévitablement le *besoin* d'agir ainsi ? Voici la réponse de Lewis :

> Je crois que nous prenons plaisir à faire l'éloge de ce que nous aimons, car la louange ne fait pas qu'exprimer notre plaisir : elle le complète ; elle en est l'accomplissement parfait. Ce n'est pas pour se faire des compliments que les amoureux ne cessent de vanter, à tout moment la beauté de l'autre, mais parce que leur plaisir serait incomplet s'il n'était exprimé [...] Ceci est vrai même lorsque nos expressions sont inadéquates, comme c'est le cas généralement. Mais qu'en serait-il si l'on pouvait louer même ces choses-là, réellement et pleinement, à la perfection – exprimer totalement en poésie, en musique ou en peinture, la vague d'admiration qui vous fait presque éclater ? C'est alors que l'objet recevrait une pleine appréciation et que notre joie atteindrait son parfait développement[306].

Cette découverte a constitué un immense pas en avant pour Lewis, et pour bien des lecteurs de son livre, moi-même y compris. Soit nous louons Dieu, soit nous demeurons dans la pauvreté, loin du monde réel. Il n'est pas possible de simplement croire intellectuellement que Dieu est amour, ou sage, ou grand. Nous devons le louer pour ce qu'il est, le louer devant les gens, si nous voulons passer d'une connaissance abstraite à un engagement qui transforme le cœur.

Apprendre à louer, nous transforme. Lewis ne peut s'empêcher de remarquer ceci :

> Les esprits les plus humbles et, en même temps, les plus équilibrés et les plus capables louent beaucoup tandis que les excentriques, les inadaptés et les mécontents louent peu. Les bons critiques trouvent quelque chose à louer même dans de nombreuses œuvres imparfaites, alors que les mauvais ne cessent de rétrécir la liste des livres que nous pourrions être autorisés à lire. L'homme bien portant, sans affectation, même élevé dans le luxe, et qui connaît la bonne cuisine, est capable de faire l'éloge d'un repas très modeste ; mais le dyspeptique et le snob voient partout matière à critique. Sauf en cas d'adversité intolérable, la louange semble presque toujours être l'expression audible de la santé de l'être intérieur[307].

Classer ce que nous aimons par ordre de priorité

Pourquoi la louange et l'adoration produisent-elles un tel effet sur nous ? De ces trois modes de prière : adoration, confession ou supplication, la louange est la seule qui développe directement notre amour pour Dieu. Si Augustin a raison, au fond, nous sommes ce que nous aimons.

Dans son livre *Desiring the Kingdom : Worship, Worldview and Cultural Formation*, James K.A. Smith décrit différents types de personnalités et d'identités, puis il les confronte à la pensée d'Augustin : « Je suis ce que j'aime[308]. » Comme Augustin le dit dans son commentaire sur 1 Jean : « Nous sommes ce que nous aimons[309]. » Notre identité profonde et notre comportement dépendent de ce que nous aimons.

Selon Augustin, tous les hommes recherchent le bonheur et s'attachent à ce qui les rendra heureux, d'après eux. Ils perçoivent cet attachement comme de l'amour. Cependant, le grand problème de l'homme, c'est qu'il n'identifie pas correctement ce qui peut le rendre heureux, à cause du péché. Comme nous l'avons déjà dit, il en résulte que nous ne classons pas dans le bon ordre ce que nous aimons. Soit nous aimons ce que nous ne devrions pas aimer, soit nous n'aimons pas ce que nous devrions aimer, ou encore nous aimons trop ce que nous devrions aimer moins, ou moins ce que nous devrions aimer plus[310]. Celui qui est plus préoccupé par le gain de l'argent que par la justice, exploitera son personnel et ses employés. Celui qui privilégiera sa carrière au détriment de ses enfants, verra ses relations familiales se désagréger.

Mais à la source de tous nos malheurs se trouve le fait que nous n'aimons pas Dieu plus que tout. Comme l'a affirmé Augustin dans une prière renommée : « Vous nous avez créés pour vous, et [...] notre cœur est toujours agité de trouble et d'inquiétude jusqu'à ce qu'il trouve son repos en vous » (Confessions I.1). Cela signifie tout simplement que si, dans ce monde, vous aimez quelque chose davantage que Dieu, le poids de vos attentes écrasera cette chose-là. Au final, vous en aurez le cœur brisé. Par exemple, si votre amour pour votre conjoint surpasse votre amour pour Dieu, votre colère et votre dépit prendront une ampleur démesurée le jour où il (ou elle) ne vous offrira pas le soutien et l'affection espérés. Votre crainte de sa colère ou de son mécontentement vous empêchera de lui dire la vérité. Ce n'est que dans la mesure où l'amour de Dieu compte le plus pour vous, que vous pourrez librement aimer votre conjoint de la bonne manière.

Saint Augustin développe cette idée plus loin dans les *Confessions* :

> De quelque côté que se trouve l'âme de l'homme et quoi qu'elle recherche pour y trouver du repos, elle n'y trouve que des douleurs jusqu'à ce qu'elle se repose en vous[311].
>
> Confessions 4.10

Dans le sillage d'Augustin, Smith déclare que ce que nous aimons le plus définit notre identité. Il détermine « nos orientations fondamentales, tout ce qui façonne notre vision d'une vie réussie, les courants qui nous portent vers notre raison de vivre... et par quoi s'expliquent la totalité de nos désirs et de nos actes[312] ». De même, ce qu'aime une société de manière collective formera sa culture. Cette dernière pensée est au cœur de l'œuvre maîtresse d'Augustin : *La cité de Dieu*. Selon lui, les sociétés sont des associations d'individus liés par leurs passions communes.

Qu'est-ce que cela signifie ? Smith émet la thèse suivante, présente dans tout son livre, que pour changer les gens en profondeur, il faut changer ce qu'ils adorent. Les pensées, arguments et croyances sont des outils efficaces pour influer sur le cœur humain, mais, en fin de compte, nous sommes ce que nous adorons. Nous sommes ce qui fascine notre imagination, ce qui nous pousse à la louange et à persuader les autres d'en faire autant. Nous manifestons de la colère incontrôlée, de l'inquiétude et du découragement pour avoir donné de mauvaises priorités à ce que nous aimons. Il en est de même de nos problèmes relationnels et de nos difficultés sociales et culturelles. Quelle force est capable de remodeler notre être profond, structure de notre personnalité ? Quel moteur est capable de créer une communauté humaine saine ? L'adoration et la louange de Dieu, sont les seuls moyens qui nous permettront d'aimer Dieu plus que tout.

L'importance de la reconnaissance

Pour beaucoup, les prières de « louange » et de « reconnaissance » représentent deux catégories avec des distinctions importantes à garder en mémoire pour bien les appliquer. Mais en fin de compte, la « reconnaissance » n'est qu'une sous-catégorie de la louange, car elle consiste à louer Dieu pour ce qu'il a fait, alors que la louange en elle-même consiste à l'adorer pour qui il est réellement. Le Psaume 135 nous appelle à louer le Seigneur et le Psaume 136 à le remercier. Cependant, en les examinant de plus près, il s'avère que les deux actions se chevauchent. Le Psaume 135 loue Dieu pour avoir délivré Israël de l'esclavage en Égypte. Le Psaume 136 le remercie pour son amour et sa bonté. Remercier pour une bénédiction dirige automatiquement notre attention vers les attributs et les desseins bienveillants du Dieu qui l'a répandue. Louer Dieu pour son amour et sa bonté va se transformer sans effort en reconnaissance pour toutes les manifestations de cette bonté dans notre vie.

Si nous voulons améliorer notre pratique de la louange et de la reconnaissance, il nous faut en comprendre les enjeux. Les circonstances font souvent naître la confession et la repentance. Lorsque nous chutons ou échouons, nous sommes écrasés sous le poids de la honte et de la culpabilité. Nous nous mettons alors à prier de tout notre cœur. Les circonstances font également naître la supplication et l'intercession. Un ami ou un parent apprend qu'il a un cancer, ou des ennuis professionnels frappent à notre porte : là encore nous prions avec ferveur. Dans ces deux cas, nos prières sont motivées par les circonstances et notre état de vulnérabilité.

Lorsqu'il nous arrive de bonnes choses, elles devraient logiquement nous amener à remercier et louer, tout comme les mauvaises choses nous ont poussés à intercéder et à supplier. Pourtant, tel n'est pas le cas. En Romains 1.18-21, Paul décrit ainsi la manifestation du péché : « car alors qu'ils connaissent Dieu, ils ont refusé de lui rendre l'honneur que l'on doit à Dieu et de lui exprimer leur reconnaissance ». Cela semble plutôt décevant, mais le fait de ne pas « exprimer leur reconnaissance » est bien l'essence du péché chez les êtres humains. Est-ce si grave ? Oui.

Pensez un moment au plagiat. Il consiste à vous approprier la paternité d'une idée alors que ce n'est pas le cas. Pourquoi le considérer comme un grave délit ? Parce que vous refusez de reconnaître votre dépendance à celui à qui vous avez volé l'idée. Vous refusez *d'exprimer votre reconnaissance* et d'accorder le crédit à qui de droit. Il s'agit donc d'une forme de vol. Non seulement le plagiat cause du tort à l'auteur de l'idée originelle, mais il vous met aussi dans une position de vulnérabilité. Vous seriez en effet incapable de reproduire des idées à la hauteur des siennes si on vous le demandait ultérieurement.

Comprenez-vous pourquoi Dieu prend cela tellement au sérieux ? La forme la plus grave d'ingratitude consiste à se croire indépendant spirituellement, une belle illusion. Cela revient à s'attribuer le crédit de quelque chose qui était un cadeau. C'est croire que vous êtes le mieux placé pour diriger votre vie, que vous avez la force et la capacité de la maintenir sur le bon chemin et de vous protéger du danger. Quel leurre périlleux ! Nous ne nous sommes pas créés nous-mêmes ; nous sommes incapables de vivre une seule seconde en dehors du soutien de sa puissance divine. Pourtant, dit Paul, le savoir nous fait horreur et nous le réprimons donc. En effet, nous détestons savoir que nous dépendons pleinement et totalement de Dieu, car alors nous lui serions redevables et nous ne pourrions vivre comme nous le souhaitons. Nous devrions nous en remettre à celui qui nous donne tout.

Par conséquent, puisque le péché de notre cœur nous pousse désespérément à nous accrocher au contrôle de notre vie afin de pouvoir la mener à notre gré, nous ne voulons surtout pas reconnaître l'étendue infinie de notre dette envers lui. Nous ne sommes jamais suffisamment reconnaissants. Lorsque de bonnes choses surviennent, nous nous persuadons par tous les moyens d'en être à l'origine ou de l'avoir mérité. Nous nous en attribuons les mérites. Lorsque notre existence se déroule paisiblement, sans trop d'encombres, nous n'adoptons pas une attitude de reconnaissance, dans l'émerveillement et la paix. Finalement, non seulement nous volons à Dieu la gloire qui lui est due, mais notre idée de base d'être à l'origine du bon déroulement de notre vie, *nous* vole la joie et le soulagement qu'apporte une reconnaissance constante envers un Dieu tout puissant.

La reconnaissance et la louange posent problème. Pourtant la louange est la prière par excellence, celle qui motive, dynamise et donne corps à toutes les autres prières. Comment gérer cette difficulté ?

Cultiver la louange

Si les prières de reconnaissance et de louange heurtent notre cœur plus que toutes les autres, comment développer de bonnes habitudes ? Je connais trois moyens d'y parvenir grâce à l'œuvre inspirée de trois écrivains britanniques chrétiens.

Tout d'abord, nous devrions apprendre à mettre en pratique ce que mentionne C.S. Lewis dans son livre sur la prière : *Lettres à Malcom*. Il s'efforce de voir tout plaisir comme des « traits que la gloire décoche pour toucher notre sensibilité [...] j'ai essayé [...] de faire de chaque plaisir un instrument d'adoration ». Dans le mot « plaisir » Lewis inclut des choses aussi diverses qu'une vallée magnifique, un plat succulent, un livre passionnant ou un morceau de musique extraordinaire. Que signifie « faire de chaque plaisir un instrument d'adoration » ? Lewis s'empresse de faire remarquer que cela dépasse le simple fait de remercier Dieu pour chaque plaisir : « La gratitude s'exclame [...] : "Comme Dieu est bon de me donner cela." L'adoration dit : "Comme cet Être doit être parfait pour que ses éclats lointains et fugitifs soient de cette nature." *Les rayons du soleil nous poussent à remonter par la pensée jusqu'à leur source*[313]. » L'esprit apprend à penser inconsciemment : « Quelle sorte de Dieu voudrait créer une telle merveille et me la donner ? » Il en conclut que même s'il n'arrive pas toujours à maintenir cette discipline, elle a enrichi sa joie au quotidien ainsi que ses moments de prière. Selon lui, « on ne pourrait adorer Dieu dans les grandes occasions si on n'avait pas pris l'habitude de l'adorer dans les plus insignifiantes[314]. »

La deuxième manière de cultiver l'habitude de l'adoration nous vient du grand réformateur anglais du XVIᵉ siècle, Thomas Cranmer, auteur du *Book of common prayer* [*Livre de la prière commune*]. Ses prières communes suivent le schéma général suivant :

1. L'adresse :   Un des noms de Dieu
2. La doctrine :   Un aspect de la nature divine
                       servant de base à la prière
3. La requête :   La chose demandée

    4. L'aspiration : Que ferons-nous si la requête est exaucée ?
    5. Au nom de Jésus : Rappel du rôle médiateur de Jésus

Nous retrouvons ce schéma dans la célèbre prière de Cranmer pour la sainte communion :

1. Dieu Tout-Puissant
2. Devant qui tout cœur est à nu, tout désir connu, et tout secret dévoilé
3. Purifie les pensées de nos cœurs par l'inspiration de ton Saint-Esprit
4. Afin que nous puissions t'aimer d'un amour parfait et dignement exalter ton saint nom
5. Par Jésus-Christ notre Seigneur, Amen.

Remarquez comment la prière se fonde sur la nature divine (la raison de la demande), passe à la requête (ce que nous voulons) et termine sur l'aspiration (ce que nous ferons si nous sommes exaucés). Ce schéma mêle remarquablement louange et requête, saine théologie et aspirations profondes du cœur, pour finir sur des buts concrets liés au quotidien[315].

Une façon de développer cette maturité dans la prière est de les adresser à Dieu par écrit dans un journal, et de suivre ce schéma de base jusqu'à ce que cela devienne une habitude. Vous découvrirez qu'en priant, à haute voix ou en vous-même, vous introduirez instinctivement chaque demande en vous centrant sur Dieu lui-même, même lorsque vous crierez à lui. Voilà ce que veut dire « invoquer son nom ou sa personne ».

Mon dernier guide est Matthew Henry, pasteur presbytérien de la fin du XVIIe siècle, célèbre pour son commentaire de la Bible. Il a également écrit *Méthode pour la prière*. Le livre se présente comme un condensé encyclopédique des prières de la Bible (des plus courtes aux plus longues) classées par rubriques : louange, confession, requêtes, remerciements et intercession. Dans chaque chapitre, elles sont également regroupées en différentes sections fort utiles. Choisissez une des rubriques, lisez les textes bibliques cités, et finalement, reformulez la prière. Le but est de faire avec la Bible tout entière ce que propose Luther avec le Notre Père : personnaliser notre prière.

Je vous livre mes propres rubriques, essentiellement empruntées à celles de Henry, mais sans les passages bibliques. Vous y trouverez des suggestions pour vous guider dans vos moments de louange et de reconnaissance[316]. Adressez-vous à Dieu avec vos propres mots, et toute votre conversation deviendra louange.

Adorer Dieu

- Dieu est lumière, bénédiction et splendeur de manière transcendantale et infinie. Il est autosuffisant, ne dépendant de rien pour son existence, alors que toutes choses dépendent de lui. Il est un Esprit infini et éternel ; il est le seul Être parfait ; il est le Dieu de gloire et d'absolue puissance.

- Les perfections de Dieu sont sans égales ni comparaison ; elles incluent son caractère éternel et immuable, sa présence simultanée en tous lieux, sa connaissance de toutes choses, sa sagesse parfaite et insondable, sa puissance absolue et irrésistible, sa souveraineté sur tout événement, sa pureté, sa beauté et sa sainteté sans tache, sa justice, son jugement inexorable qui restaurera un jour toutes choses.

- Il est le Dieu Créateur, l'artisan, le protecteur, le soutien et le souverain de toute la création. Il est le Dieu de vérité, le Verbe avec lequel nous pouvons entretenir une relation personnelle. Il est le Dieu des alliances, le Dieu fidèle à ses promesses qui s'est lié à nous afin que nous puissions à notre tour nous lier à lui. Il est le Dieu trinitaire, unique bien qu'en trois personnes, Père, Fils et Saint-Esprit. Bien qu'il soit notre Roi, il est également notre ami et notre époux. Nos cœurs ont été faits pour qu'il soit notre unique joie.

Remercier Dieu

- Pour la façon dont il nous a donné la vie et dont il préserve notre santé physique, pour nous avoir fait à son image de sorte que nous puissions le connaître, l'aimer, le servir, jouir de sa présence et de celle de notre entourage, pour avoir préservé notre vie jusqu'à présent, pour nous avoir protégés quand nous étions blessés et malades, de sorte que nous sommes encore en vie aujourd'hui ; pour le soutien et le réconfort qui rendent notre vie agréable, plaisante et supportable ; pour les succès, pour les buts que nous avons atteints et pour les bénédictions dont nous n'avons pas su ou pu bénéficier mais qu'il a pourtant envoyées.

- Pour la façon dont il soutient notre vie spirituelle. Pour le plan du salut et la façon dont le Père, le Fils et le Saint-Esprit l'ont conçu du sein même de l'éternité ; pour Christ qui a accepté de se dépouiller de sa gloire par amour pour nous, pour son enseignement et son caractère qui nous révèlent la beauté de la sainteté ; pour la mort de Jésus à notre place, payant la rançon de nos péchés, satisfaisant à toutes les exigences du Père, nous introduisant dans une nouvelle alliance avec Dieu par grâce ; pour le Saint-Esprit, pour sa puissance et sa présence dans nos vies qui nous ont permis de comprendre la vérité de Dieu, de connaître son amour et sa gloire, de nous rendre conformes au caractère de Christ et de servir autrui par ses dons ; pour la Parole de Dieu, les Écritures, pour sa sagesse, sa vérité et sa puissance ; pour l'Église, ses membres et ses dirigeants qui nous ont formés et équipés, qui nous ont aidés à grandir dans la foi, l'espérance et l'amour ; pour nos amis chrétiens qui nous ont tant donné ; pour l'assurance du salut qui nous permet de nous reposer sur le ferme espoir de la résurrection à venir et sur l'éternité que nous passerons avec lui ; parce que nous *savons* que, quoiqu'il arrive, tout finira bien.

- Pour la miséricorde dont nous avons bénéficié. Pour la façon dont Dieu a été patient à notre égard, dont il nous a aidés à changer, à chasser nos mauvaises habitudes et nos mauvais schémas de pensée, nos attitudes de cœur, et nos pratiques ; pour la façon dont il nous a protégés des conséquences de notre aveuglement et de notre folie ; pour la façon dont il s'est révélé à nous et dont il nous a permis d'être en communion avec lui ; pour sa façon de répondre à nos prières et d'être à nos côtés dans la douleur et la souffrance.

La prière ultime

Le livre des Psaumes s'achève sur des prières de louange pure. Le Psaume 150, le dernier, élève la louange à son niveau le plus élevé :

> *Louez l'Éternel !*
> *Louez Dieu dans son sanctuaire !*
> *Louez-le dans l'étendue, où éclate sa puissance !*
> *Louez-le pour ses hauts faits,*
> *Louez-le pour sa grandeur infinie !*
> *Louez-le au son du cor,*
> *Louez-le au son du luth et de la cithare !*
> *Louez-le avec des danses et au son des tambourins !*
> *Louez-le avec la lyre et avec la flûte !*
> *Louez-le par les cymbales bien retentissantes !*
> *Louez-le par les cymbales résonnant avec éclat !*
> *Que tout ce qui vit loue donc l'Éternel !*
> *Louez l'Éternel !*

Pourquoi le livre des Psaumes se termine-t-il par un flot de louanges ininterrompu ? Eugene Peterson pense que, de même que toute prière a pour cadre la louange, toute prière devrait également se terminer par la louange, et tel sera le cas à la fin. Il écrit :

> Si on s'y consacre suffisamment, toute prière [authentique] devient louange. Toute prière, peu importe si elle émane d'un désespoir total, que les expériences partagées aient été remplies de colère et de peur, se termine par la louange. Ce but ne s'atteint pas facilement ni rapidement ; il peut être le parcours d'une vie. Mais à la fin, il y aura toujours la louange [...] Les psaumes y

font allusion. Défiant toute logique et sans transition, la louange éclate souvent au milieu d'épouvantables lamentations [...]

Le Psaume 150 n'est pas un cas isolé. Il est précédé de quatre psaumes « alléluia » et devient donc le cinquième des cinq psaumes qui concluent le livre des Psaumes. Ces cinq psaumes « alléluia » sont extraordinairement solides [...] peu importe le degré de notre souffrance, de nos doutes, de notre colère, ni le nombre de fois où dans notre désespoir nous avons demandé « combien de temps encore ? », la prière se terminera par la louange. La porte de la louange attire tout jusqu'à son seuil. *Cela ne signifie pas que les autres sortes de prières soient inférieures, mais avec le temps consacré et la persévérance, elles deviendront louange* [...] Ne précipitons pas les choses. Il se passera peut-être des années, voire des décennies, avant que certaines prières n'arrivent au stade de « l'alléluia », celui des Psaumes 146 à 150. La louange ne couronne pas toutes les prières, comme nous l'apprend le livre des Psaumes. Pourtant la prière tend toujours vers la louange, pour finir par la rejoindre.

C'est pourquoi [...] nos vies se remplissent de bonté. La terre et les cieux s'unissent de manière extraordinaire. Des cymbales retentissent pour proclamer la gloire. Bénédiction. Amen. Alléluia[317].

Selon C.S. Lewis une absence de louange équivaut à une absence de réalité. Louer Dieu nous aide à pénétrer la réalité du monde et à nous réjouir davantage en lui. Cela nous procure une vision concrète et exaltante de l'avenir. Lewis prétend que plus nous pouvons faire l'éloge parfait d'un objet, plus le plaisir éprouvé sera grand. Donc, « plus l'objet de notre intérêt en est digne, plus la satisfaction procurée devient intense ». Songez à ce qu'il adviendra au ciel, lorsque nous pourrons aimer le Dieu trinitaire, trouver notre plaisir en lui, l'être suprême, et « tous ensemble et à tout moment, donner à notre plaisir son expression parfaite » ! Comment l'imaginer ? Il est probable qu'alors « notre âme atteindra la béatitude suprême ». Ainsi, si nous voulons comprendre ce que seront les cieux et l'avenir pour les croyants :

> Nous devons nous imaginer vivre un amour parfait avec Dieu, ivres, noyés, dissous dans cette grande joie qui, loin de rester confinée en nous comme un plaisir incommunicable et donc quasi intolérable, jaillit sans cesse, s'élance encore et encore dans une expression libre et parfaite. La joie que l'on ne peut plus jamais dissocier de la louange se libère en elle et s'exprime. On ne pourrait pas plus la différencier de la lumière reçue par un miroir que de celle qu'il réfléchit. Le catéchisme de l'Église d'Écosse dit ceci : « Le but principal de l'homme est de glorifier Dieu et de jouir de lui pour l'éternité. » Mais nous saurons alors que les deux parties de la phrase sont une seule et même chose. Se réjouir pleinement *équivaut* à glorifier. Lorsqu'il nous ordonne de le glorifier, Dieu nous invite à nous réjouir en lui[318].

Cette pensée ouvre une fenêtre bouleversante sur l'avenir. Grâce à elle nous pouvons presque faire l'expérience de cette vision du bonheur parfait. Elle semble élevée, alors qu'elle est la plus réaliste des vérités.

Vous croyez en un Dieu d'amour. Puis vous subissez la critique, vous vivez le rejet (une rupture par exemple) ou un échec ternit votre réputation. N'importe qui, dans une telle situation, se sentirait découragé et démoralisé. Cependant, il y a une différence entre être découragé et être anéanti, entre tomber dans l'abattement et ne pas pouvoir fonctionner. Si l'amour de Dieu est une notion abstraite, il n'offre aucune consolation. Si cet amour est en revanche une réalité ressentie et vécue dans la prière, alors il nous relève.

N'avez-vous jamais remarqué que si un bruit, comme des éclats de voix ou de la musique, vous dérange lorsque vous êtes occupé, vous pouvez en faire abstraction ? Par contre, il est presque impossible d'effectuer une tâche tout en regardant une vidéo. Telle est l'œuvre de la prière : elle prend une notion sur Dieu à laquelle vous croyez, mais susceptible d'être ignorée et exerçant peu d'influence sur votre manière de vivre pour la rendre saisissante. Nos rencontres avec Dieu dans la prière prennent l'amour de Dieu, la grandeur de Dieu, la puissance de Dieu, la sagesse de Dieu (que la plupart n'expérimentent que sous leur forme « audio »), pour les mettre en « vidéo ». La prière nous immerge dans la plénitude de Dieu, nous montre qui il est. L'amour de Dieu devient alors plus réel que la déception ou le rejet. Il nous permet de faire face à nos problèmes et de redresser la tête.

Qu'existe-t-il de plus pratique ?

Chapitre 13

L'intimité : découvrir sa grâce

Pardon gratuit ; coût infini

Dieu pardonne. Ce fait n'a rien de remarquable pour nos contemporains dont la vision de Dieu est souvent unidimensionnelle : ils ne voient en lui qu'un esprit d'amour. Par contre, pour les prophètes et auteurs de l'Ancien Testament, l'idée du pardon de Dieu était si merveilleuse et surprenante, qu'ils pouvaient à peine y croire[319] : « Tu es un Dieu qui pardonne » (Néhémie 9.17), « Mais toi, Seigneur notre Dieu, tu as de la pitié et tu pardonnes » (Daniel 9.9). Cependant la miséricorde divine ne doit pas être considérée comme allant de soi. Exode 34.7 déclare que Dieu « conserve son amour jusqu'à la millième génération […] pardonne le crime, la faute et le péché, mais […] ne tient pas le coupable pour innocent ».

Pour le lecteur moderne, la juxtaposition de ces deux idées est étonnante. Certes, Dieu pardonne, mais il est également tellement saint qu'il ne peut laisser l'injustice et la méchanceté impunies. Chacune de ces affirmations est claire en elle-même, mais les passages précédents n'expliquent pas leur lien. Exode 34.6-7 révèle que le pardon de Dieu n'est ni simple ni prévisible. C'est pourquoi David s'écrie dans le Psaumes 130.3-4 : « Si tu retiens nos fautes, Seigneur, qui donc subsistera ? Mais le pardon se trouve auprès de toi, *afin qu'on te révère.* » David ne prend pas le pardon de Dieu comme une évidence ou un acquis irrémédiable. Il frémit d'émerveillement à la pensée que le Dieu de l'univers, ce Dieu à qui nous devons tout, puisse pardonner la rébellion et le péché. Le prophète Michée exprime cette vérité d'une manière encore plus majestueuse :

> *Quel est le Dieu semblable à toi,*
> *qui efface les fautes et qui pardonne les péchés*
> *du reste de ton peuple qui t'appartient ?*
> *Toi, tu ne gardes pas ta colère à jamais,*
> *mais tu prends ton plaisir à faire grâce.*
> *Oui, de nouveau tu auras compassion de nous,*
> *tu piétineras nos péchés, et au fond de la mer, tu jetteras*
> *nos fautes.*
>
> Michée 7.18-19

L'énigme d'Exode 34.6-7 exprime la tension qui traverse toute l'histoire de l'Ancien Testament. Dieu établit sa relation avec le peuple par le biais d'une alliance, d'un lien solennel extrêmement personnel et intime qui engage les deux parties, chacune jurant fidélité à l'autre : « Je vous prendrai pour mon peuple, je serai votre Dieu » (Exode 6.7). Pourtant, en dépit des multiples célébrations d'alliances et de vœux, l'histoire biblique n'est qu'un long récit d'individus et de communautés rompant continuellement leurs promesses et leurs obligations envers Dieu. La conséquence logique devrait être l'annulation de l'alliance divine, l'infidélité de la race humaine ne lui permettant pas de bénéficier des bénédictions divines. Dieu devrait logiquement retrancher les fautifs. Pourtant, l'Ancien Testament est parsemé de déclarations qui, d'une façon ou d'une autre, nous assurent que Dieu demeurera fidèle, qu'il nous pardonnera et nous restaurera (Jérémie 31.31-34; Ézéchiel 36.24-29). Au fil des pages de l'Ancien Testament, la question nous est posée: notre alliance avec Dieu est-elle conditionnelle et basée sur notre obéissance, ou inconditionnelle et basée sur son amour pour nous? En fin de compte, sa sainteté et sa justice pèsent-elles plus que son amour et sa miséricorde, ou est-ce le contraire? Serons-nous punis ou pardonnés? La contradiction apparente d'Exode 34.6-7 exprime cette grande tension et ce mystère haletant. Comment la résoudre?

Les auteurs du Nouveau Testament répondent à toutes les questions soulevées par l'Ancien Testament: « C'est lui que Dieu a offert comme une victime destinée à expier les péchés, pour ceux qui croient à son sacrifice [...]. Ce sacrifice montre aussi la justice de Dieu dans le temps présent, car il lui permet d'être juste tout en déclarant juste celui qui croit en Jésus » (Romains 3.25-26). L'alliance divine est-elle conditionnelle parce que Dieu est juste ou inconditionnelle parce qu'il est celui qui nous justifie? À cause de la grande œuvre du salut en Jésus-Christ, la réponse est: les deux. En mourant sur la croix, Jésus a pris sur lui la malédiction liée à notre infidélité afin que nous puissions recevoir la bénédiction qu'il s'est acquise par sa fidélité parfaite (Galates 3.10-14). Jésus a rempli les conditions de l'alliance afin que nous puissions bénéficier de l'amour inconditionnel de Dieu. Par la croix, il est possible à Dieu d'être juste vis-à-vis du péché tout en restant miséricordieux envers le pécheur qu'il justifie.

Il n'est pas surprenant que, partout dans le Nouveau Testament, Jésus soit perçu comme la source du plus improbable de tous les dons, celui du pardon divin. Il a versé son sang pour le pardon (Matthieu 26.28), il est monté à la droite de Dieu pour offrir le pardon (Actes 5.31), et le message qu'il a donné à ses disciples en les envoyant dans le monde est « que la repentance et le pardon des péchés [soient] prêchés » (Luc 24.47, NEG). Paul conclut: « En Christ [...] nous avons été délivrés et nous avons reçu le pardon de nos fautes » (Éphésiens 1.7).

Ce n'est qu'à la lumière de l'Ancien Testament et du grand mystère de la fidélité de Dieu à son alliance que nous pouvons réaliser le caractère gratuit du pardon *et* son coût vertigineux. Cela signifie qu'à cause du sacrifice expiatoire de Christ, aucun péché ne peut engendrer notre condamnation. Mais cela signifie aussi que le péché est quelque chose de si important et si grave aux yeux de Dieu, qu'il était indispensable que Jésus meure. Nous devons prendre en compte ces deux aspects de la grâce de Dieu si nous voulons éviter l'une ou l'autre de ces embûches: soit s'imaginer que le pardon accordé par Dieu est quelque chose d'aisé pour lui, soit douter de sa réalité et de son ampleur.

Ces deux erreurs sont spirituellement fatales. D'une part, perdre de vue le coût du pardon ne mènera qu'à une confession superficielle et purement formelle, qui n'induira ni changement profond ni transformation de cœur. D'autre part, perdre de vue le caractère gratuit du pardon, exposera à un sentiment permanent de culpabilité, de honte et de dégoût de soi, sans soulagement possible. C'est seulement dans la mesure où nous prenons en compte à la fois la gratuité du pardon et son coût, que nous serons libérés de la culpabilité et du pouvoir du péché sur nous.

Se souvenir que le salut est gratuit

Jésus-Christ a payé pour notre péché. La condamnation du péché ne peut plus retomber sur nous qui nous sommes repentis et avons cru en lui (Romains 8.1). L'oublier revient à faire de la confession du péché un épuisant exercice de pénitence plutôt qu'une repentance selon l'Évangile.

En 1517, Martin Luther a mis les autorités de son Église au défi de réfuter les quatre-vingt-quinze thèses qu'il avait placardées sur la porte de l'église de Wittenberg. La première disait : « "Faites pénitence [...]", notre Seigneur et Maître Jésus-Christ a voulu que toute la vie des fidèles soit une pénitence[320]. » À première vue, une telle déclaration semble affirmer que les chrétiens ne font jamais de progrès puisqu'ils demandent constamment pardon pour leurs échecs répétés. En réalité, Luther disait le contraire, à savoir que la repentance est la *voie* par laquelle nous progressons dans la vie chrétienne, la clé de notre transformation profonde et régulière dans la ressemblance à Jésus.

Dans la conception de Luther, l'Évangile de la justification gratuite, selon lequel nous sommes sauvés et acceptés en Christ indépendamment de toute bonne œuvre ou effort, transforme la nature de la repentance. Lorsque nous oublions le caractère gratuit de la grâce, le but de notre repentance sert à apaiser Dieu. Quand nous ne sommes pas certains que Dieu nous aime en Christ, nous utilisons la confession et la repentance comme des moyens d'être bien vus de Dieu. Nous espérons que l'expression sincère de notre tristesse l'impressionnera et le touchera assez pour qu'il ait pitié de nous. Une telle repentance s'apparente à de l'autojustification, elle laissera un goût amer jusqu'à la dernière goutte. Elle ne pourra que forcer la volonté à se conformer, sans changement possible de mentalité, de motivation et de cœur.

Luther a dénoncé ce genre de repentance légaliste comme une vaine tentative d'autojustification, puisqu'il s'agit d'une tentative d'expier nos propres péchés. Elle peut devenir une forme d'auto flagellation, voire de crucifixion de soi, par laquelle nous nous efforçons de convaincre Dieu (et nous-mêmes) que nous sommes pleins de regrets et si malheureux, que nous méritons d'être pardonnés. Il ne s'agit pas d'une confession au nom de Jésus, mais en notre propre nom. Elle s'apparente à une tentative d'extorquer la miséricorde de Dieu à travers la souffrance intérieure de notre conscience. Cependant, les Évangiles nous apprennent que Jésus a souffert pour notre péché. Nous n'avons pas à nous faire souffrir pour mériter le pardon de Dieu. Nous devons recevoir comme un cadeau le pardon que Christ a gagné.

L'apôtre Jean dit que si nous confessons nos péchés, Dieu « est fidèle et juste pour nous les pardonner » (1 Jean 1.9). Si Dieu nous pardonne lorsque nous nous repentons, c'est à cause de sa *justice* et non de sa miséricorde (bien que ce soit aussi le cas). En d'autres termes, il serait injuste de la part de Dieu de nous refuser le pardon puisque, à cause de Jésus, nous sommes acceptés, ainsi que Jean s'empresse de le faire remarquer : « Si, toutefois, il arrivait à quelqu'un de commettre un péché, nous avons un Défenseur auprès du Père, Jésus-Christ le juste. Car il a apaisé la colère de Dieu contre nous en s'offrant pour nos péchés » (1 Jean 2.1-2a). Tous ceux qui sont en Christ doivent être et seront pardonnés. Pour quelle raison ? Parce que Jésus a subi la punition de tous leurs péchés et qu'il en a payé la dette. Dieu serait injuste et infidèle à son alliance, s'il acceptait un double paiement pour la même dette. Il serait donc injuste s'il ne nous pardonnait pas. Cette ferme assurance et cette grande sécurité changent complètement l'idée de la repentance ; elle cesse d'être un moyen d'expier notre péché pour devenir un moyen d'honorer Dieu et de donner une nouvelle orientation à notre vie avec lui.

Une repentance légaliste a des effets destructeurs. Paul parle d'un « changement d'attitude qui conduit au salut et qu'on ne regrette pas » contrairement à « la tristesse du monde [qui] produit la mort » (2 Corinthiens 7.10). Dans une religion moraliste, notre seul espoir est de vivre une vie suffisamment bonne pour mériter la bénédiction de Dieu. Chaque moment de repentance devient alors traumatisant et artificiel, car son unique but est de mériter (pensons-nous) la faveur de Dieu par la souffrance. Sans une solide compréhension de la gratuité de la justification, nous n'admettrons nos fautes qu'à la toute dernière extrémité, lorsque nous y serons contraints et forcés. Nous nous concentrerons sur le comportement tout en restant aveugles aux attitudes et à l'égocentrisme derrière ce comportement. Nous endosserons le moins de responsabilités possible, mettant en avant toutes nos circonstances atténuantes. Si nous essayons de nous repentir dans un tel état d'esprit légaliste, sans jamais être sûr que notre état de misère nous permette de gagner la faveur de Dieu, nous ne connaîtrons jamais la libération, le soulagement et le repos procurés par le pardon de Jésus.

Je me rappelle avoir rencontré un homme tourmenté par une affaire d'adultère remontant à des années auparavant. Il n'en avait jamais parlé à son épouse qui plus tard l'avait soutenu au cours de graves problèmes de santé et de revers professionnels. Elle était décédée par la suite. Il pensait que Dieu ne lui avait pas pardonné. J'ai voulu savoir pourquoi. Bien qu'il ait vécu sous un poids écrasant de culpabilité, il pensait ne pas s'être suffisamment humilié dans son repentir pour être pardonné. Je lui ai proposé de demander pardon non seulement pour l'adultère mais aussi pour son cœur insuffisamment repentant. Surpris, il s'est demandé si Dieu pouvait pardonner une telle chose. « Jésus serait-il mort uniquement pour les affaires d'adultère et non pour les cœurs endurcis, ai-je répondu ? » En comprenant que Christ avait payé la dette causée par la dureté de son cœur, ses yeux se sont ouverts et son cœur de pierre s'est mis à fondre. Profondément conscient de la libération vécue par sa grâce, une grâce qui ne se trouve pas conditionnée par des émotions parfaites lors de la repentance, il a pu expérimenter un soulagement libérateur et, ironiquement, une humilité plus profonde et une plus grande reconnaissance envers Dieu.

Toutes ces idées sont contenues dans la première thèse placardée par Martin Luther à Wittenberg. Si nous avons la certitude d'être aimés et acceptés malgré nos péchés, il nous est beaucoup plus facile d'admettre nos manquements et nos fautes. Cette certitude nous donne la profonde sécurité spirituelle et psychologique nécessaire pour reconnaître rapidement nos torts. Elle permet d'adoucir tous les conflits, puisque reconnaître ses torts n'est plus une torture. Elle simplifie de nombreux problèmes personnels étant donné que, si nous adoptons un mauvais comportement, nous nous en rendons compte plus facilement, ce qui nous aide à y renoncer. Plus important encore, nous pouvons apporter nos péchés à Dieu plus souvent et sans délai, les confesser, nous souvenir du sacrifice de Jésus et retrouver, dans une moindre mesure, la joie de notre salut. Même si la repentance s'accompagne toujours d'amertume et de tristesse, une conscience plus aiguë du péché engendre une assurance plus grande de la grâce de Dieu. Plus notre assurance du pardon est ferme, plus nous nous repentons ; plus vite nous croissons en maturité et changeons, plus notre joie et notre humilité deviennent profondes.

Se souvenir du coût du pardon

Il est faux de considérer la confession comme un processus rébarbatif de purification de son âme. Le caractère gratuit de notre pardon en Christ dément cette erreur. Mais il est tout aussi erroné de prendre le pardon à la légère et d'en oublier le coût. Un jour, j'ai écouté une prédication de D. Martyn Lloyd-Jones où il expliquait que le pardon du péché avait été le plus grand problème qui se soit jamais posé au Dieu juste et saint. Il s'est empressé d'entourer cette affirmation des précisions nécessaires : oui Dieu est tout-puissant et souverain. Cependant, a-t-il poursuivi, tous les péchés sont des dettes qui doivent être payées. Remettre une dette implique que c'est *vous* qui allez en supporter le coût et régler l'addition. L'immensité de la dette de nos péchés implique une rançon infinie. La seule façon qu'avait Dieu de nous pardonner était de la régler lui-même. Dieu le Père a donc envoyé Dieu le Fils subir notre punition. Le Fils et le Père ont envoyé Dieu l'Esprit dans nos cœurs pour nous rendre conscients de cet onéreux pardon et nous aider à l'accepter.

Pourquoi est-ce si important ? Oublier le coût du péché engendre des prières de confession et de repentance superficielles et banales qui n'honorent pas plus Dieu qu'elles ne transforment notre vie. Dans son livre *Confess Your Sins*, le théologien britannique John Stott reconnaît que de nombreux chrétiens confessent leurs péchés de façon machinale. La plupart d'entre eux n'ont pas l'impression que leur confession les transforme. Ils ont tendance à retomber dans les mêmes attitudes et penchants néfastes.

Stott explique que la confession des péchés implique leur abandon. Confession et abandon ne doivent pas être disjoints. Or, la plupart des gens reconnaissent leurs mauvaises actions, sans pour autant rejeter leur péché, en éloigner leur cœur au point d'affaiblir leur capacité à y succomber à nouveau[321]. Pour perdre son emprise sur nous, le péché doit nous blesser et nous répugner intérieurement, tout en veillant à nous rappeler à quel point nous sommes acceptés en Christ[322].

Lorsque j'étais pasteur dans une petite ville du sud des États-Unis dans les années 1970, j'ai suivi en relation d'aide un couple marié dans mon église. Le mari avait des accès de colère incontrôlés et avait souvent des mots très durs à l'égard de son épouse. Lors de nos premières rencontres, il n'a pas du tout pris sa situation au sérieux. Dans sa culture et son milieu, beaucoup d'hommes étaient bien pires que lui. Après tout, se disait-il, il ne lui était jamais arrivé de frapper sa femme, de lui jeter des objets à la figure ou d'en briser pendant ses crises de colère. J'ai essayé de lui faire prendre conscience de la gravité de la situation, mais sans succès. Sa femme l'a finalement quitté. Il est venu me trouver, paniqué et impatient cette fois d'accepter tous mes conseils sur les changements à effectuer pour aboutir à une réconciliation. Il a insisté sur le fait qu'il était prêt à se repentir. Il a suivi mes recommandations et sa femme est retournée au foyer. Pourtant, après quelques mois, les insultes ont recommencé, tant et si bien qu'elle l'a quitté pour de bon. Il était évident que même si les conséquences de ses actes le rendaient malheureux, le côté fondamentalement mauvais de son comportement ne l'avait jamais frappé. Il ne s'était donc jamais vraiment repenti de son péché envers sa femme.

Ce cas illustre bien le principe de Stott. Il est possible de seulement convenir qu'une chose est un péché sans pour autant être pénétré de cette vérité et éprouver de l'aversion pour ce péché, aversion pouvant donner la force et la liberté de changer. En d'autres termes, cette fausse repentance n'est en réalité que de l'apitoiement sur soi. Vous pouvez admettre votre péché sans en être vraiment désolé. Vous souffrez de ses conséquences douloureuses. Vous voulez mettre un terme à la douleur, et vous cessez donc d'avoir ce comportement. Mais il est possible qu'aucun changement intérieur réel ne se soit opéré au niveau des fausses croyances et des faux espoirs : les envies démesurées et les perceptions de soi erronées à l'origine du péché. Par exemple, le mari cité ci-dessus ne s'est jamais attaqué à son problème d'orgueil mal placé et de manque de confiance en lui, ni à son besoin maladif d'être respecté et traité avec égards par la gent féminine. Sa prétendue repentance était totalement égoïste. Elle devait servir à soulager sa propre douleur et non la peine qu'il causait à sa femme et à Dieu. Il n'était désolé que pour lui-même, pas pour son péché.

Selon Stott, la vraie repentance devrait comprendre deux facettes : l'aveu et le rejet. D'abord, avouer le péché pour ce qu'il est, puis « dans un second temps, l'abandonner, le rejeter, le répudier [... ce qui équivaut] à adopter la bonne *attitude* envers Dieu et envers le péché lui-même[323] ». Pour en donner un exemple biblique, Stott se réfère au psaume de contrition par excellence, dans lequel David reconnaît son péché et affirme également : « J'ai péché contre toi seul » (Psaumes 51.6). David n'a pas nié avoir causé du tort à des êtres humains ; c'était une évidence. Mais en bafouant les gens, il avait offensé le Dieu qui les avait créés. Lévitique 5.21 illustre bien ce principe : « Lorsqu'un homme se rend coupable de désobéissance à l'Éternel en péchant contre son prochain [...] » Le cœur de David a réalisé que « tout péché est principalement une violation manifeste des saintes lois de Dieu[324] ».

Le Psaume 32 constitue une autre étude de cas sur les deux éléments de la repentance. Tout d'abord la *franchise* pure : « Je t'ai avoué ma faute » (v. 5a). David dit : « Je n'ai plus caché mes torts » (v. 5b). Nous pouvons cacher notre péché de bien des manières. Nous pouvons le minimiser ou le justifier en rejetant notre responsabilité sur les circonstances ou sur autrui. Toutefois, la vraie repentance reconnaît le péché pour ce qu'il est et en assume la pleine responsabilité. La véritable confession et la repentance sincère commencent quand la projection des fautes sur les autres cesse.

Cependant, David ne s'arrête pas là. Il déclare : « Ne soyez donc pas stupides comme un cheval, un mulet dépourvus d'intelligence dont il faut dompter la fougue par la bride et par le mors pour qu'ils t'obéissent ! » (v. 9). Le mulet ne vous aime pas suffisamment pour venir simplement à votre demande. Vous ne pourrez le maîtriser qu'à l'aide de récompenses et de punitions. Il n'avancera que si vous vous arrangez pour que l'enjeu en vaille la peine. Il ne se déplacera qu'en fonction de *son propre* intérêt et non du vôtre. David ne se repent pas comme une mule, parce que les circonstances l'y ont forcé. Il se repent parce qu'il comprend ce qu'est le péché aux yeux de Dieu. Il désire plaire à son Seigneur par amour. De même que la vraie repentance ne commence que lorsque la projection de nos fautes sur les autres s'arrête, elle ne commence aussi que lorsque notre apitoiement sur nous-mêmes cesse et que nous nous détournons de nos péchés par amour pour Dieu plutôt que par pur intérêt personnel.

David ne s'abaisse pas de façon obséquieuse devant un tyran ; il affirme que « les hommes qui ont mis leur confiance en l'Éternel sont comblés par son amour » (v. 10). Il fait allusion, non à l'amour de Dieu en général, mais à son *chesedh* : son amour inébranlable de la promesse et de l'alliance. Les chrétiens possèdent une source de joie bien plus grande, pleine de reconnaissance. David ne connaissait que la promesse générale de Dieu de nous rester fidèle (Genèse 15). Nous-mêmes connaissons cependant le coût et la portée infinis de la fidélité de Dieu parce que nous voyons Jésus-Christ mourant sur la croix pour nous.

David reconnaît les actes qui l'ont amené à pécher, mais il identifie en plus les attitudes du cœur qui l'ont amené à mal se comporter. Il les charge de réflexions sur la grandeur de Dieu et sur son amour inébranlable jusqu'à ce que les motivations, derrière son égoïsme et le caractère intentionnel de ses actes, commencent à perdre de leur pouvoir et s'effritent. David admet le péché avec son intelligence. Il y renonce avec son cœur.

John Owen et la mise à mort du péché

Il est tout naturel de se demander si l'idée de « renoncer » au péché, n'est pas une façon de se complaire dans la culpabilité. Ne sommes-nous pas supposés nous voir comme des enfants de la famille de Dieu, gratuitement justifiés et aimés ? Certes, mais être un enfant de Dieu consiste non seulement à être persuadé de son amour, mais aussi à vouloir plaire et ressembler à notre Père. En d'autres termes, lorsque nous péchons, nous chercherons par tous les moyens d'obtenir le pardon de Dieu pour lui avoir déplu. Nous ferons également tout pour lui consacrer un cœur qui ne le mécontente plus si vite à l'avenir. En plus d'admettre notre péché, nous y renoncerons, comme le dit Stott. Mais comment y parvenir ?

À ce sujet, John Owen a écrit un petit livre devenu un classique, au titre peu avenant : *The Mortification of Sin*. Le mot « mortification » est issu du latin « *mortificare* » signifiant littéralement « faire mourir ». Il s'agit d'affaiblir le péché au niveau de la motivation en méditant sur la sainteté et l'amour de Dieu en Christ ainsi que sur d'autres doctrines bibliques, afin qu'un péché précis soit révélé à leur lumière. Ce processus fait apparaître la laideur du péché. Sa folie et son horreur nous apparaissent à leur véritable lumière. Nous sommes plus à même de lui résister par la suite.

Selon Owen, cela n'arrivera que si nous fixons nos regards au-delà du *danger* du péché, à savoir ses conséquences, pour trouver des moyens de convaincre notre cœur de la *gravité* du péché, à quel point il déshonore et attriste celui à qui nous devons tout. Si nous ne pensons qu'au danger, après notre confession, nous pourrons nous rendre compte que notre repentance est centrée sur nous-mêmes. Nous finirons par reproduire encore et encore les mêmes défauts de caractère et les mêmes schémas de mauvais comportements[325]. À la place, Owen nous invite vivement à identifier nos schémas usuels de péché pour ensuite les lester de pensées « spirituellement vivantes » sur Dieu et sur le salut. Elles agiront comme un poison sur les habitudes de péché[326]. Quelles sont ces pensées ?

Owen propose une panoplie fournie de doctrines susceptibles de desserrer l'étau du péché sur nos personnes. Il nous exhorte à méditer sur : l'intimité dont nous jouissons maintenant avec le Père et le Saint-Esprit, la justice de la loi, le prix coûteux du sacrifice de Christ, la gloire et la majesté transcendante de Dieu, la patience du Seigneur à notre égard[327]. Il explique comment méditer sur chacune de ces vérités bibliques, de telle sorte que nous verrons fondre en nous, petit à petit, les peurs, l'égoïsme, l'orgueil et l'entêtement, comme neige au soleil. Il ne nous donne pas un modèle universel et général. Il nous appelle au contraire à sonder notre cœur et à lui adresser des exhortations spirituelles, des discours, voire des prédications fondées sur des vérités bibliques, pour affaiblir nos fausses croyances et nos mauvaises attitudes. Owen nous propose des discours remarquables, manifestement tirés de sa propre vie de prière, montrant de manière vivante comment la « mortification » produit son effet dans le cœur[328]. Son modèle de discours ne proclame jamais : « Je dois mettre un terme à ceci, autrement je serai puni », car cela nourrirait le nombrilisme du péché alors même que vous pensez vous repentir. Il s'exprime plutôt ainsi : « Comment puis-je me permettre de traiter Jésus de cette façon alors qu'il est mort afin que je ne sois jamais puni moi-même ? Est-ce ainsi que je traite celui qui a fait de moi un être aimé inconditionnellement ? Est-ce ainsi que je le traite après tout ce qu'il a fait ? Puis-je refuser de pardonner alors qu'il est mort pour me pardonner ? Vais-je m'inquiéter d'avoir perdu de l'argent alors qu'il s'est offert pour être lui-même ma sécurité et ma vraie richesse ? Vais-je panser les blessures de mon amour-propre alors qu'il a abandonné de son plein gré sa propre splendeur afin de me sauver ? »

Bien qu'Owen montre qu'il est possible d'affaiblir le péché en méditant sur une grande variété de doctrines bibliques, il privilégie les vérités formant le cœur de l'Évangile. Selon lui, faire des efforts pour mettre un terme au péché grâce à « des convictions ancrées dans la loi » ne sera suivi que d'effets temporaires vis-à-vis de « péchés particuliers ». Par contre, s'efforcer d'affaiblir le péché par « l'esprit de l'Évangile » transformera la personne tout entière : esprit, volonté et amour[329]. Owen explique que la mortification issue *uniquement* d'une conviction de la loi, c'est-à-dire d'une croyance que nous pouvons nous sauver nous-mêmes par nos propres efforts, ne peut pas vraiment transformer un cœur pécheur. Elle ne peut qu'en brider temporairement le comportement sous l'effet de pressions externes. Seules les vérités de l'Évangile, l'amour de Jésus mort pour nous, son engagement inconditionnel envers nous, le coût de son sacrifice, notre adoption dans la famille de Dieu, peuvent rendre le péché détestable à nos yeux[330].

Cette confession et ce reniement du péché centrés sur Dieu constituent un formidable outil de changement. La peur de conséquences permet un changement de comportement par le biais d'une contrainte externe, mais nos élans internes demeurent inchangés quant à eux. À l'inverse, un désir de plaire et d'honorer celui qui nous a sauvés et qui est digne de toute louange, un tel désir est capable de nous transformer de l'intérieur vers l'extérieur. L'auteur puritain Richard Sibbes, dans son livre *The Bruised Reed*, déclare que la repentance ne consiste pas à « incliner légèrement la tête [...] mais à amener notre cœur à vivre un tel degré de tristesse que nous considérerons le péché comme plus odieux que la punition[331] ».

Examen de conscience et repentance

La confession ne devrait pas être une simple réponse par rapport aux péchés dont nous sommes conscients et que nous déplorons. Nous devrions consacrer notre vie de prière à débusquer les péchés dont la présence nous échappe à cause de notre insensibilité ou de notre emploi du temps chargé. Nous devrions régulièrement nous examiner nous-mêmes, en nous inspirant de guides bibliques décrivant ce que *devrait* être un chrétien. Comme nous l'avons vu, Martin Luther conseillait de méditer souvent, voire chaque jour, les dix commandements. Sa méthode consistait à réfléchir sur la façon dont nous avions violé chacun des commandements, en pensées ou en actions. Une bonne compréhension de ce que chaque commandement interdit ou ordonne est exigée. Une grande partie des catéchismes de la Réforme, tel que celui de Heidelberg et ceux de Westminster contiennent des listes fournies et détaillées, très utiles pour la confession des péchés. Le fruit de l'Esprit (Galates 5.22-24) est également un autre guide profitable. Il faut étudier et comprendre la nature de chaque fruit de l'Esprit : l'amour, la joie, la patience, l'humilité, la maîtrise de soi, etc., et savoir identifier leur présence ou leur absence dans votre vie. Après avoir établi votre propre plan, vous pouvez appliquer la méthode de méditation de Luther à chacun des fruits, pour vous examiner et mener à bien un bon « checkup » spirituel.

Par exemple, l'évangéliste britannique du XVIIIe siècle George Whitefield a écrit : « Seigneur, donne-moi une profonde humilité, un zèle bien orienté, un amour ardent et un cœur intègre, puis qu'hommes ou démons se déchaînent, je suis prêt[332] ! » Ces quatre éléments constituent un bon condensé de l'essentiel de la vie chrétienne. Voici comment utiliser ces quatre principes pour s'examiner tous les jours :

Une profonde humilité. **S'examiner:** Ai-je méprisé quelqu'un ? Ai-je été blessé par des critiques ? Me suis-je senti repoussé et ignoré ? **Je réfléchis à la grâce gratuite de Jésus** jusqu'à ce que je ressente que (a) mon mépris décroît, puisque je suis moi aussi un pécheur, et (b) la douleur causée par la critique s'amenuise puisque je ne devrais pas placer l'approbation humaine au-dessus de l'amour de Dieu. À la lumière de sa grâce, je peux lâcher prise sur mon besoin de maintenir une bonne image, fardeau trop pesant et inutile. Je médite sur la grâce accordée gratuitement jusqu'à ce que je parvienne à une joie reconnaissante et sereine.

Un zèle bien orienté. **S'examiner:** Ai-je délibérément évité quelqu'un ou négligé des obligations ? Ai-je laissé l'anxiété ou l'inquiétude m'envahir ? Ai-je négligé d'être circonspect ou me suis-je montré irréfléchi et impulsif ? **Je réfléchis à la grâce gratuite de Jésus** jusqu'à ce que disparaisse (a) toute lâcheté et fuite devant les difficultés, puisque Jésus a affronté le mal pour moi, et (b) mon comportement inquiet et irréfléchi, puisque la mort de Jésus est la preuve que Dieu se soucie de moi et qu'il veille sur moi. L'inquiétude provient de l'orgueil. Je reconnais manquer de sagesse pour savoir comment mener ma vie. Je médite sur la grâce accordée gratuitement jusqu'à ce que je sois paisible et réfléchi et que je mette en place des stratégies où ma hardiesse se révèle.

Un amour ardent. **S'examiner:** Ai-je dit ou pensé du mal de quelqu'un ? Est-ce que j'essaie de me justifier en grossissant les défauts de quelqu'un ? Me suis-je montré impatient ou irritable ? Ai-je été égocentrique, indifférent, peu attentionné envers autrui ? **Je**

> **réfléchis à la grâce gratuite de Jésus** jusqu'à ce que partent toute (a) froideur ou méchanceté alors que je pense à l'amour de Jésus qui s'est sacrifié pour moi, (b) impatience alors que je pense à sa patience envers moi et (c) indifférence alors que je pense à l'infinie attention de Dieu à mon égard. Je médite sur la grâce accordée gratuitement jusqu'à ce que je ressente de la chaleur et de l'affection pour les autres.
>
> *Un cœur intègre.* **S'examiner**: Mes actes sont-ils motivés par la gloire de Dieu et le bien d'autrui ou suis-je poussé par mes peurs, mon besoin d'approbation, mon plaisir du confort et d'une vie facile, par mon besoin de tout contrôler, ma soif de pouvoir et d'éloges, ou par la peur des gens? (Luc 12.4-5). Suis-je envieux envers qui que ce soit? Est-ce que je cède facilement à la moindre pensée sexuelle ou est-ce que je mange à l'excès? Est-ce que je passe mon temps à agir dans l'urgence plutôt qu'à me consacrer à ce qui est important à cause de mes désirs démesurés? **Je réfléchis au fait que la grâce gratuite de Jésus** me procure ce que je recherche dans les choses ci-dessus.

Nous profitons peut-être le plus pleinement de la repentance lorsque les joies et les bienfaits de l'Évangile font naître en nous *à la fois* conviction de péché *et* assurance. Par exemple, les prières de repentance à cause d'orgueil, de froideur, d'un manque d'amour, d'inquiétude et de méfiance, pourraient ressembler à ceci:

> Seigneur, je succombe à *l'orgueil*, pourtant sur la croix tu ne t'es pas accroché à ta dignité et tu as abandonné ta puissance et ta gloire: pour moi! Plus je t'en remercie et plus je m'en réjouis, moins je ressens le besoin de

me préoccuper de ma réputation, d'être honoré et de savoir si on a une bonne opinion de moi ou non.

Seigneur, je succombe à *la froideur et à l'irritabilité* mais, dans le jardin de Gethsémané, juste avant ta mort, tu t'es montré si doux et si indulgent envers nous, même lorsque nous avons dormi au lieu d'être à tes côtés. Sur la croix, tu t'es offert pour des gens qui t'avaient abandonné ou s'étaient moqués de toi. Plus je t'en remercie et plus je me réjouis que tu aies fait cela pour moi, plus je sens fondre ma dureté et grandir ma patience et mon souci pour ceux qui m'entourent.

Seigneur, je succombe à *la peur et à l'inquiétude*, pourtant tu as bravé les dangers les plus inimaginables pour moi. Tu as si courageusement accepté d'être brisé pour moi, afin que je puisse être infiniment aimé et en sécurité en toi pour l'éternité. Puisque tu as été rempli de courage pour moi face à ces maux redoutables, j'ai la certitude que tu es avec moi maintenant. Je peux donc rester inébranlable face à mes problèmes.

Jésus peut laver la souillure

Quand Jésus a changé l'eau en vin aux noces de Cana, il a utilisé de grandes jarres de pierre servant aux ablutions rituelles prescrites par la loi mosaïque (Jean 2.6-8). À travers ces ablutions et ces aspersions, le système cérémoniel juif communiquait une vérité cruciale : nul d'entre nous n'est tel qu'il devrait être. Nous portons tous notre lot de honte et de culpabilité. Nous avons tous besoin de nous purifier de notre impureté et de la souillure de notre péché avant de paraître dans la présence de Dieu. En mettant son vin dans de telles jarres, Jésus disait symboliquement qu'il venait accomplir la réalité à laquelle tous les rites faisaient allusion : l'expiation et la purification finale du péché.

Il n'existe sans doute aucune description plus poignante de l'atrocité de la culpabilité que les discours torturés de Lady Macbeth. Complice des meurtres de Duncan et de Banquo avec son mari, son esprit cède sous le poids de la honte et de la culpabilité de ses actes. Elle voit des marques de sang sur ses mains : « Va-t'en, tache damnée ! Va-t'en, dis-je [...] Pourtant qui aurait cru que le vieil homme eût en lui tant de sang ? » Elle sent l'odeur du sang, en voit sur sa main et aucun effort de sa part ne peut ôter la tache. Il s'agit, bien sûr, d'une métaphore de la race humaine. Nous nous savons souillés, nous le ressentons, mais nous flageller et faire de bonnes œuvres ne peut rien effacer. La tache semble indélébile. « Tous les parfums d'Arabie ne rendraient pas suave cette petite main ! Oh ! oh ! oh ! » Aucun de ses efforts n'enlèvera la tache.

Jésus, lui, affirme qu'il en est capable. Il est mort sur la croix pour éliminer les taches et les souillures que nous sommes incapables d'enlever nous-mêmes. Voilà pourquoi nous devons cesser d'essayer de nous purifier en nous punissant, ou de faire naître en nous l'illusion d'être pur en niant notre péché. Nous devons plutôt venir à lui dans la prière, lever les yeux vers son œuvre à la croix, admettre notre péché et y renoncer.

Chapitre 14

Lutte : implorer son aide

Supplication éprouvante

La supplication est une troisième forme de prière par laquelle nous formulons des souhaits pour nous-mêmes, pour les autres et pour le monde. À l'origine, cette prière est un appel à l'aide : « Écoute ma prière ! Des confins de la terre, je fais appel à toi, car je suis abattu » Psaumes 61.2-3. Elle semble simple et directe, sans instruction nécessaire pour bien la formuler. Toutefois, les apparences peuvent être trompeuses.

Jacques affirme : « Vous n'avez pas ce que vous désirez parce que vous ne demandez pas à Dieu. Ou bien, quand vous demandez, vous ne recevez pas, car vous demandez avec de mauvais motifs : vous voulez que l'objet de vos demandes serve à votre propre plaisir » (Jacques 4.2-3). Les prières de supplication peuvent nous faire du tort si nous les voyons comme un moyen de dire à Dieu : « Que *ma* volonté soit faite. » Nous sommes enclins à satisfaire notre nature pécheresse, à dicter à Dieu, sans mâcher nos mots, comment il devrait diriger l'univers. De telles prières ne font pas plus plaisir à Dieu qu'elles ne nous aident à croître dans la grâce.

Cependant, il est possible de prier sans faire preuve d'orgueil manifeste, mais en restant manipulateur. Bien des demandes ressemblent à « la prière rituelle » de Friedrich Heiler ; elles sont autant de moyens d'extorquer des bénédictions à un dieu par l'observation de pratiques et de règles complexes. Elles visent à faire de Dieu l'obligé de celui qui le supplie. Ces prières recherchent moins la présence, la grâce et la gloire de Dieu que la force de lui soutirer des exaucements. Il est très facile, voire naturel, de demander de la mauvaise façon.

D'un autre côté, à mille lieues de ces avertissements justifiés, certains se montrent trop timides. La prière n'est pas seulement un moyen d'acquérir la paix intérieure, c'est aussi une façon de s'ouvrir au monde extérieur en collaborant à l'œuvre de Dieu dans ce monde. Comme le dit Donald Bloesch : « La prière n'est pas une simple supplication, c'est une supplication *éprouvante* [...] un plaidoyer dynamique avec Dieu. Loin de consister en une simple réflexion sur ses promesses, elle en est une appropriation » (cf. Ésaïe 64.7). Paul engage les chrétiens de Rome à combattre « avec moi, en priant Dieu pour moi » (Romains 15.30). On a appelé la prière, la « rébellion contre le *statu quo* du mal dans le monde ». Elle fait même partie de l'arsenal du combat spirituel contre les forces des ténèbres (Éphésiens 6.12).

Il est tout à fait naturel de mal formuler nos requêtes, ou de s'abstenir. Nous devons apprendre à demander, et à demander de la bonne manière.

La puissance de la prière

La Bible fourmille de promesses sur la puissance exercée par la prière sur le cours de l'Histoire. Dans le Nouveau Testament, Jacques fait remarquer qu'Élie, « un homme de la même nature que nous », a prié pour qu'il ne pleuve plus sur Israël. Une fois sa prière exaucée, il a de nouveau prié pour que la pluie revienne, tout cela dans le seul but de confronter un dirigeant corrompu. Jacques conclut en disant : « Quand un juste prie, sa prière a une grande efficacité » (Jacques 5.16). Jean Calvin, bien connu pour ses positions sur la prédestination et la souveraineté de Dieu, a affirmé des choses remarquables sur la prière en se basant sur l'épître de Jacques :

> Car ce fut une grande chose que Dieu, pour ainsi dire, ait assujetti le ciel aux prières d'Élie, afin qu'il obéisse à sa requête. Élie a tenu le ciel fermé trois ans et demi par son oraison. Derechef il l'ouvrit, en sorte qu'il donna soudainement une pluie abondante. Par ceci il nous est révélé la vertu admirable de la prière[333].

Le langage de Calvin est à la fois audacieux et prudent. Il dit que la prière a « pour ainsi dire » influencé les conditions météorologiques en Israël. Dans un sens absolu, Dieu contrôle tout. Nos prières ne peuvent alors aucunement lui arracher le contrôle de quoi que ce soit dans l'univers. Néanmoins, permettre que nos prières affectent le monde fait partie de sa bonté et de sa volonté. Tel est l'un des mystères pratiques de la Bible : comment accomplit-il cela, à savoir comment conserve-t-il la parfaite maîtrise de l'Histoire tout en permettant aux actes et aux prières des êtres humains d'y avoir leur part ? Dans Néhémie 4.3, les Juifs étaient occupés à rebâtir la muraille de Jérusalem lorsqu'ils ont appris que leurs ennemis s'apprêtaient à les attaquer. Qu'ont-ils fait ? « Alors nous avons prié notre Dieu et nous avons posté des gens pour monter la garde, de jour et de nuit, pour nous défendre contre eux. » Dans Ésaïe 38.5, le prophète annonce au roi Ézéchias sa mort imminente, ce qui pousse le monarque à prier. Dieu lui répond : « J'ai entendu ta prière [...] je vais prolonger ta vie de quinze années. » Pourtant, parallèlement à son message au roi, Ésaïe demande aussi que l'on prépare un onguent chaud à appliquer sur l'ulcère en vue d'une guérison (Ésaïe 38.21).

Pourquoi qualifier ce mystère de pratique ? D'une part parce que la Bible affirme que nos prières comptent : « Vous n'avez pas ce que vous désirez, parce que vous ne demandez pas. » Pourtant, le dessein plein de sagesse de Dieu reste souverain et infaillible. Ces deux affirmations sont vraies, tout en semblant impossibles à harmoniser, voilà le mystère[334]. Si Dieu exerce un contrôle absolu sur toutes choses, nos actes n'ont aucune importance, et *vice versa*. Nous nous trouvons devant un paradoxe. Si nous pensons que Dieu est aux commandes au point que nos actes sont sans portée, nous pouvons céder à la passivité et au découragement. Au contraire, si nous croyons vraiment que nos actes modifient les plans de Dieu, cela ne peut que nous paralyser de peur. Par contre, si ces *deux* vérités sont vraies, alors leur conjugaison constitue pour nous un puissant encouragement à l'action, tout en sentant les bras éternels de Dieu nous soutenir. En dernier ressort, nous ne risquons pas d'altérer le plan bienveillant de Dieu pour nous (cf. Jérémie 29.11).

Cette vérité est extraordinaire. Dieu daigne entendre nos prières. Il permet au monde d'être, dans un certain sens, sous le contrôle de la puissance de la prière. Celle-ci est donc puissante et efficace.

Austin Phelps soutient ce point de vue dans son livre sur la prière. Il y évoque Ethelfrith, le roi saxon païen de Northumbria qui a envahi le Pays de Galles et est sur le point de livrer bataille aux Gallois – des chrétiens. Ethelfrith observe l'armée ennemie qui s'étend devant lui et remarque un groupe d'hommes non armés. Il cherche à savoir qui ils sont. On lui répond qu'il s'agit des moines de Bangor venus prier pour la victoire de leur camp. Ethelfrith prend immédiatement conscience de la gravité de la situation : « Attaquez-les en *premier* », ordonne-t-il.

Phelps en tire la conclusion que les non-chrétiens ont souvent plus de respect pour la puissante réalité de la prière que nous. La puissance de la prière « n'est pas un mythe, quoique [nous] puissions en penser[335] ». Si la prière est si puissante, comment nous en servir ?

Comment demander

Comment utiliser la puissance de la prière ? Nous avons vu qu'il était possible de mal demander ou d'être trop timide pour oser demander. Comment procéder ? Je pense que le catéchisme abrégé de Westminster nous offre une ligne directrice aussi nuancée qu'excellente. Nous devons faire monter nos désirs vers Dieu en gardant sa sagesse à l'esprit. Le catéchisme le formule ainsi :

> Q. 98. Qu'est-ce que la prière ?
>
> A. La prière est une offrande de nos désirs à Dieu au nom de Christ, comme un sacrifice agréable à sa volonté, offrande accompagnée de la confession de nos péchés et de notre reconnaissance pleine de gratitude pour sa miséricorde.

C'est un fait, nous sommes censés demander à Dieu de satisfaire nos désirs. N'ayons pas peur de le dire. Les psaumes regorgent d'exemples d'adorateurs qui déversent les désirs de leur cœur devant Dieu.

Cependant, selon le catéchisme, nos désirs peuvent être non seulement déréglés par le péché, mais également parfaitement bien intentionnés, bien que dans l'erreur. Nous pensons qu'une demande précise peut nous aider, nous ou d'autres, mais si Dieu y répondait favorablement, nous réaliserions ultérieurement, avec tristesse et effarement, que nous aurions eu tort. Ainsi, pour nous protéger à la fois d'élans égoïstes et de notre vision limitée, nous demandons à Dieu de répondre à nos demandes en nous donnant ce qui est « agréable à sa volonté », ce qui s'accorde *à la fois* avec nos désirs *et* avec sa volonté et sa sagesse (Jean 14.13-14, 1 Jean 5.14). On se demandera naturellement : « Mais comment savoir qu'elles sont ces choses ? » Malheureusement, nous ne pouvons pas toujours y parvenir. C'est pourquoi, prions au mieux de notre compréhension avec une nouvelle ouverture d'esprit, en souhaitant que Dieu agisse de manière différente. James Packer nous en montre au moins trois exemples.

Pour commencer, lorsque nous faisons une demande à Dieu, « nous devrions consacrer une partie de notre prière à lui expliquer les raisons qui nous poussent à penser que notre demande est la meilleure possibilité[336] ». Il s'agit d'une démarche à la fois sage et pratique. Packer remarque que de nombreux écrivains chrétiens d'antan parlaient de « plaider » devant Dieu dans la prière, ce qui ne signifie pas qu'ils considéraient leur sagesse ou leur volonté comme plus excellente que celle de Dieu. « Plaider » signifiait « faire connaître à Dieu les raisons pour lesquelles notre requête nous paraît la plus appropriée, à la lumière de ce que nous connaissons des buts de Dieu[337] ». Une telle démarche implique d'incruster des pensées théologiques dans nos prières. Ainsi, au lieu de parcourir à grande allure la liste de nos requêtes personnelles, nous devrions réfléchir à ce que nous voulons à la lumière de ce que les Écritures enseignent sur ce qui réjouit ou attriste Dieu et de ce que nous connaissons du processus du salut et de sa volonté pour le monde. Ceux qui observent cette discipline remarquent qu'elle les aide à revoir leurs désirs et leurs buts, parfois à la baisse, parfois à la hausse. Elle renforce aussi la puissance de nos prières au point qu'une fois énoncées nous réalisons que nous nous sommes vraiment déchargés de nos fardeaux sur Dieu (Psaumes 55.23; 1 Pierre 5.7). Nous pouvons vivre notre vie délivrés de leur poids.

Selon Packer, cette démarche implique aussi d'exprimer nos besoins à Dieu en disant réellement que « si sa volonté diffère [de ce que nous demandons], nous savons que la sienne est préférable. C'est bien elle, plutôt que le meilleur que nous puissions imaginer, que nous voulons vraiment qu'il accomplisse[338] ». Arriver à dire cela sincèrement, surtout si nous désirons profondément la chose demandée, métamorphose notre cœur. Par contre, si nous en sommes incapables, c'est le signal qu'en notre être intérieur, nous avons à traiter avec ce qu'Augustin appelait les « amours désordonnés », une idole du cœur, un rival de Dieu. Cela devrait provoquer en nous une sérieuse remise en question. Si nous la refusons, nous deviendrons les esclaves d'émotions qui nous paralyseront et de comportements que nous ne pourrons plus maîtriser.

Si nous parvenons à faire cette prière avec sincérité, elle apaisera notre cœur. Nous pourrons confier nos soucis à Dieu en sachant qu'il les entendra et qu'il s'en occupera en temps et en heure. Ce type de prière procure une paix et une assurance qui ne s'expérimentent nulle part ailleurs. Nous retrouvons ici l'éternelle question: si Dieu a un plan et est « aux commandes », alors à quoi bon prier ? La meilleure réponse est qu'en fin de compte « il n'existe pas de prière d'un enfant de Dieu qui resterait sans réponse.[339] » Pour quelles raisons ?

Nous avons l'assurance que Dieu, notre Père céleste, veut toujours le meilleur pour ses enfants. Par conséquent, comme l'écrit Jean Calvin : « Dieu exauce nos prières, [même si] sa réponse ne correspond pas toujours au libellé exact de notre requête. » Il ajoute plus loin que « même lorsqu'il ne nous accorde pas ce que nous souhaitons, [il] prête toujours une attention bienveillante à nos prières, de sorte que l'espérance fondée sur sa Parole ne nous décevra jamais ». En résumé, soit Dieu nous donnera ce que nous lui demandons, soit il nous accordera ce que nous aurions demandé si nous avions su tout ce qu'il savait.

Mieux encore, nous savons, lorsque nous prions pour obtenir des bénédictions, que nous possédons déjà la meilleure bénédiction possible. En la personne de Dieu, nous avons la source jaillissante de tout ce que nous pourrions désirer, même si un affluent de notre bonheur, un objet de notre amour dans ce monde, venait à tarir : « Car quand bien même toutes choses nous feraient défaut, Dieu, lui, ne nous abandonnerait pas ; il ne peut décevoir [...] car toutes les bonnes choses sont contenues en lui et il nous les révèlera [...] quand son royaume sera manifesté[340]. »

Voilà le « cran de sûreté » de la prière. S'il n'existait pas, les gens prudents ne prieraient plus. Nous pouvons avoir l'assurance que si nous demandons quelque chose qui n'est pas bon pour nous, Dieu ne nous le donnera pas. Nous devons être persuadés qu'il répondra à notre désir de base, mais d'une manière inoffensive pour nous. Abraham a demandé à Dieu de donner sa bénédiction particulière à Ismaël, le fils qu'il avait déjà, plutôt qu'à celui qu'il n'avait pas encore, Isaac : « Tout ce que je demande c'est qu'Ismaël vive et que tu prennes soin de lui ! » (Genèse 17.18). Dieu a répondu « oui » et « non ». Non, c'est Isaac et non Ismaël, qui sera l'élu divin destiné à amener le peuple de l'alliance et le salut dans le monde. Néanmoins Dieu dit d'Ismaël : « Je ferai de lui une grande nation. Mais j'établirai mon alliance avec Isaac » (Genèse 17.20-21).

Pendant mes années de formation au ministère, j'essayais de devenir aussi bien un berger qu'un prédicateur. Au début de mes études, je fréquentais une jeune femme. Un jour, elle a voulu mettre un terme à notre relation. Je me suis mis à prier de tout mon cœur : « Oh Seigneur, je ne peux pas me passer d'elle. J'ai vraiment besoin d'elle. S'il te plaît, que ce ne soit pas la fin de cette relation ! » Avec le recul, cette prière était peu judicieuse. Cette rupture était une bonne chose parce que j'ai épousé Kathy ultérieurement. Mais à l'époque, je ne le voyais pas ainsi. Dieu a-t-il rejeté ma prière ? Oui et non ! Au cœur de ma demande se trouvait mon désir d'obtenir de Dieu une partenaire pour le ministère. C'était la partie implicite de ma requête. La partie erronée était celle-ci : « C'est elle qui doit être mon équipière. »

Même lorsque vous ne savez pas comment prier, l'Esprit reconnaît l'intention profonde de votre demande et la formule comme vous devriez le faire devant le trône (cf. Romains 8.26). Lorsque vous luttez dans la prière, vous pouvez vous approcher de Dieu avec l'assurance qu'il va vous accorder ce que vous auriez demandé si vous aviez su tout ce qu'il sait. Il s'intéresse à vous et il vous aime infiniment.

Présenter nos désirs à Dieu sans perdre de vue sa sagesse a encore une autre implication sur nos demandes. Nous devons nous interroger sur « ce que nous devrions faire pour rendre possible les réponses à nos prières[341] ». Jusqu'à un certain point, les réponses à un grand nombre de nos demandes seraient facilitées si nous changions dans *notre être intérieur*, mais en général quand nous prions nous ne prenons pas cet aspect en considération. Nous devrions nous exercer à relier chaque requête avec ce que nous savons sur Dieu. Mais nous devrions aussi examiner ce que nos requêtes révèlent de nos motivations, de ce que nous aimons, et même de nos péchés et de nos faiblesses.

Pour toutes ces raisons, Packer s'inquiète du nombre de chrétiens qui ont tendance à prier en se servant de listes de prières interminables. Le cadre théologique et les réflexions personnelles qui devraient entourer les requêtes prennent du temps. Les listes de prière et méthodes semblables peuvent nous entraîner à mentionner à la hâte, des noms et des besoins ponctués de « selon ta volonté » superficiels, sans prendre la peine d'asseoir nos requêtes sur une réflexion sérieuse. Selon Packer, « si nous prenons le temps de réfléchir aux situations et aux vies des personnes pour lesquelles nous faisons monter notre intercession » nous risquons de ne pas prier pour autant de sujets et de problèmes que nous le souhaiterions. « Nos plaidoyers et nos argumentations feront passer nos intercessions de la liste de courses ou du moulin à prières à la catégorie apostolique de ce que Paul appelait un "combat" » (Colossiens 2.1-3)[342].

Deux buts de la prière de requête

Nous constatons que les deux buts de la prière de requête doivent s'équilibrer : remettre le monde en ordre (« que ton règne vienne »), pour le premier, et mettre notre cœur en conformité avec Dieu (« que ta volonté soit faite »), pour le second. Aucun des deux ne doit prendre le pas sur l'autre, sous peine d'avoir des supplications trop véhémentes et passionnées, ou au contraire, trop passives et défaitistes. Nous devons exprimer nos désirs, mais nous reposer aussi sur sa sagesse. Ces éléments apparaissent côte à côte dans le Notre Père, pour se rencontrer à nouveau dans la superbe prière de

Jésus à Gethsémané : « Père, si tu le veux, écarte de moi cette coupe ! Toutefois, que les choses se passent, non pas comme moi je le veux, mais comme toi tu le veux » (Matthieu 26.39).

Le premier but est *externe*. À travers nos demandes, Dieu façonne l'Histoire (Jacques 5.16b-18). Par nos prières, il amènera la justice dans le monde (Luc 18.7-8). Il affirme qu'il ne donnera ni ne mènera à bien certaines choses, tant que nous ne les aurons pas demandées (Jacques 4.2b). Si nous les demandons, il nous donnera bien au-delà de notre requête (Éphésiens 3.20). Les bonnes choses réclamées ne nous seront pas accordées à contrecœur (Jacques 1.6). Ainsi donc, nous devrions prier avec assurance et confiance, à l'image d'Ézéchias. Après avoir lu la lettre de menaces du roi d'Assyrie, il « la déroula devant l'Éternel » (Ésaïe 37.14) et lui présenta une puissante prière de protection. Notre Dieu contrôle l'univers tout en étant notre Père céleste. C'est pourquoi Jésus dit que nous devrions prier avec « une insistance effrontée » (Luc 11.8, NBS). Le terme grec employé ici est remarquable, car le sens normal est « absence de retenue, impertinence ». Pourtant, même si l'auteur de l'épître aux Hébreux dit : « Servons Dieu d'une manière qui lui soit agréable, avec soumission et respect » (Hébreux 12.28), nous devons néanmoins répandre devant lui sans retenue, nos soucis.

Le second but de la prière de requête est *interne*. À travers nos demandes nous recevons paix et repos. Tout comme nous « perdons le contrôle » quand nous dormons, lors de requêtes nous le perdons en nous reposant sur Dieu et en lui faisant confiance pour s'occuper de nos besoins. Nous devons prier en nous imposant, sans avoir honte et rester en même temps dans une soumission sereine, sûrs que Dieu est plus sage que nous et désire le meilleur pour nous.

Les deux buts de la prière de requête apparaissent presqu'au tout début du livre des psaumes. Le Psaume 4 est une prière du soir, par laquelle nous disposons nos cœurs à accepter les événements du jour écoulé à la lumière de Dieu. Le Psaume 5 est une prière matinale, dans laquelle nous demandons à Dieu d'intervenir dans le monde. Ce psaume très direct réclame la protection de Dieu contre la menace réelle d'assassins et de menteurs (Psaumes 5.4-6). Remarquons néanmoins qu'au Psaume 5, David s'impose alors qu'au Psaumes 4.5-9, sa prière est soumise et le cœur en paix.

> *Mettez-vous en colère mais n'allez pas jusqu'à pécher!*
> *Réfléchissez, sur votre lit, puis taisez-vous!*
> *Pause*
> *Offrez des sacrifices conformes à la Loi*
> *et confiez-vous en l'Éternel!*
> *Ils sont nombreux ceux qui demandent: « D'où nous viendra donc le bonheur? »*
> *Ô Éternel, porte sur nous un regard favorable! Que notre vie en soit illuminée!*
> *Tu mets dans mon cœur de la joie, plus qu'ils n'en ont jamais*
> *quand leurs moissons abondent, quand leur vin nouveau coule.*
> *Dans la paix, je me couche et m'endors aussitôt;*
> *grâce à toi seul, ô Éternel, je demeure en sécurité.*

Remarquez combien David bénéficie d'une prière du soir: « Dans la paix je me couche et m'endors aussitôt. » Le but est dévoilé dans l'expression « en *paix* ». Elle vise à procurer à l'âme la même paix, spirituellement parlant, qu'une nuit de repos offrira physiquement au corps. L'âme et le corps ont un meilleur repos s'ils l'accomplissent ensemble. Une âme tourmentée connaîtra un sommeil agité empêchant le corps de jouir du répit nécessaire.

La prière du cœur en paix, celle qui affirme « que ta volonté soit faite », n'est ni louange ni repentance. Il s'agit avant tout d'une prière de requête dans laquelle nous déposons entre les mains de Dieu les besoins et les soucis qui constituent des fardeaux pour nous. Ainsi lorsque nous nous endormirons, notre âme ne sera pas accablée.

Comment David s'y prend-il pour apaiser son cœur ? Le Psaume 4 révèle une forme de « communion personnelle » ou de méditation où David persuade son cœur : « Tu mets dans mon cœur de la joie, plus qu'ils n'en ont jamais quand leurs moissons abondent, quand leur vin nouveau coule » (Psaumes 4.8), en d'autres termes : « Si je possède les privilèges de l'Évangile : l'assurance et l'accès à l'amour, la grâce et l'amitié de Dieu, alors toutes les autres richesses et valeurs pâlissent en comparaison. » Il y a bien des années, le jeune Jonathan Edwards a écrit un sermon dont voici le plan[343] :

1. Nos mauvaises choses se transformeront en bien (Romains 8.28),
2. Nos bonnes choses ne pourront jamais nous être enlevées (Psaumes 4.6-7), et
3. Les meilleures choses sont encore à venir (1 Corinthiens 2.9).

Si, alors que nous exposons nos requêtes à Dieu, nous nous voyons sombrer davantage dans le découragement, la colère ou la pitié de soi, c'est parce que nous n'avons jamais vraiment fait ce genre de travail sur notre cœur.

Ce que nous devrions demander

Trois sortes de requêtes ressortent des exemples bibliques : demander, se plaindre et attendre. Ne constituant pas des catégories absolues, elles peuvent donc se recouper. Il peut néanmoins se révéler utile de les examiner séparément.

Nous connaissons les prières ordinaires, celles que nous formulons pour nos propres besoins et pour ceux des autres. Les prières pour notre « pain quotidien », c'est-à-dire pour nous-mêmes, devraient couvrir la totalité de nos besoins spirituels, émotionnels et matériels. Il s'agit de prier pour être libéré des tentations et des péchés qui nous assaillent, recevoir clarté et énergie afin de bien accomplir nos tâches quotidiennes, être protégé contre les accidents et les maladies, avoir suffisamment de moyens financiers pour pourvoir à nos besoins et à ceux de notre famille, et par-dessus tout prier pour une communion et une intimité avec Dieu.

La prière pour les autres et pour le monde s'appelle l'intercession. Elle inclut les besoins des membres de notre famille et de nos amis mais aussi de ceux de nos adversaires et même de nos ennemis. Assurez-vous de prier pour les personnes rencontrées au cours de la journée qui souffrent ou vivent des difficultés. De nombreux textes bibliques encouragent la prière pour les malades (Jacques 5.15). Intercédez pour les personnes de votre entourage qui ne connaissent pas Christ, afin qu'elles puissent trouver la foi, surtout celles en recherche spirituelle. Priez également d'une manière générale pour l'Église et pour le monde. En ce qui concerne l'Église, priez pour qu'elle reste vivante, pour sa protection et sa fidélité. Pour le monde, priez pour la paix au lieu de la guerre et des combats, pour la prospérité au lieu de la pauvreté et de la faim, pour la liberté au lieu de la tyrannie et de l'esclavage, pour l'intégrité des dirigeants et l'équilibre des sociétés.

Une autre catégorie de requêtes fréquemment trouvée dans la Bible, particulièrement dans les psaumes, est ce qu'on appelle traditionnellement la « prière de lamentations ». C'est la prière de l'individu dans la souffrance et les difficultés, qui se débat avec la volonté de Dieu, remettant peut-être en question la façon dont Dieu agit et cherchant de l'aide pour comprendre et supporter[344]. James Packer qualifie cette forme de prière de « plainte ». Il reconnaît que personne n'aime les gens qui gémissent et se plaignent, mais il fait remarquer que, dans la Bible, lorsque des « drames s'abattent sur des gens bien [...] ceux-ci se sentent tout à fait libres de se plaindre longuement à leur Dieu. De plus, au regard des Écritures, il semblerait que ces lamentations ne soient rien d'autre qu'une manifestation de sagesse[345] ». La question plaintive adressée à Dieu : « Jusques à quand ? » est posée une vingtaine de fois dans les psaumes et constitue presque une caractéristique technique de cette sorte de prière[346].

Des circonstances variées provoquent des prières de lamentations et de plaintes : l'adversité lorsque des personnes ou des forces nous trahissent ou nous persécutent (cf. Psaumes 13, 55), la privation, surtout de la santé ou de biens matériels (cf. Psaumes 6, 38). Enfin, il existe également des prières liées à la solitude, lorsque la personne qui prie est loin de chez elle, a perdu sa famille ou a été abandonnée par ses proches et ses amis (cf. Psaumes 39, 79)[347].

Les psaumes contiennent une autre forme de prière de lamentation, qui empiète sur les autres catégories. On peut légitimement qualifier les Psaumes 39 et 88 de « prières dans l'obscurité ». Parfois toute notion de Dieu et tout espoir les ont désertées. Dans la plupart des « psaumes de découragement », tels que les Psaumes 42 et 43, nous voyons le psalmiste se reprendre en main et décider de sortir de sa torpeur. Cependant, le Psaume 88 s'ouvre et se clôt dans la noirceur. Certains chrétiens peuvent avoir l'impression de se trouver dans des ténèbres spirituelles depuis très longtemps.

Pourquoi ignore-t-on les lamentations et les plaintes dans les ouvrages contemporains sur la prière ? Les raisons sont multiples. Dans son livre *The Reformation of Suffering*

[La réforme de la souffrance], l'historien Ronald K. Rittgers explique que l'Église Catholique médiévale tout comme les Réformateurs luthériens ont minimisé la légitimité de la lamentation, parce qu'à leurs yeux il importait que les chrétiens acceptent joyeusement et stoïquement la volonté de Dieu[348]. Il peut s'agir d'une forme subtile de légalisme, où l'on s'assure les faveurs de Dieu en se comportant correctement et en refusant de se plaindre. Une autre raison de l'absence des lamentations dans la pensée et le comportement chrétien provient du caractère consumériste de tant de religions contemporaines. De nos jours, la majorité des Occidentaux qui croient en Dieu considèrent qu'il est dans l'obligation de faire tourner les choses à leur avantage dans la mesure où ils mènent une vie suffisamment bonne, d'après leurs propres principes. Selon l'expression de Christian Smith, il s'agit de la philosophie du « déisme thérapeutique moraliste[349] ». Ce léger moralisme contemporain ainsi qu'un légalisme plus ancien et plus rigide, bannissent tous deux la plainte des formes acceptables de prière.

James Packer s'inscrit en faux contre cette erreur. En tant que Britannique, il écrit : « À travers l'Histoire, la culture influencée par les mentalités nord-européennes a embrassé un idéal de comportement humain, celui de garder son flegme en toute circonstance. En conséquence, les personnes qui osent exprimer leurs plaintes personnelles en public sont méprisées et traitées de mauviettes, moralement inférieures ». Selon lui, un tel jugement se situe plus dans la lignée de l'héritage platonicien que dans l'interprétation biblique de la personne humaine. Les platoniciens croyaient en un dualisme corps-esprit dans lequel le raisonnement avait la première place tandis que les émotions étaient reléguées au niveau du corps. Ils pensaient qu'il fallait absolument contrôler et brider les émotions pour permettre le bon fonctionnement de la rationalité. La Bible, au contraire, considère le cœur et ses engagements d'amour, d'espérance et de foi, comme le siège de la raison et des sentiments. Par la prière, nous devons offrir et soumettre à Dieu nos pensées et nos émotions. Packer conclut ainsi : « Les plaintes [...] font partie intégrante de notre vie nouvelle de communion et de prière [...] la plainte devra donc, ou devrait tout au moins, être un élément récurrent dans la vie de prière de la personne née de nouveau[350]. »

La troisième et dernière catégorie majeure de requêtes est la « prière expectative ». Dans une de ses célèbres paraboles sur la prière, Jésus raconte l'histoire d'une veuve en difficulté, qui « venait constamment » devant un juge « pour lui dire : "Défends mon droit contre mon adversaire". » Jésus conclut : « Pouvez-vous supposer que Dieu ne défendra pas le droit de ceux qu'il a choisis et qui crient à lui jour et nuit ? » (Luc 18.1-8). La leçon de ce récit est double. Nous devrions être persuadés que Dieu nous entend, tout en étant extrêmement patients car Dieu agira à son heure. Nous devrions avoir envie de prier avec audace et persévérance, prêts à attendre des mois, voire des années, avant d'obtenir la réponse de Dieu : « Le Seigneur n'est pas en retard dans l'accomplissement de la promesse, comme certains se l'imaginent » (2 Pierre 3.9). Ce verset signifie, tout simplement, que notre perception du temps n'est pas synchronisée avec celle de Dieu. En comparaison, la sienne est celle d'un adulte et la nôtre celle d'un enfant de deux ans. Dieu a d'excellentes raisons de nous faire attendre longtemps avant de nous permettre de voir certaines prières exaucées.

En général, il faut des années de prières de requêtes à son actif avant d'acquérir la perspective indispensable pour comprendre certaines raisons du calendrier de Dieu. Parfois, nous prenons conscience de la nécessité d'un changement avant d'être en mesure d'accueillir favorablement l'exaucement de notre prière, sans que cela nous cause du tort. En d'autres cas, il s'avère que l'attente elle-même nous a amené ce que nous désirions, tout en améliorant notre tempérament, en le rendant plus patient, plus calme et plus solide. Il existe d'autres nuances et merveilles liées au sage agenda de Dieu, mais nous ne pouvons malheureusement que les entrevoir.

La prière non exaucée de Jésus

Nous avons déjà débattu du fait qu'en fin de compte, une prière « non exaucée » n'existe pas. Mais pour ceux qui ont prié Dieu de maintenir en vie un être cher pour finalement apprendre son décès, de tels arguments semblent irréfléchis. Voir Dieu rejeter certaines requêtes nous anéantit. Après une telle expérience, comment avoir encore confiance pour prier à nouveau ? Comment croire sincèrement que Dieu nous entend et nous répond, s'il rejette des demandes aussi désespérées venant du fond du cœur ?

En lisant les psaumes, nous constatons que David a maintenu sa confiance dans la prière malgré de nombreuses déceptions profondes dans sa vie et de requêtes rejetées. Lorsque son tout jeune fils est mort, par exemple, comment a-t-il pu continuer d'engager son cœur dans la prière (2 Samuel 12 ; Psaumes 51) ? Ses expériences avec Dieu dans le passé, où Dieu l'avait sauvé à de nombreuses reprises, ainsi que des révélations reçues de l'Esprit de Dieu dans son cœur, lui ont servi d'appui. Quant à nous qui vivons après la venue de Christ et qui croyons en l'Évangile, nous possédons des ressources bien plus grandes encore qui nous garantissent que Dieu entendra nos requêtes. Nous savons que Dieu nous répondra lorsque nous crierons à lui parce que, lors d'un jour effroyable, il n'a pas répondu à Jésus lorsque celui-ci l'a appelé.

À Gethsémané, Jésus a prié que la « coupe » de souffrances sur la croix lui soit épargnée. Pourtant, sa demande a été rejetée. Sur la croix même, il s'est écrié « Mon Dieu », mais il était bel et bien abandonné (Matthieu 27.46). Comment est-ce possible ? Jésus était l'homme parfait : il a servi Dieu de tout son cœur, de toute son âme, de toute sa pensée et de toute son énergie ; il a aimé son prochain comme lui-même (Marc 12.28-31). Il a ainsi entièrement accompli la loi de Dieu. Dans les psaumes, il est écrit : « Si j'avais gardé dans mon cœur des intentions coupables, Dieu ne m'aurait pas écouté » (Psaumes 66.18).

Les pécheurs méritent de ne pas recevoir de réponse à leurs prières. À cause de sa vie parfaite, Jésus était le seul être humain de toute l'Histoire qui était en droit de voir toutes ses prières exaucées. Il a pourtant été rejeté comme s'il avait chéri l'iniquité dans son cœur. Pourquoi ?

Naturellement, la réponse se trouve dans l'Évangile. Dieu a traité Jésus comme nous le méritions. Jésus a pris sur lui notre châtiment pour que le jour où nous croirons en lui, Dieu puisse nous traiter comme Jésus le méritait (2 Corinthiens 5.21). Plus précisément, les prières de Jésus ont reçu le rejet que nous, pécheurs, méritons afin que nos prières puissent être accueillies comme le méritent les siennes. C'est la raison pour laquelle, lorsque les chrétiens prient, ils ont ainsi la certitude que Dieu les entendra et leur répondra de la manière la plus sage. Quand Jésus a enseigné la prière à ses disciples, il leur a donné cette illustration :

> *Il y a des pères parmi vous. Lequel d'entre vous donnera un serpent à son fils quand celui-ci lui demande un poisson ? Ou encore, s'il demande un œuf, lui donnera-t-il un scorpion ? Si donc, tout mauvais que vous êtes, vous savez donner de bonnes choses à vos enfants, à combien*

> *plus forte raison le Père céleste donnera-t-il l'Esprit Saint à ceux qui le lui demandent.*
>
> Luc 11.11-13

Ce que dit Jésus est à la fois merveilleux et puissant. Si les pères terrestres, qui sont pourtant pécheurs, cherchent en général à rendre leurs enfants heureux, « *à combien plus forte raison* » notre Père céleste est-il dévoué à notre bien-être et à notre bonheur ? En d'autres termes, il n'y a jamais eu de père sur terre qui ne désire davantage que son enfant vive dans la joie que votre Père céleste. Aucun père humain n'a jamais voulu répondre aux demandes de son enfant, autant que Dieu ne désire répondre aux vôtres. Pourtant, nous savons que Dieu nous aime, mais aussi qu'il est saint et juste. Comment peut-il répandre ses bénédictions sur des pécheurs qui méritent le contraire ? Grâce à Jésus : il a reçu les scorpions et les serpents, afin que nous puissions recevoir notre nourriture de la table du Père. Il a reçu le dard et le venin de la mort à notre place (cf. 1 Corinthiens 15.55 ; Hébreux 2.14-15 ; Genèse 3.15).

Nous savons que Dieu nous répondra lorsque nous crierons « mon Dieu », parce que Dieu n'a pas répondu lorsque Jésus a poussé ce même cri sur la croix. Pour Jésus, les « cieux étaient d'airain » ; il a eu le Grand Silence en réponse, afin que nous puissions avoir la certitude que Dieu nous entend et répond.

Nous devrions adresser à Dieu des demandes audacieuses et précises, assidues, et formulées avec ardeur et honnêteté, tout en restant soumis dans la patience à sa volonté et à son amour empli de sagesse. Tout cela à cause de Jésus. Tout cela en son nom.

Chapitre 15
Mise en pratique : la prière quotidienne

Une histoire de prière quotidienne

Selon Paul, nous devrions « prier sans cesse » (1 Thessaloniciens 5.17), c'est-à-dire avoir conscience de Dieu, si possible, toute la journée, tout au long de nos activités (1 Corinthiens 10.31). Chaque incident de la journée devrait baigner dans une musique de fond intérieure faite de joie et de reconnaissance (Colossiens 3.16-17). Ce genre de prière spontanée et constante, devrait faire partie de nos habitudes. Elle ne sera possible que si nous développons une discipline de prière régulière et quotidienne.

La prière quotidienne est une pratique biblique qui remonte à la nuit des temps. « Trois fois par jour [Daniel] se mettait à genoux pour prier et louer son Dieu » (Daniel 6.11). La pratique médiévale des prières quotidiennes à heures fixes, aussi appelées « offices », trouve ses racines dans les reproches de Jésus formulés à ses disciples endormis : « Vous n'avez pas été capables de veiller une seule heure avec moi ! »

(Matthieu 26.40). Dans les monastères, on assistait chaque jour à de nombreux offices de prière. Cependant, Alan Jacobs observe que les sept moments quotidiens à heures fixes des prières monastiques ont fini par se révéler intolérables physiquement. Il s'agissait des Matines (à minuit), des Laudes (à trois heures), de la Prime (à six heures), de la Tierce (à neuf heures), de la Sexte (à midi), de la None (à quinze heures), des Vêpres (à dix-huit heures) et des Complies (à vingt et une heures). Beaucoup d'ordres en ont éliminé une partie ou les ont réparties entre les différents groupes de frères ou de sœurs[351].

Lorsque la Réforme est parvenue en Grande-Bretagne, le réformateur Thomas Cranmer s'est attaqué à la problématique des personnes qui travaillaient à plein temps et souhaitaient prier quotidiennement. Ses préoccupations se portaient également sur les habitudes médiévales de prière, si étroitement liées à un calendrier liturgique détaillé à l'extrême, et qui n'offraient au peuple que de courts passages bibliques dans le cadre de la liturgie du jour. Selon lui, elles empêchaient les gens de se familiariser avec la Bible tout entière. Dans la préface du *First Book of Common Prayer* de 1549, Cranmer a affirmé que les premiers pères de l'Église s'étaient assurés que « toute la Bible (ou sa plus grande partie) soit lue en l'espace d'un an » au fil des offices et des prières de l'Église[352].

Il résolut le problème en supprimant les moments trop nombreux de prière quotidienne tout au long de la journée, à l'exception des Matines et des Vêpres. Puis il inséra au début de son livre de prières, un calendrier proposant la lecture quotidienne de quatre chapitres de la Bible, deux pour la prière du matin et deux pour celle du soir. Comme Cranmer le fait remarquer dans l'introduction à son calendrier, cela signifiait que tout l'Ancien Testament serait lu une fois et le Nouveau Testament deux fois en une année, à l'exception des généalogies, de certaines portions du Lévitique et de quelques passages de l'Apocalypse[353]. De plus, Cranmer a ordonné une immersion dans les psaumes. Il adaptait ainsi une pratique du clergé à la vie du peuple. Alors que les moines, au fil de leurs sept offices quotidiens, pouvaient couvrir les psaumes chaque semaine, Cranmer a établi un programme permettant de parcourir la totalité des 150 psaumes en un mois, grâce à une lecture matin et soir[354].

Il en résulta un magnifique remaniement de l'ancien modèle : l'Office Quotidien Protestant était né. Ce dernier met fortement l'accent sur la lecture systématique des Écritures, appelle deux fois par jour à des prières communautaires ou individuelles d'adoration, de confession et de reconnaissance tout en laissant de la place pour des requêtes libres. Il offre un plan pour une lecture suivie des livres de la Bible appelée *lectio continua*.

À l'époque, cette « protestantisation » de la prière quotidienne est aussi tentée par des églises non anglicanes, même si les presbytériens, les congrégationalistes et bien d'autres mettent moins l'accent que Cranmer sur les prières écrites. Jean Calvin compose quant à lui cinq modèles de prières, simples et brefs, dont peuvent se servir les chrétiens pour les cinq moments de la journée où il leur conseille de prier[355]. Il appelle à prier « lorsque nous nous levons le matin, avant de nous atteler au labeur quotidien, lorsque nous nous asseyons pour prendre notre nourriture, lorsque, par la grâce divine, nous avons mangé, et lorsque nous sommes prêts à nous retirer pour dormir[356] ». Il faut remarquer que la plupart des Églises protestantes ont adopté le schéma de la prière individuelle du matin et de la prière familiale du soir. Le célèbre guide de lecture biblique annuel du pasteur presbytérien Robert Murray M'Cheyne, composé en Écosse au début du XIXe siècle, proposait deux chapitres le matin pour la prière individuelle et deux chapitres le soir pour la prière familiale[357]. De plus, les Églises libres réformées ont remplacé les lectures biquotidiennes de psaumes par le chant de psaumes afin de les enraciner dans le cœur et l'esprit des gens[358].

Plus récemment, dans les facultés chrétiennes, on a considéré la pratique d'un unique « culte personnel » quotidien comme obligatoire et ce sur deux ou trois générations d'étudiants. Dans les années 1930 et 1940, des responsables évangéliques britanniques et australiens ont produit un petit livret intitulé : *Quiet Time : A Practical Guide for Daily Devotions*, d'abord publié par InterVarsity Press aux États-Unis en 1945[359]. Ce livret de trente pages s'est vendu à un million d'exemplaires et a influencé la littérature et les guides évangéliques depuis lors[360].

Cette brochure consacre de nombreuses pages à la question du culte personnel, discipline requérant beaucoup de volonté, nécessitant la recherche d'un endroit tranquille et d'une mise en condition de l'esprit par la pensée que Dieu lui-même souhaite passer du temps avec nous. Les auteurs proposent d'utiliser un journal intime pour y consigner les fruits de notre temps d'étude de la Bible et de terminer par un moment de prière d'une durée équivalente (vingt minutes au minimum).

Au centre de la partie la plus pratique de ce fascicule se trouve un résumé des habitudes de prière de George Müller (1805-1898), célèbre pasteur baptiste allemand, fondateur d'orphelinats, qui a vécu presque toute sa vie en Angleterre. Müller était connu pour sa vie de prière, décrite dans certains de ses essais autobiographiques. La méditation des Écritures lui importait beaucoup ; c'était un moyen d'envahir son cœur de chaleur pour l'amener à prier. En cela, Müller suivait les directives de Martin Luther. Sa méthode de méditation était classique. Il s'aidait d'une liste de questions, très semblables à celles de Luther, qu'il appliquait à ses lectures. La brochure « Quiet Time » s'en inspire grandement :

- Ce texte contient-il un exemple à suivre ?

- Dois-je obéir à un commandement ?
- Dois-je éviter une erreur ?
- Dois-je abandonner un péché ?
- Dois-je saisir une promesse ?
- Y-a-t-il une nouvelle pensée sur Dieu ?[361]

Après l'étude biblique et la méditation, la prière est présentée comme l'action de s'approcher de Dieu en confessant d'abord nos péchés, puis de répondre en le remerciant et en le louant pour notre salut obtenu à la croix. Vient ensuite l'intercession et finalement les requêtes pour nos propres besoins[362].

Pratique contemporaine de la prière quotidienne

Le culte personnel évangélique de la fin du XXe siècle a eu tendance à minimiser l'expérience de la prière et à insister sur l'étude des textes : souligner un passage particulier, le paraphraser, observer sa structure littéraire. Un guide de méditation quotidienne proposait même ces questions : « Ce passage contient-il des idées récurrentes indiquées par la répétition d'un même mot ou expression, contient-il des mots ou des idées en opposition ? [...] Va-t-il du particulier au général, ou au contraire, du général au particulier[363] ? » Un tel exercice nécessite un bon entraînement et peut difficilement s'accomplir en quelques minutes chaque matin. Son but était de promouvoir une méthode quotidienne d'étude biblique inductive visant plus l'interprétation du texte que la méditation et à la communion avec Dieu. Cette forme d'étude était centrée davantage sur la connaissance et n'inclinait pas naturellement à l'adoration. Puisqu'elle était suivie de la prière, les requêtes pour les besoins et la confession des péchés prédominaient.

Pour de nombreux chrétiens, le culte personnel traditionnel des évangéliques, constitué d'étude interprétative de la Bible et de la prière de requêtes était un exercice bien trop rationaliste. En réaction, poussés par le désir d'une expérience plus profonde avec Dieu, beaucoup de protestants se sont tournés vers des traditions plus proches des catholiques et des orthodoxes orientaux, comme la *Lectio Divina*, les prières contemplatives et la prière liturgique à heure fixe : les Heures.

Les ouvrages de Phyllis Tickle, *The Divine Hours* constituent la meilleure compilation moderne de l'ancienne liturgie des Heures. D'une manière très pratique, Tickle rassemble sur une même page de courts psaumes et passages bibliques, quelques couplets de cantiques, des péchés qui ont pu être commis ainsi que des prières. Sa présentation est ainsi plus lisible que celle des guides traditionnels de l'office divin. Cependant son œuvre refuse de prendre en compte plusieurs des innovations protestantes de Cranmer sur la prière quotidienne. Elle préconise trois ou quatre sessions de prière au lieu de deux et elle s'éloigne de la lecture biblique systématique et consécutive, préconisée par Cranmer, Calvin et d'autres Réformateurs[364].

Cependant, l'incitation de Tickle aux prières écrites ne s'oppose pas aux coutumes de la Réforme. Bien qu'en dehors du milieu anglican, des pasteurs comme John Bunyan se soient fortement opposés à toute forme écrite de prière[365], certains de ses contemporains, dont John Owen, pensaient qu'elles avaient leur utilité si des hommes pieux les avaient composées en « puisant dans leur propre expérience et dans la lumière de l'Écriture[366] ». De telles prières pouvaient alors toucher le cœur, servir de guide et stimuler nos propres prières[367].

Il nous appartient de trouver ce qui nous convient en matière de prière quotidienne et de culte personnel. D'une façon générale, je pense qu'il est nécessaire de sortir de la pratique traditionnelle évangélique du culte quotidien contemporain ainsi que de la mode actuelle du retour à la spiritualité médiévale. Les lecteurs de cet ouvrage ne seront pas surpris de m'entendre dire que nous aurions beaucoup à apprendre des habitudes de prière des théologiens protestants des XVIe, XVIIe et XVIIIe siècles. À la lumière de ces auteurs, je vois plusieurs importants changements à entreprendre.

Je suis convaincu qu'il est important de prier *plus souvent* qu'une fois par jour comme le préconise le culte quotidien classique. Luther pensait qu'il fallait prier deux fois par jour, tandis que Calvin conseillait de brèves prières énoncées plus fréquemment. Pour structurer la journée, les croyants d'antan semblaient s'accorder sur le fait que nous devions tourner nos pensées vers Dieu à intervalles réguliers, plus d'une fois en vingt-quatre heures. Je suis d'accord avec la plupart des Églises protestantes : deux fois par jour est une bonne chose, bien qu'il ne faille pas en faire une règle rigide. En ce qui me concerne, prier matin et soir est ce qui me convient le mieux, mais il m'arrive de passer un bref moment de prière improvisé au milieu de la journée pour renouer avec le fil de mes prières matinales.

Je crois que la prière quotidienne devrait être *plus biblique*, c'est-à-dire plus enracinée dans la lecture et l'étude systématiques de la Bible et la méditation du contenu. Dans cet ouvrage, j'expose longuement les raisons de cette conviction. Les plans de lecture annuels de Cranmer ont disparu de la plupart des livres de « prière commune » en usage dans le monde, mais on les retrouve dans les réimpressions des éditions de 1549 et 1552. Le guide de lecture biblique quotidienne de M'Cheyne, aisément disponible sous toutes ses formes sur internet et ailleurs, permet de lire la Bible à son rythme selon sa disponibilité. Dans tous les cas, la prière doit précéder ou accompagner la lecture systématique et suivie de la Bible.

La prière quotidienne personnelle devrait être *plus intimement liée à la prière collective* de l'Église. Calvin souhaitait que les chrétiens se forment à la prière à travers les prières publiques et les psaumes chantés pendant l'adoration en commun[368]. Luther a écrit qu'il priait deux fois par jour, soit en se réfugiant dans sa chambre, « ou bien, suivant le jour et l'heure, dans une Église où une congrégation est réunie[369] ». Il montre à quel point il importait aux grands enseignants de l'Église que la vie de prière ne devienne pas une affaire strictement privée. Il est juste et nécessaire que nous apprenions à prier non seulement en lisant les psaumes et le reste de la Bible, mais également en écoutant et en lisant les prières de l'Église. Aujourd'hui, de nombreuses Églises, particulièrement celles dans la mouvance de la louange contemporaine, n'apportent pratiquement aucune aide à leurs membres dans ce domaine. Ils n'entendent que les prières spontanées des responsables de la louange ou celle qui clôture le message. On n'offre pas de prières soigneusement choisies, ayant résisté à l'épreuve du temps, comme si elles appartenaient au passé. De nombreux chrétiens devront donc se procurer de telles prières, d'où l'aide valable de l'incomparable *Collecte pour la pureté* de Cranmer[370].

Enfin, notre temps de culte personnel devrait aussi inclure une méditation et pas seulement une étude biblique, et nous *entraîner vers une plus large palette d'expériences*. Nous devrions nous attendre à vivre davantage de luttes, de plaintes et de « noirceur de l'âme », mais aussi une plus grande admiration mêlée de respect, une intimité et une expérience de la réalité spirituelle de Dieu plus profondes. John Owen dit clairement que si les manifestations d'affection de notre cœur ne font pas partie intégrante de nos prières, un vrai changement de caractère et une croissance dans la ressemblance à Christ sont impossibles. Il ne nous est pas possible de nous contenter de moins.

Déroulement d'un culte personnel

La question la plus terre à terre est celle-ci : « Comment passez-vous votre temps dans la prière ? » Un petit livret très utile, *My Path of prayer*, contient une série de très courts essais écrits par des dirigeants chrétiens qui relatent leurs méthodes de culte personnel[371]. Un des coauteurs, Selwyn Hughes, offre la description suivante de sa propre vie de prière. Il prie dès qu'il se lève. Il lit un passage de la Bible, le médite et inclut un psaume s'il en a le temps. Il prend ensuite un moment pour « apaiser son âme », prendre conscience de la présence de Dieu ainsi que du privilège et de la puissance de la prière. Ensuite il se met à prier. Il commence toujours par des prières de louange, d'adoration et de reconnaissance envers Dieu. Ensuite, écrit-il, je « prie pour ma condition spirituelle personnelle ». Il s'examine lui-même, confesse son péché et s'en repent. Il aborde ensuite les requêtes pour lui-même, pour ses connaissances, pour l'Église et pour le monde. Il termine en apaisant à nouveau son âme et son cœur pour s'assurer avoir bien entendu les choses que Dieu voulait particulièrement lui apprendre pendant ce temps de médiation et de prière[372].

Ce compte-rendu manque cruellement d'originalité. Il ressemble étonnamment aux pratiques de culte personnel de beaucoup d'hommes éminents, Martin Luther inclus. Je pense donc qu'il est possible de définir un modèle de culte quotidien, dans l'assurance qu'il sera utile à de nombreuses personnes. Gardez à l'esprit que ni les détails ni l'ordre indiqué ne sont gravés dans le marbre, dans la Bible ou dans toute autre tradition religieuse. Je suggère cette progression : évocation, méditation, prière tirée de la Parole, prière libre et contemplation.

L'évocation. Évoquer signifie « se remémorer », mais peut aussi avoir le sens d'*in*vocation : implorer Dieu. Il est reconnu, presque universellement, de prier « en réfléchissant à qui vous allez vous adresser, ce qu'il a accompli pour vous ouvrir un accès à lui [...] où vous en êtes dans vos rapports avec lui [... et] le fait impressionnant qu'à travers sa Parole et son Esprit le Seigneur Jésus construit une relation d'amitié avec vous[373] ». Un des moyens d'y arriver est de se remémorer la place de la trinité dans la prière. Dieu est désormais votre Père et il s'engage à vouloir votre bien. Grâce à Jésus vous avez accès au trône de l'univers puisqu'il est votre médiateur, votre avocat et votre sacrificateur. Le Saint-Esprit est Dieu lui-même vivant en vous. Il vous incite et vous aide à prier. Son but est que vous sachiez que Dieu entend chacune de vos prières.

Méditez brièvement les versets qui parlent de ces vérités. Vous pouvez aussi lire un des psaumes utilisés traditionnellement pendant l'adoration pour entrer dans la présence de Dieu, comme le Psaume 95. Vous pouvez également choisir une des prières éprouvées par l'Église, comme celles de Thomas Cranmer, en guise d'introduction à votre moment de prière[374]. Ne consacrez pas plus de quelques minutes à l'évocation.

La méditation. Pour répondre à Dieu dans la prière, nous devons écouter sa Parole, à savoir prendre du temps pour en méditer un passage qui servira de tremplin dans la prière. Il ne faut pas s'attendre à ce que notre vie de prière en soit enrichie du jour au lendemain. Des années de lecture et de compréhension des Écritures permettent de se livrer beaucoup plus facilement à la méditation. Il faut étudier la Bible avec assiduité pour pouvoir grandir dans la foi, mais il est erroné de consacrer la plus grande partie du culte personnel à une étude exégétique approfondie. Il en résulterait peu de temps pour méditer et prier, voire aucune envie de le faire.

Si vous êtes un nouveau converti, il serait peut-être judicieux d'étudier la Bible en profondeur en dehors des moments consacrés au culte personnel. La Bible ressemblera de moins en moins à un fatras confus d'idées bizarres et incompréhensibles, et vous aurez de plus en plus de facilité à la lire et à la méditer chaque jour. À cette fin, vous pouvez lire la Bible en entier, en prenant votre temps. Vous pouvez y parvenir en trois ans en lisant un chapitre par jour. Parcourez ensuite un commentaire sur le chapitre lu. Il existe de bons commentaires concis en un seul volume[375]. Prenez des notes et annotez les chapitres sur lesquels vous voudriez revenir plus tard. Vous pourriez vous y reporter pendant votre culte personnel et les relire en réfléchissant et en méditant comme expliqué précédemment. Les étapes de votre culte personnel pourraient donc être les suivantes : premièrement l'évocation, puis la lecture biblique et la méditation et enfin la prière.

Prière tirée de la Parole. Martin Luther décrit une phase souvent ignorée, mais importante de la prière. Après avoir médité les Écritures, il prend le temps de « prier le texte » avant de passer à une forme de prière plus libre. Comme nous l'avons dit, la méditation n'est pas une prière au sens strict, mais plutôt une forme de réflexion où l'on se met en communion. Lorsque le psalmiste dit : « Retrouve donc ta paix, mon âme », il pratique cette inclination du cœur qu'est la méditation. Cependant, si vous utilisez l'approche à la méditation de Luther : tirer du passage un élément pouvant servir de base à la louange, à la repentance et à l'élévation vers Dieu, alors il est possible de directement transformer la méditation en prière. Les psaumes peuvent facilement se muer en prières. « Prier les psaumes » est une forme importante de prières tirées de la Parole, dont le temps a prouvé l'efficacité. (Voir plus loin les quelques commentaires complémentaires.)

Nous avons déjà détaillé la méthode de Luther pour prier un passage biblique. Il conseille de prendre le « Notre Père » et d'en paraphraser chaque requête avec nos propres mots en y incluant nos préoccupations du jour. Pour moi, c'est probablement la meilleure façon de passer de la Parole à la prière étant donné que le « Notre Père » est le modèle de prière par excellence de Jésus. Je suggère de s'y adonner au moins une fois par semaine dans le cadre de cette phase de votre culte personnel quotidien.

La prière libre. *Prier librement* signifie simplement répandre son cœur dans la prière. Cependant, presque tous les bons guides conseillent de veiller à garder un équilibre entre ces trois formes de prière : adoration et reconnaissance, confession et repentance, requête et intercession. Cet ordre ne doit pas rester figé. Mais passer régulièrement d'une forme à l'autre, en suivant l'arrangement qui vous convient le mieux, peut constituer une bonne discipline. Les listes de sujets de prières et de préoccupations trouveront leur place ici. Par contre, il importe de se souvenir de la mise en garde de James Packer concernant les prières de requêtes : elles peuvent constituer un moyen très puissant de transformation de notre vie à condition de ne pas les dénaturer en « liste de courses », mais en prenant le temps de faire monter chaque sujet vers Dieu dans une formulation biblique réfléchie, en examinant son cœur.

Si vous débutez, il sera peut-être très utile de vous référer à l'ancien ouvrage de Matthew Henry, *Une méthode de prière*[376]. Comme nous l'avons déjà dit plus haut, Henry a tiré des Écritures des centaines de prières qu'il a organisées et classées par catégories puis par sous-catégories. Elles concernent la louange, la confession, les requêtes, la reconnaissance, l'intercession et la conclusion. Si vous avez le sentiment que votre source de prières libres s'est tarie, l'ouvrage d'Henry apportera de l'eau à profusion à votre moulin.

La Contemplation. Nous avons déjà passé beaucoup de temps à expliquer ce que nous entendons ou pas par « *contemplation* ». Edwards a décrit la contemplation comme des périodes où non seulement nous savons que Dieu est saint, mais où nous ressentons (nous « voyons », nous « touchons ») sa sainteté dans notre cœur. Luther le décrivait comme un moment où il se « noyait » dans un aspect particulier de la vérité ou du caractère de Dieu. Dans la version originale de son livre en allemand, il dit littéralement qu'il lui est arrivé d'avoir des pensées sur Dieu qui « vagabondaient » ; elles prenaient des proportions énormes et perturbantes. Alors il s'arrêtait pour suivre la direction de l'Esprit. Voici son récit :

> Il m'arrive souvent de m'égarer [...] dans une des requêtes du Notre Père. Alors je laisse là les six autres. Quand des pensées aussi bonnes et riches surgissent, nous devrions [...] les écouter en silence et en aucun cas les faire taire. Car c'est le Saint-Esprit lui-même qui prêche, et un seul mot de son sermon vaut mieux que mille de nos propres prières [... Donc] si le Saint-Esprit se présente et commence à parler à votre cœur, vous donnant des pensées précieuses et éclairées [...] gardez le silence et écoutez[377].

Comme nous l'avons vu lorsque nous avons analysé la méditation selon John Owen, nous ne devrions pas penser qu'après avoir vécu cette expérience, nous allons forcément orienter notre cœur et ce que nous aimons, vers Dieu, et que le Saint-Esprit nous amènera à penser différemment, comme en témoigne Luther. Il ne s'agit pas d'une norme, loin de là. Il est possible que nous commencions et terminions notre culte personnel avec la notion de sécheresse spirituelle et d'absence de Dieu. Dans ce cas, pour la dernière phase de la « contemplation » nous pourrions simplement prendre la meilleure pensée sur Dieu que nous ayons reçue, le louer et l'en remercier, puis, lui demander sincèrement de s'approcher de nous et de nous faire voir sa face, quand il le trouvera bon.

Vous trouverez ci-dessous deux plans pour un culte personnel : un premier plus complet, offrant plus de défis, un second plus simple, destiné à ceux qui débutent. Ils ne doivent pas vous empêcher d'avancer. Suivez-en les différentes étapes : approche (l'évocation), méditation, prière tirée de la Parole, prière libre, contemplation. Ne vous sentez pas obligé d'observer toutes les suggestions ni de répondre aux questions de tous les paragraphes. La prière va grandir en vous pour vous amener naturellement à prier.

Modèle de culte personnel

Culte du matin (25 minutes)

S'approcher de Dieu

Demandez sa présence et son aide pendant que vous lisez et priez. Choisissez une de ces invocations tirées de la Bible : Psaumes 16.8 ; 27.4, 9-10 ; 40.16-18 ; 63.1-3 ; 84.5-7 ; 103.1-2 ; 139.7-10 ; Ésaïe 57.15 ; Matthieu 11.28-30 ; Jean 4.23 ; Éphésiens 1.17-19 ; 3.16-20.

Lecture de la Bible et méditation

(Attention : il n'est pas possible de compléter les étapes ci-dessous en une seule session.)
Étude du passage : Lisez-le trois ou quatre fois. Établissez la liste de tout ce qui est dit sur Dieu (Père,

Fils et Saint-Esprit) et sur vous; finalement, notez les exemples à suivre, les commandements auxquels il faut obéir (ou les choses dont il faut s'abstenir) et les promesses sur lesquelles s'appuyer. Choisissez ensuite le verset (et la vérité) le plus frappant et le plus utile et paraphrasez-le.

Méditation: Répondez aux questions suivantes:
- Dans ce passage, qu'est-ce que j'apprends sur Dieu et en quoi ces éléments devraient me pousser à louer Dieu ou à faire preuve de reconnaissance?
- Que révèle le texte sur mon péché? Quels sont les éléments qui devraient me pousser à la confession et au repentir? Quelles sont les mauvaises attitudes, émotions, mauvais comportements ou les idoles qui naissent en moi lorsque j'oublie cette vérité?
- Ce passage me révèle-t-il un besoin personnel? Que dois-je faire ou devenir dans ce cas? Comment dois-je présenter ce besoin à Dieu?
- Dans quelle mesure Jésus-Christ, ou sa grâce, est-il essentiel pour m'aider à vaincre le péché que je viens de confesser ou pour répondre à mon besoin?
- Finalement: De quelle façon cette démarche changerait-elle ma vie si je l'entreprenais sérieusement, c'est-à-dire si cette vérité prenait pleinement vie en moi avec une véritable efficacité? Pour quelle raison Dieu me révèle-t-il ces choses maintenant? Que se passe-t-il dans ma vie pour qu'il attire mon attention sur ces choses aujourd'hui?

Prière

Faites de chacune de ces méditations un sujet de prière : adoration, confession, requêtes et reconnaissance envers Jésus et son salut.
- Priez pour vos besoins et soucis pressants.
- Passez un dernier instant à savourer sa personne et sa présence.

Prière du soir (15 minutes)

S'approcher de Dieu

Demandez-lui sa présence et son aide pendant que vous lisez et priez.

Lecture de la bible et méditation

Lisez un psaume, si possible parcourez l'ensemble du livre des Psaumes deux fois par an.

Prière

Transformez ce psaume en une prière personnelle que vous adresserez à Dieu.
- Repensez à votre journée et confessez vos péchés ou vos mauvaises attitudes.
- Repensez à votre journée et priez pour les personnes rencontrées ou pour celles qui sont dans le besoin ou en difficulté.
- Priez pour les besoins que vous considérez urgents et importants et qui vous pèsent.

Un plan plus restreint pour le culte personnel (15 minutes)

S'approcher de Dieu
Prenez conscience du privilège de la prière et de la présence de Dieu. Demandez-lui son aide pour la prière.

Méditation
Lisez un passage biblique. Cherchez une ou deux vérités et choisissez celle qui vous frappe le plus. Résumez-la en une phrase. Répondez à ces questions : Comment cette vérité m'aide-t-elle à louer Dieu ? Me montre-t-elle un péché à confesser ? Me montre-t-elle une requête à faire monter vers Dieu ?

Prière tirée de la Parole
Incluez vos réponses à ces trois questions dans une prière d'adoration, de requête et de supplication.

Prière libre
Priez pour les sujets que vous avez à cœur, quels qu'ils soient. Passez également du temps à remercier Dieu pour la façon dont vous le voyez œuvrer dans votre vie et prendre soin de vous.

Contemplation
Prenez un moment pour remercier et admirer Dieu pour ce qu'il vous a montré aujourd'hui. Terminez sur une note de louange.

Prier les psaumes

Depuis deux millénaires, l'Église a utilisé les psaumes comme livre de prières. La célèbre épître d'Athanase d'Alexandrie, grand théologien africain du IVe siècle, adressée à Marcellin, en témoigne. Il écrit : « Quel que soit ton besoin ou tes difficultés, tu peux, dans ce livre particulier [les psaumes] trouver les paroles appropriées qui [...] t'enseigneront comment soulager tes maux. » Athanase poursuit en expliquant que les psaumes nous montrent comment louer Dieu, nous repentir ou nous montrer reconnaissants, en nous donnant chaque fois des « paroles appropriées » pour y parvenir. Il termine en concluant : « En toute circonstance, nous verrons que ces divins cantiques nous conviennent et répondent au besoin de notre âme[378]. » Toute situation ou émotion humaine trouve son écho dans les psaumes. S'immerger dans ces textes et les transformer en prières enseigne à notre cœur la « grammaire » de la prière. Nous recevons l'instruction la plus formatrice sur la manière de prier conformément au caractère et à la volonté de Dieu.

Comment prier les psaumes ?

Dans la liste de solutions proposées, les méthodes détaillées ci-dessous ont fait leurs preuves[379]. L'une d'entre elles est la prière dite « mot à mot ». Un grand nombre de psaumes sont déjà des prières où un lien direct s'établit entre Dieu et l'auteur, de sorte que nous pouvons simplement « prier chaque mot tel qu'il figure dans le texte ». Le Psaume 90 se prête bien à cette méthode : « Seigneur, d'âge en âge tu as été notre refuge. Avant que soient nées les montagnes, et que tu aies créé la terre et l'univers, de toute éternité et pour l'éternité, toi, tu es Dieu[380]. »

La deuxième méthode, peut-être la plus commune, consiste à paraphraser et à personnaliser les psaumes. Nous pouvons nous inspirer de l'exemple de Luther qui paraphrasait les versets du Notre Père. En souhaitant vous inspirer du début du Psaume 59 : « Oh mon Dieu ! Délivre-moi de mes ennemis ! », vous vous direz sans doute que vous n'êtes pas entourés d'adversaires cherchant à vous assassiner ou à vous anéantir. Cependant le Nouveau Testament désigne nos ennemis : le monde, la chair et le diable (voir 1 Jean 2.16 ; Apocalypse 12.9). Vous pouvez voir les tentations qui vous assaillent ou les pièges dans lesquels vous pourriez facilement tomber et les paraphraser dans ce psaume[381].

Une troisième méthode pourrait s'appeler « la prière réceptive[382] ». De nombreux psaumes sont longs et s'apparentent plus à un enseignement qu'à une prière (dont ils n'ont d'ailleurs pas la forme). Cette approche consiste donc à isoler des thèmes ou des affirmations et à les utiliser pour stimuler votre adoration, votre confession et vos supplications. Ce procédé s'appuie essentiellement sur la méthode de Luther de méditation biblique sur les psaumes. Mais il ne faut pas aborder ces techniques de façon rigide. Beaucoup de psaumes se prêtent plutôt à l'une qu'à l'autre ; avec le temps, vous n'y réfléchirez même plus. Vous sauterez à loisir de l'une à l'autre et vous inventerez même des formes hybrides.

Pour donner un exemple, prenons les cinq versets suivants tirés du Psaume 116 (v. 1-2, 7, 17-18) :

Oui, j'aime l'Éternel, car il m'entend
lorsque je le supplie :
il m'a prêté l'oreille ;
je l'invoquerai donc tous les jours de ma vie. (v. 1-2).
Retrouve donc ta paix, mon âme,
car l'Éternel t'a fait du bien. (v. 7)
Je t'offrirai un sacrifice, pour marquer ma reconnaissance,
et je m'adresserai à toi, ô Éternel.
Oui, devant tout son peuple,

> *j'accomplirai les vœux que j'ai faits envers l'Éternel (v. 17-18)*

Voici comment nous pourrions reformuler ces versets sous forme de prière :

Versets 1-2 : *Je t'aime Seigneur, car lorsque j'ai demandé d'obtenir miséricorde, tu me l'as accordée. Tu l'as fait encore et encore, Seigneur. Rien que pour cela, Seigneur, je ne veux jamais cesser de dépendre de toi ; jamais au grand jamais. Où irais-je sans toi ? Je n'ai nulle part où aller.* (Prière paraphrasée)

Verset 7 : *Ô Seigneur, mon cœur ne se repose pas assez sur ta bonté, il n'accueille pas suffisamment profondément la consolation que ta grâce lui offre. Il est trop agité. Aide-moi à te connaître. Que ta bonté soit si réelle pour mon cœur qu'il parvienne à un repos complet.* (Prière réceptive)

Versets 17-18 : *Je t'offrirai un sacrifice pour marquer ma reconnaissance, et je m'adresserai à toi, ô l'Éternel. Je mènerai une vie digne de mon baptême et de mon appartenance à ton Église. Je ne le ferai pas tout seul, mais au sein de la communauté de ton peuple.* (Prière mot à mot, légèrement paraphrasée)

Une grande partie de la saveur et de la beauté des psaumes vient de leur façon de nous parler du Messie à venir : Jésus-Christ. Nous pouvons en libérer la puissance dans notre vie de prière si nous apprenons à les prier en gardant Jésus à l'esprit. De quelle façon ?

Pour commencer, nous devrions nous rappeler que Jésus a chanté et prié les psaumes durant toute sa vie. Devant un psaume particulier, pensez à la façon dont il l'aurait abordé sachant qui il était et ce qu'il était venu accomplir. Lorsque nous lisons un psaume de lamentations, nous le voyons à la lumière de nos propres souffrances et émotions. Souvenez-vous cependant de ce que Jésus a souffert. En lisant un « psaume de refuge », souvenez-vous que Jésus nous « couvre », qu'il nous pardonne et nous purifie de nos péchés, car ils sont pour nous un vrai danger[383].

Finalement il existe un certain nombre de psaumes à caractère messianique évident qui nous offrent des images de Christ extrêmement riches, par exemple : le Messie sur le trône (Psaumes 2, 110), le Messie rejeté (Psaumes 118), le Messie trahi (Psaumes 69, 109), le Messie mourant et le Messie ressuscité (Psaumes 22, 16), l'Époux céleste de son peuple (Psaumes 45), et le Messie triomphant (Psaumes 68, 72)[384]. Ces Psaumes nous donnent l'occasion de contempler la grandeur et la beauté de Jésus, de l'adorer et de trouver notre repos en lui.

Où en êtes-vous ?

J'utilise souvent une métaphore pour demander aux chrétiens d'évaluer leur culte personnel. Imaginez que votre âme soit un bateau, avec des rames et une voile. Avec cette image en tête, posez-vous quatre questions :

Êtes-vous en train de « naviguer » toutes voiles dehors ? Cela signifie que vous vivez votre vie chrétienne avec le vent en poupe. Votre cœur ressent Dieu comme une réalité. Vous ressentez souvent son amour. Vous recevez des réponses à vos prières. Quand vous étudiez la Bible, vous voyez régulièrement des choses remarquables et vous entendez sa voix.

Vous remarquez que les gens autour de vous sont influencés par l'Esprit qui vit en vous.

Êtes-vous en train de « ramer » ? Cela signifie que la prière et l'étude de la Bible s'apparentent plus à un devoir qu'à un plaisir. Dieu vous semble souvent distant (mais pas toujours), et vous ressentez assez rarement sa présence. Vous voyez peu de réponses à vos prières. Vous vous débattez peut-être avec des doutes sur Dieu et vous-même. Pourtant, vous refusez malgré tout de vous apitoyer sur votre sort *ou* de céder à l'orgueil du pharisien qui suppose qu'il est mieux placé que Dieu pour savoir comment sa vie doit se dérouler. Vous persévérez dans votre lecture de la Bible et dans la prière, vous louez Dieu avec votre communauté, et vous vous mettez au service des autres malgré votre sécheresse spirituelle intérieure.

Êtes-vous en train de « dériver » ? Cela signifie que vous vivez toutes les conséquences liées au fait de « ramer » : sècheresse spirituelle et difficultés dans la vie. Par contre, au lieu de ramer, vous réagissez en vous laissant dériver. Vous n'avez pas envie de vous rapprocher de Dieu ni de lui obéir, alors vous ne priez pas et vous ne lisez pas la Bible. Vous cédez à vos penchants égocentriques qui surgissent spontanément dès que l'on s'apitoie sur son sort. Et votre dérive vous mène à des comportements où vous vous remontez le moral en ne vous refusant rien : échappatoires dans la nourriture, le sommeil, la sexualité ou autres.

Êtes-vous en train de « sombrer » ? Finalement, votre bateau, votre âme, dérivera loin des couloirs de navigation, pour ne plus faire aucun mouvement vers la vie chrétienne. L'insensibilité de cœur peut se transformer en dureté à force de se laisser aller à des pensées de pitié de soi et de ressentiment. Si un coup dur survenait, vous pourriez complètement abandonner votre foi et votre identité de chrétien.

Cette métaphore nous montre que nous sommes responsables de certaines choses comme le fait d'utiliser de manière disciplinée les moyens que la grâce nous offre : la Bible, la prière et l'assiduité à l'Église. En outre, nous avons peu de contrôle sur beaucoup d'autres choses, comme les circonstances ou nos émotions. Si vous persévérez dans la prière, l'adoration et l'obéissance, en dépit de circonstances et de sentiments négatifs, vous n'irez pas à la dérive. Quand le vent se lèvera à nouveau, alors vous avancerez rapidement. Par contre, si vous négligez les moyens de la grâce, au mieux vous dériverez, au pire, si des tempêtes surviennent dans votre vie, vous risquerez de faire naufrage.

Dans tous les cas, priez quoi qu'il arrive. *Prier c'est ramer*. Parfois cela revient à ramer dans l'obscurité : vous ne ressentez aucune avancée, même imperceptible. Pourtant vous aurez bougé. Et lorsque la brise se lèvera enfin, ce qu'elle ne manquera pas de faire, vous naviguerez à nouveau toutes voiles dehors.

Le grand festin

Ces images nautiques aideront peut-être les amateurs de voile. On trouve cependant dans la Bible une autre métaphore souvent utilisée pour décrire la communion avec Dieu : le festin. Ésaïe attendait avec joie le jour où Dieu mettrait fin à la mort, guérirait le monde et conduirait son peuple pour l'inonder de son amour. Il imagine ce jour comme un grand banquet :

> *Le Seigneur des armées célestes préparera lui-même*
> *pour tous les peuples [...] un festin de vins vieux,*
> *et de mets succulents,*
> *des mets tout pleins de moelle*
> *arrosés de vins vieux et dûment clarifiés.*
> *Et il déchirera [...]*
> *le voile de tristesse qui couvre tous les peuples,*
> *la couverture recouvrant toutes les nations.*
> *Il fera disparaître la mort à tout jamais.*
> *Et de tous les visages le Seigneur, l'Éternel,*
> *effacera les larmes,*
> *et sur toute la terre, il fera disparaître*
> *l'opprobre pesant sur son peuple.*
> *L'Éternel a parlé.*
>
> Ésaïe 25.6-8

Le mot « voile » fait référence au linceul dont on recouvrait les corps pendant les funérailles. À la fin des temps, nous recevrons non seulement le pardon de Dieu (« il fera disparaître l'opprobre pesant sur son peuple ») mais le « voile » sera également ôté, c'est-à-dire les souffrances, la mort et les larmes. Partager un repas est l'une des métaphores bibliques les plus courantes sur l'amitié et la communion. Cette vision est donc une éloquente prophétie sur le caractère éminemment proche et intime de la relation qui nous unira au Dieu vivant. Elle évoque les plaisirs de la dégustation de mets exquis en présence d'amis précieux. Le « vin » de la profonde communion avec Dieu et nos bien-aimés sera un délice sans fin.

Il est fort possible que Jésus ait eu ces prophéties à l'esprit lors des noces de Cana. Il savait que le grand banquet de la fin des temps serait un repas de *noces* (Apocalypse 19.6-9) au cours de laquelle sa fiancée, c'est-à-dire son peuple, viendrait à lui (Apocalypse 21.2-5). À Cana, quand Jésus constate qu'à cause d'une mauvaise organisation le vin vient à manquer au milieu de la fête, il prend des jarres remplies d'eau destinée à la purification et transforme cette eau en vin, afin qu'au lieu de la consternation, la joie soit à son comble (Jean 2.1-11). Lors du Repas du Seigneur, Jésus compare son sang au vin. Nous pouvons comprendre ainsi que sa mort sur la croix sera la base de l'allégresse finale liée à la fête que nous vivrons avec lui pour l'éternité.

Pourtant ce vin spirituel, cette communion avec le Seigneur, n'est pas qu'un événement futur. Comme nous l'avons vu, nous sommes invités à le vivre aujourd'hui même : « *goûtez* et constatez que l'Éternel est bon » (Psaumes 34.9). Au moins partiellement, « constater » et « goûter » désormais son amour, est possible (2 Corinthiens 3.18). Le célèbre compositeur de cantiques du XVIIIe siècle, William Cowper, souffrait de dépression cyclique, mais cela ne l'a pas empêché d'écrire :

Un rayon de lumière illumine parfois
Le croyant qui vers Dieu fait envoler sa voix,
C'est l'Esprit qui s'élève, saupoudrant sous ses ailes
Un vent de guérison.

Quand la consolation déserte notre table
Il accorde à notre âme
Un regain d'espérance
Et notre cœur si sec se met à reverdir.

Perdus dans nos pensées nous pensons au Salut
Découvrant chaque fois des joyaux inconnus.
Délivrés de nos peines, nous disons pleins de joie
Au jour qui va venir : Nous ne te craignons pas.

Nous pouvons la vivre par intermittence et de manière épisodique, néanmoins la communion avec Dieu est disponible dès à présent. Souvenez-vous de George Herbert qui appelait la prière « le banquet des Églises », et de Dwight Moody qui, un jour après avoir prié n'avait pu dire que ces mots : « Dieu s'est révélé à moi, et son amour m'a tellement submergé que j'ai dû le supplier de retenir sa main[385]. »

Pourquoi nous contenter d'eau alors que nous pourrions avoir du vin ?

Annexe : Autres exemples d'organisation de culte personnel

Trois moments de prières quotidiennes à heures fixes :

Prière du matin (*35 minutes*)
    Au réveil (voir les prières quotidiennes, page suivante)
    Lire et prier le Psaume 95.
    Lire votre Bible (deux chapitres par jour) en suivant le guide de Robert Murray M'Cheyne[386].
    Choisir vos versets favoris et les méditer (méthode de Martin Luther).
    Prier en parlant à Dieu de ce que vous avez médité.
    Prière libre : adoration, confession, supplication.

Prière avant le travail ou les cours (voir les prières quotidiennes, page suivante)

Midi (*5 minutes*)

Lire et prier le Psaume 103.
Paraphraser le « Notre Père » et le prier (méthode de Luther).
S'examiner : Vous êtes-vous montré irritable et orgueilleux ou au contraire agréable et humble ? Avez-vous été froid et indifférent ou bien chaleureux et bienveillant ? Avez-vous été inquiet et stressé ou vous êtes-vous reposé sur Dieu ? Avez-vous été lâche ou sincère ?
Prière libre au sujet des défis de la journée.

Prière après le repas de midi (voir les prières quotidiennes, plus bas)

Prière du soir (*20 minutes*)

Lire et prier (2 psaumes), à l'aide d'un commentaire.
Confesser les péchés de la journée et s'en repentir.
Prier pour les besoins des personnes rencontrées ce jour-là.
Intercession pour la famille, les amis, les ennemis, les voisins, les personnes avec des soucis, des fardeaux, des souffrances, l'Église en général, la vôtre en particulier, les besoins de votre ville et de votre communauté, ceux du monde.

Prière avant de s'endormir (voir les prières quotidiennes, plus bas).

Prières quotidiennes inspirées des prières de Jean Calvin[387].

Prière au saut du lit
Mon Dieu, mon Père et mon Sauveur, puisqu'il t'a semblé bon de me faire la grâce de me garder en vie pendant la nuit et jusqu'à aujourd'hui, veille à ce que je consacre mon temps entièrement à ton service, afin que toutes mes œuvres concourent à la gloire de ton nom et à l'édification de ceux qui m'entourent. Puisqu'il te plait de faire briller ton soleil sur la terre pour illuminer nos jours, veille également me donner la lumière de ton Esprit pour illuminer mon intelligence et mon cœur. Puisqu'il ne sert à rien de bien commencer sans persévérer, je te supplie de continuer à accroître en moi ta grâce jusqu'à ce que tu m'aies conduit dans la pleine communion avec ton Fils, Jésus-Christ notre Seigneur, le véritable soleil de nos âmes brillant jour et nuit, éternellement et à jamais. *Entend ma voix, Père miséricordieux, en Jésus-Christ notre Seigneur, amen.*

Prière avant de commencer d'étudier ou de travailler
Mon Dieu si bon, mon Père et mon Sauveur, veuille m'accorder ton aide par ton Saint-Esprit afin que je puisse accomplir efficacement le travail auquel tu m'as appelé, pour l'amour de ton nom et de ceux qui m'entourent, plutôt que pour mon propre intérêt et pour ma gloire. Donne-moi la sagesse, le discernement et la délicatesse, et délivre-moi de mes grands péchés. Donne-moi accès à la véritable humilité. Permets-moi d'accueillir avec patience l'efficacité ou les difficultés dans le travail que tu me confieras aujourd'hui. Dans tout ce que je vais entreprendre, permets-moi de toujours me reposer dans le Seigneur Jésus-Christ et dans sa grâce seule pour mon sa-

lut et ma vie. *Entends ma prière, Père miséricordieux, en Jésus-Christ notre Seigneur, amen.*

Prière après le repas de midi

Seigneur mon Dieu, je te rends grâce pour toutes les bénédictions et pour tous les dons que tu répands sur moi constamment. Merci de soutenir mon corps en lui donnant de la nourriture et un toit ; merci de la vie nouvelle découlant de l'Évangile et de l'assurance d'une vie encore à venir meilleure et parfaite. Pour toutes ces bénédictions je t'implore que tu ne permettes pas que mon cœur soit pris au piège de passions déréglées pour les choses du monde, mais qu'il soit toujours attiré vers les choses d'en haut, où Christ, ma vie, règne à la droite du Père. *Écoute ma prière, Ô Père de miséricorde, dans le nom de ton Fils Jésus-Christ, amen.*

Prière avant de s'endormir

Seigneur mon Dieu, veuille me faire la grâce non seulement d'accorder le repos à mon corps cette nuit, mais aussi de donner, dans ta grâce et ton amour, le repos spirituel à mon âme et à ma conscience, afin que je puisse abandonner mes soucis terrestres et trouver confort et aise en toutes choses. Puisqu'aucun jour ne passe sans que je ne pèche de bien des façons, veuille recouvrir toutes mes offenses de ta miséricorde, afin que je ne m'égare pas loin de ta présence. Pardonne-moi pour l'amour de Christ, Père miséricordieux. Alors que je sombre dans le sommeil et qu'en vertu de ta grâce je m'éveillerai en toute sécurité dans quelques heures, veuille toujours garder en moi la certitude vivante et joyeuse que quoiqu'il advienne, un jour je me lèverai pour de bon, à la résurrection, parce que Jésus-Christ s'est endormi dans la mort pour moi et qu'il s'en est relevé d'entre les morts pour ma justification. *C'est en son nom que je prie. Amen.*

Remerciements

Aucun livre n'est écrit que par son seul auteur. Les remarques de mon éditeur, Brian Tart, de mon épouse Kathy et de mon collègue Scott Kauffmann de City to City ont nettement contribué à la pertinence de cet ouvrage. Mes remerciements vont vers les personnes comme Janice Worth, Lynn Land, Mary Courtney Brooks et John et Carolyn Twiname. Sans eux, il me serait impossible de m'échapper pour me consacrer à l'étude et à l'écriture quelques semaines par an. Je remercie mon éditeur, Brian Tart et mon agent, David McCormick, pour toute l'aide apportée au cours de toutes ces années. D'ailleurs, chaque livre publié (et ce dixième volume produit ensemble) me fait comprendre l'importance de ma dette envers eux.

Les Éditions Clé remercient Marlyse Français, Mireille Muller, Dominique Frochot, Maria Piaget, Christian Mary, Élisabeth Crème et Marie Pluche pour leur aide précieuse lors de la préparation de la version française de ce livre.

Bibliographie choisie et commentée sur la prière

Cette bibliographie se limite aux livres qui ont nourri ma réflexion pendant la rédaction de cet ouvrage et qui se sont montrés profitables à ma vie de prière.

Théologie de la prière

Livres disponibles en langue française

Jean Calvin, *Institution de la religion chrétienne*, Charols : Excelsis, livre III, chapitre 20.
L'exposition de Calvin sur la prière reste sans égale. Très peu de livres de théologie systématique ont suivi cet auteur en incluant un important chapitre sur le sujet. Calvin est à la fois théologique, pratique et, comme toujours, exhaustif. Il est extrêmement rare de rencontrer une approche théologique au goût et à la saveur spirituelle élevée capable de donner au lecteur *l'envie* de prier.

Donald Carson, *La prière renouvelée*, Charols : Excelsis, 2005. Ce livre n'est ni un traité théologique ni un guide pratique. Néanmoins par son étude de la vie de prière de Paul en général et de ses prières en particulier, cet ouvrage regorge d'éclairages théologiques et pratiques.

Livres disponibles en langue anglaise
Donald Carson, *Teach Us to Pray: Prayer in the Bible and the World*. [Enseigne-nous à prier : la prière dans la Bible et dans le monde] Eugene, OR : Wipf and Stock, 2002.

Ouvrage le plus exhaustif de cette liste, ce volume unique explore la prière sous tous ses angles : bibliques, théologiques, psychologiques, anthropologiques, historiques, psychologiques et pratiques. Cet essai présente également des perspectives culturelles multiples.

Edmund Clowney, *Christian Meditation*. [La méditation chrétienne] Nutley, NJ : Craig Press, 1979.

Épuisé depuis longtemps mais utile comme nul autre. Clowney présente une critique acérée de la méditation transcendantale, philosophie au sommet de sa popularité dans les années 70. Toutefois, les grandes idées du mysticisme oriental se montrant plus envahissantes que jamais, ce livre a toujours son mot à dire. L'enseignement biblique de Clowney vaut non seulement pour la prière mais également pour la méditation chrétienne.

"A Biblical Theology of Prayer" [Théologie biblique de la prière]. Dans *Teach us to Pray: Prayer in the Bible and the World*. [*Enseigne-nous à prier : la prière dans la Bible et dans le monde*] édité par Donald Carson. Eugene, OR : Wipf and Stock, 2002.

D'une lecture peu aisée et grandement dépourvu de côtés pratiques, ce livre contient cependant le traitement le plus complet des textes bibliques sur la prière. Voir également le volume de Goldsworthy : *Prayer* [La prière].

John Jefferson Davis, *Meditation and Communion with God: Contemplating Scripture in an Age of Distraction* [*Méditation et communion avec Dieu : la considération des Écritures dans une époque d'égarement*]. Downers Grove, IL : InterVarsity Press, 2012.

Davis développe la doctrine biblique sur la méditation des Écritures en examinant l'implication de plusieurs doctrines et thèmes bibliques et théologiques cardinaux. Il aboutit à un rare équilibre en jetant un regard positif sur les expériences spirituelles tout en restant circonspect quant aux méthodes de méditation des religions orientales, de l'Église Orthodoxe orientale et du Catholicisme qui, selon lui, ne font pas suffisamment justice à l'autorité de la Parole et à la liberté de la grâce.

Graeme Goldsworthy, *Prayer and the Knowledge of God* [*La prière et la connaissance de Dieu*]. Downers Grove, IL : InterVarsity Press, 2003.

Goldsworthy développe l'enseignement biblique sur la prière d'abord d'une façon thématique, puis par sujet. Ensuite il reprend les textes bibliques en examinant les différentes phases de la prière tout au long de l'histoire de la Rédemption, à commencer par la création, la chute, puis Israël et la venue de Christ. Ce livre devrait être lu conjointement à celui de Carson, *Teach us to Pray* [*Enseigne-nous à prier*], et surtout au chapitre de Clowney, "A Biblical Theology of Prayer" [Théologie biblique de la prière].

La pratique de la prière

Livres disponibles en langue française

Jonathan Edwards, *Personal Narrative* [Journal intime] cité en Miklos Vetö, *La pensée de Jonathan Edwards*, Paris : L'Harmattan, 2007 ; *Une œuvre du Saint-Esprit : ses vrais signes*, Chalon-sur-Saône : Europresse, 2015.

Les deux récits d'Edwards se complètent. Le premier est le compte-rendu personnel d'une expérience spirituelle, et l'autre est l'analyse biblico-philosophique du mécanisme de l'expérience spirituelle. La lecture combinée de ces deux ouvrages est susceptible de bouleverser profondément une vie ou tout au moins la pratique du culte personnel.

Ole Hallesby, *La prière*, Éditions des Groupes Missionnaires, 2002.

Ce petit classique traite la prière sous l'angle de la « maintenance ». Au lieu d'en rappeler la fondation théologique ou d'en présenter les différentes étapes, Hallesby adopte une approche pastorale en répondant aux récriminations et aux objections les plus courantes. C'est peut-être pour cette raison que cette discussion paraît parfois théologiquement un peu légère ou spéculative. Néanmoins, globalement le livre donne au lecteur en difficulté l'assurance que Jésus est avec lui et l'encourage à persévérer.

Matthew Henry, *Méthode pour la prière, Prier avec la Bible à l'appui*, site internet : fr.matthewhenry.org, Alliance of Coffesing Evangelicals.

Ce site Internet reprend un livre unique en son genre. Henry a scruté les textes bibliques à la recherche de centaines de prières et les a organisées et classées en sous-sections sous les thèmes principaux suivants : louange, confession, requêtes, remerciements, intercession et conclusion. Le site Internet fournit une multitude de conseils particuliers sur la façon d'adorer, de confesser les péchés, de rendre grâces et de faire monter une requête vers Dieu. Tout ce qui vous reste à faire est de personnaliser les catégories en y mettant vos propres sujets et particularités. Par expérience, je sais que vous pouvez facilement passer toute une journée à prier en vous laissant guider par l'aide apportée par ce site.

Martin Luther, « Une manière simple de prier » in *Œuvres*, Tome 1, Genève : Labor et Fides, 1957.

Ce livre de Martin Luther réussit à allier pratique et profondeur. J'ai traité de façon substantielle ce petit ouvrage plus haut. Il mérite d'être relu chaque année.

John Owen, *La Gloire de Christ*, Québec : Sembeq (Diffusion Excelsis), 2010.

Livres disponibles en langue anglaise

John Owen, « A Discourse on the Work of the Holy Spirit in Prayer » [Discours sur l'œuvre du Saint-Esprit dans la prière]. Dans *The Works of John Owen* [Œuvres de John Owen], édité chez William H. Goold. Carlisle, PA : Banner of Truth, 1965, 4 : 235-350.

John Owen, « On the Grace and Duty of being Spiritually Minded » [Sur la grâce et le devoir d'être spirituel]. Dans *The Works of John Owen* [Les œuvres de John Owen], édité chez William H. Goold. Carlisle, PA : Banner of Truth, 1965, 7 : 262-497.

Owen n'était pas d'une lecture facile, même à son époque. Son style est encore plus indigeste aujourd'hui. Cependant ses travaux sur l'expérience spirituelle sont sans égal. Il combine réflexion théologique exhaustive et appel puissant à dépasser la simple adhésion doctrinale pour atteindre la connaissance personnelle et profonde de Dieu.

Prières et culte personnel

Livres disponibles en langue anglaise

Frederick C. Barbee, et Paul F.M. Zahl. *The Collects of Thomas Cranmer* [Les Collectes de Thomas Cranmer]. Grand Rapids, MI : Eerdmans, 1999.

Cet ouvrage présente les « Collectes » de Thomas Cranmer comme des modèles de prières publiques ou individuelles, accompagnés de brèves remarques sur la théologie de chaque prière et d'une note chronologique sur l'élaboration de chacune. En dehors de la Bible, ce sont des exemples de prière inestimables.

Arthur G. Bennett, éd. *The Valley of Vision : A Collection of Puritan Prayers & Devotions* [*La vallée des visions : recueil de prières & d'adoration puritaines*]. Carlisle, PA : Banner of Truth, 1975.

Ce recueil de prières des puritains est rédigé dans une langue plus contemporaine et la collection a résisté à l'épreuve du temps. Une des raisons en est que les prières qu'il présente diffèrent fortement de celles contenues dans la plupart des écrits dévotionnels courants. Le péché y est abordé beaucoup plus sérieusement et donc la gloire et la grâce y brillent avec plus d'éclat.

Œuvres populaires contemporaines

Livres disponibles en langue anglaise

James Packer et Carolyn Nystrom. *Praying: Finding Our Way through Duty to Delight* [*La prière : cheminer du devoir au plaisir*]. Downers Grove, IL : InterVarsity Press, 2009.

Ce livre est basé sur une série de discours, ce qui le rend parfois lourd et répétitif mais globalement il est le meilleur traité populaire sur la prière. Il en couvre tous les aspects fondamentaux et il nous invite, nous exhorte, nous incite directement à nous engager dans une vie de prière.

Eugene H. Peterson, *Answering God: The Psalms as Tools for Prayer* [*Répondre à Dieu : Les psaumes comme outils de prière*]. San Francisco : Harper & Row, 1989.

Parmi les livres sur l'utilisation des psaumes dans la prière, celui-ci est le meilleur. Il présente également une excellente approche théologique de la prière. Peterson n'a pas son pareil pour lier étroitement la prière à la Bible sur les plans théologiques et pratiques.

Timothy Ward, *Words of Life: Scripture as the Living and Active Word of God* [*Parole de Vie : L'Écriture en tant que Parole de Dieu vivante et active*]. Downers Grove, IL : InterVarsity Press, 2009.

Bien que cet ouvrage soit un livre sur la doctrine des Écritures ne faisant qu'effleurer le sujet de la prière, Ward souligne que la Bible est « le moyen le plus important que Dieu nous ait donné pour le rencontrer ». Il développe sa pensée en proclamant bien fort sa haute idée de l'autorité et de l'infaillibilité de la Bible. Sa déclaration a des implications énormes pour la prière. Avec une telle vue de la Bible, prière et méditation scripturaire conjuguées permettent de nouer un véritable dialogue ou conversation avec Dieu.

Le Notre Père

Livres disponibles en langue française

John Stott, *Matthieu 5-7, Le Sermon sur la Montagne,* Grâce et Vérité & GBU, 2013.

Livres disponibles en langue anglaise

James Packer, « Learning to Pray: The Lord's Prayer » [*Apprendre à prier : Le Notre Père*]. Dans *Growing in Christ* [*Croître en Christ*]. Wheaton, IL : Crossway, 2007, 153-220.

Le traitement du Notre Père par Packer est sans doute l'étude contemporaine la plus accessible et la plus concise sur le marché. Pour une exposition un peu plus fournie, voir également :

Richard Coekin, *Our Father: Enjoying God in Prayer* [*Notre Père : Se réjouir de Dieu dans la prière*]. Notthingham, UK : InterVarsity Press, 2012.

Lloyd-Jones, D. Martyn, *Studies in the Sermon on the Mount* [*Études sur le Sermon sur la Montagne*].. Grand Rapids, MI : Eerdmans, 1984.

Wright, N.T. *The Lord and His Prayer* [*Le Seigneur et sa prière*]. Grand Rapids, MI : Eerdmans, 1997.

Spiritualité contemplative

J'ai donné une critique étendue de la mystique contemplative chrétienne. Néanmoins, pour ceux qui restent à l'écart de ces sujets, voici quelques livres contenant des renseignements profitables.

Livres disponibles en langue française

Antoine Bloom, *L'école de la prière*, Paris : Seuil, 1972.

Un autre volume très connu, un classique de la tradition orthodoxe orientale.

Hans Urs Von Balthasar, *La Prière contemplative*, Le Plans-sur-Bex : Parole et Silence, 2002.

Cet ouvrage est peut-être l'ouvrage le plus important jamais écrit sur le sujet de la spiritualité catholique. Il propose des réflexions théologiques sérieuses et bien pensées sur la prière contemplative.

Livres disponibles en langue anglaise

Thelma Hall, *Too deep for words : Rediscovering Lectio Divina* [*Trop profond pour de simples mots : Redécouvrir la Lectio Divina*].Mahwah, NJ : Paulist, 1988.

Le livre de Hall est peut-être l'ouvrage le plus accessible d'introduction à cette tradition.

À propos de l'auteur

Timothy Keller est né et a grandi en Pennsylvanie. Il a ensuite étudié à l'Université Bucknell, à la faculté de théologie Gordon-Conwell et à la faculté de théologie de Westminster. Il a servi en tant que pasteur à Hopewell, en Virginie. Par la suite, il a implanté l'Église presbytérienne du Rédempteur à Manhattan, avec sa femme Kathy et leurs trois fils. Aujourd'hui, l'Église du Rédempteur est régulièrement fréquentée par plus de cinq mille personnes. Elle compte plus de deux cents nouvelles églises-filles dans le monde entier. Timothy Keller est aussi l'auteur de plusieurs livres disponibles en français : *Le Dieu prodigue* (Maison de la Bible) et aux Éditions Clé : *Jésus, une royauté différente, Le mariage, La souffrance, Les idoles du cœur* et *La Raison est pour Dieu*. Il vit à New York avec sa famille.

Notes

La mention [trad. Clé] est ajoutée en fin de note, dans le cas où nous n'avons pu retrouver une citation étrangère déjà traduite et publiée en français.

Introduction

1. Jonathan Edwards est un bon exemple d'approche complète. Ses écrits sur la nature de l'expérience spirituelle sont sans égal. Son ouvrage *Religious affections* [*Sentiments religieux*] et sa prédication « Une lumière divine et surnaturelle », par exemple, décrivent en détail ce « ressenti du cœur » qui est l'essence des rencontres spirituelles avec Dieu. Toutefois, Edwards ne s'étend pas beaucoup sur la méthodologie, sur comment méditer et prier.
2. Phelps Austin, *The Still Hour : Or Communion with God*, [L'heure silencieuse : ou la communion avec Dieu] Edinburgh : Banner of Truth, 1974, voir p. 9.
3. Bloesch Donald, *The Struggle of Prayer* [Le combat de la prière], Colorado Springs : Helmers and Howard Publishers,

1988. Bloesch suit de près la typologie de Friedrich Heiler, qui oppose prière "mystique" et prière "prophétique". Nous reviendrons plus en détail sur les thèses d'Heiler dans le chapitre 3.

4. Bloesch, *The Struggle of Prayer*, p. 131, [trad. Clé].
5. *Ibid.*, p. 154.
6. *Ibid.*, p. 97-117. En tant que protestant convaincu, je rejoins Bloesch sur ce point. Les protestants croient que la Bible est « suffisante ». C'est-à-dire qu'ils pensent que l'Esprit Saint nous parle par la Parole. Timothy Ward a écrit « Les Écritures […] sont le moyen qu'utilise Dieu pour agrandir son champ d'action dans le monde, pour entrer en relation avec nous et nous parler ». Ward Timothy, *Words of Life : Scripture as the Living and Active Word of God* [Paroles pour la vie: Les Écritures comme la Parole vivante et active de Dieu], Wheaton : IVP Academic, 2009, p. 113. Ward oppose le caractère suffisant de la Bible à la vision de l'Église catholique. Les réformateurs, comme Luther et Calvin, enseignaient que l'Esprit parlait « au travers de la Bible elle-même » plutôt qu'à travers « l'autorité ecclésiastique de plus en plus prononcée du Vatican », p. 109. Une forte vision protestante aura nécessairement une influence sur la manière de prier. Les réformateurs refusaient l'enseignement catholique selon lequel l'Esprit parle par la voix de l'Église (interprétant les Écritures) plutôt que par la Bible, ainsi que la doctrine anabaptiste selon laquelle l'Esprit pouvait donner de nouvelles révélations en plus de la Bible. Reportez-vous à la *Confession de Westminster* (1646) 1.6 pour un résumé de cette position. Ces deux visions ont mis à mal la notion de prière comme un dialogue avec Dieu. Le catholicisme sous-évalue l'idée que Dieu nous parle directement par le biais de sa Parole. Même chose chez les anabaptistes, puis chez les quakers, pour lesquels Dieu parle surtout à nos cœurs.

7. Voir John Piper, *Prendre plaisir en Dieu*, Québec : La Clairière, 1995 pour un résumé plus détaillé.
8. Bloesch remarque qu'il existe un « élément mystique irréductible » dans l'enseignement de la prière de Luther. Bloesch, p. 118.
9. Hans Urs Von Balthasar, *La Prière contemplative*, Le Planssur-Bex : Parole et Silence, 2002. Nous reviendrons sur son analyse dans ce livre.

Chapitre 1 : Prier : une nécessité

10. O'Connor, *A Prayer Journal*, New York : Farra, Strauss, and Giroux, 2013, p. 3, [trad. Clé].
11. *Ibid.*, p. 4.
12. *Ibid.*, p. 20.
13. *Ibid.*, p. 8.
14. *Ibid.*, p. 20.
15. *Ibid.*, p. 4.
16. *Ibid.*, p. 23.
17. Ballard Mary, « Robert Hammond : Leaving the High Live », *New York Times*, 27.11.2013.
18. <http://goindia.about.com/od/spiritualplaces/tp/Top-10-Rishikesh-Ashrams.htm> consulté le 16.09.2015.
19. Hoch man David, "Mindfulness : Getting Its Share of Attention", *New York Times*, 1.11.2013.
20. Voir l'article principal de *Christianity Today* de février 2008, signé Chris Armstrong : "The Future Lies in the Past. Why Evangelicals are connecting with the early church as they move into the 21st century" [L'avenir réside dans le passé. Pourquoi les évangéliques reviennent à l'Église primitive en ce début de 21ᵉ siècle] et l'article du 8 février 2008 du même auteur intitulé « Monastic Evangelicals » <http://www.christianitytoday.com/ct/2008/february/22.22.html > consulté le 25.09.2015.

21. De nombreuses voix se sont élevées, dans l'Église catholique, pour critiquer la prière dite « centralisée ou recentrée ». Elle a été accusée d'être plus proche des spiritualités asiatiques que de la chrétienté. Voir le document de 1989 : "Aspects of Christian Meditation". Pour la critique protestante, reportez-vous à Donald Carson, "Spiritual Disciples" in *Themelios*, Volume 36, 3e édition (novembre 2011) : « Autrefois, on a pu considérer l'étude de la Bible, la mémorisation, la méditation, la prière publique et privée, le respect du Sabbat, la charité envers les pauvres, les jeûnes, les différentes versions de la Sainte-Cène, le catéchisme, le suivi pastoral et la prédication, comme des « canaux de la grâce » ou des « expressions de la foi ». On peut parler de disciplines spirituelles et je n'hésiterai pas à le faire moi-même. Certains estiment que l'expression « disciplines spirituelles » peut être mal interprétée. Elle pourrait laisser penser que la rencontre avec Dieu est l'apanage d'une élite qui a gagné le droit d'être à ce niveau grâce à son zèle ». Voir aussi Carson, "When is Spirituality Spiritual ?" *Journal of the Evangelical Theological Society*, Volume 37, Issue 3 (septembre 1994).

22. Voir Lloyd-Jones Martyn, *The Sons of God : An Exposition of Chapter 8.5-17, Roman Series* [Les Fils de Dieu : Commentaire de Romains 8.5-17], Grand Rapids : Zondervan, 1974, p. 275-399. Lloyd-Jones pensait que le « témoignage » (Romains 8.15-16), le « sceau » (Éphésiens 1.13), et le « baptême » de l'Esprit (Actes) correspondaient à la même expérience. D'après sa position tout à fait originale, le baptême du Saint-Esprit est une expérience qui suit la conversion, un don de puissance réservé à un petit nombre de croyants. Pour Lloyd-Jones, les « réveils » sont des moments où le Saint-Esprit se déverse sur beaucoup plus de chrétiens. Comme tant d'autres admirateurs de ce pasteur, je ne pense pas pour autant que ces termes soient identiques ni qu'ils se réfèrent à la même expérience. La théologie de Lloyd-Jones a été fortement influencée

par la puissante expérience qu'il a vécue en 1949 au Pays de Galles, alors qu'il passait par des temps d'épuisement et de grandes difficultés. Toutefois, Lloyd-Jones pratique une exégèse plus rigoureuse lorsqu'il décrit le « témoin » de l'Esprit (Romains 8.16), comme une forte assurance que nous recevons dans la prière. Je pense qu'il a raison et que son explication éclaire et inspire. De plus, sa description de l'expérience de l'amour de Dieu dans son commentaire sur la prière de Paul en Éphésiens 3.13-21 est d'une grande richesse.

23. Schreiner Thomas, *Romans : Baker Exegetical Commentary on the New Testament* [Commentaire exégétique de l'épitre aux Romains], Grand Rapids : Baker, 1998, p. 427. Schreiner se démarque, avec respect, de Lloyd-Jones. Il ne croit pas que le témoignage de l'Esprit soit une expérience réservée à certains chrétiens.

24. Goold William, *The Works of John Owen* [Œuvres de John Owen], volume IX, Édimbourg : Banner of Truth, 1967, p. 237, [trad. Clé].

25. Murray John, *Redemption : Accomplished and Applied* [La rédemption accomplie et mise en œuvre], Michigan : Grand Rapids, 1955, p. 169-170. Italiques de l'auteur, [trad. Clé].

26. Jobes Karen, *1 Peter : Baker Exegetical Commentary on the New Testament* [Commentaire exégétique de 1 Pierre], Grand Rapids : Baker, 2005, p. 91. Ce verset biblique était l'un des préférés de Lloyd-Jones, il en a tiré le titre de son livre sur le baptême du Saint-Esprit.

27. Pour en savoir plus sur la manière d'utiliser les Psaumes dans la prière, reportez-vous au dernier chapitre de ce livre.

28. Lloyd-Jones Martin, *Preaching and preachers* [La prédication et les prédicateurs], Grand Rapids : Zondervan, 1971, p. 169-170.

29. Forysth Peter, *The Soul of Prayer* [L'âme de la prière], reprise de l'édition de 1916, Rough Draft Printing, 2012, p. 9 [trad. Clé].

Chapitre 2 : La grandeur de la prière

30. Comme nous l'avons déjà remarqué plusieurs fois, cette communion avec Dieu ne se réfère pas ici seulement à notre vie de prière individuelle et privée. La vie avec Jésus se cultive dans la louange et la prière publique comme privée, contrairement aux aléas extérieurs comme la santé, l'argent, le statut social, l'influence ou les relations humaines. Jean Calvin et les réformateurs pensaient que la prière publique des chrétiens en assemblée devait servir à enrichir le culte personnel de chacun d'eux. Michael Horton, résumant la vision de Calvin de la marche chrétienne, a écrit : « le ministère public bâtit le culte personnel ; et non l'inverse » (Horton Michael, *Calvin on the Christian Life* [La vie chrétienne selon Calvin], Whetaon : Crossway, 2014, p. 154).
31. Karen Blixen, *La ferme africaine*, Nrf, Gallimard : Paris, 1994, p. 224.
32. Cité en John McArthur, *Commentaires sur le Nouveau Testament, Les épitres de Paul*, Impact : Trois Rivières (Québec), p. 560.
33. Phelps Austin, *The Still Hour : Or Communion with God*, Édimbourg : Banner of Truth, p. 9, [trad. Clé].
34. Exemples de la vie de prière des patriarches : Genèse 20.17, Genèse 25.21, 32.9, et Genèse 15.2 et suivants. Isaac a trouvé sa femme grâce aux prières d'Abraham (Genèse 24.12, Genèse 15.45). Retrouvez le combat spirituel de Moïse contre Pharaon en Exode 8.8-9, 28-30, 9.28-29, 10.17-18.
35. La vie de prière de Samuel était de notoriété publique. Voir 1 Samuel 1.10-16, 2.1 et suivants.
36. 1 Rois 8.22-53, 2 Chroniques 6.14-42.
37. 1 Rois 8.30, 33, 35, 38, 42, 44, 45, 49.
38. Le livre de Jonas est pratiquement un recueil de prières : les intercessions des marins effrayés (Jonas 1), la confession de Jonas dans le ventre du poisson (Jonas 2), puis les réclama-

tions choquantes de Jonas contre (ce qu'il pensait être) la miséricorde irresponsable de Dieu (Jonas 4.2). Par la prière, Élie fait venir le feu du ciel devant le peuple, dans une mise en scène extraordinaire (1 Rois 18.36). Il sombre ensuite très vite dans une profonde dépression mais reçoit la tendre compassion de Dieu et de l'aide grâce à la prière (1 Rois 19.4). Élisée, le successeur d'Élie, sauve la vie d'un jeune garçon ainsi qu'une ville d'un siège grâce à la prière (2 Rois 4.33, 6.18). Quand le Roi Ézéchias reçoit une lettre des Assyriens menaçant de détruire Jérusalem, il prend la lettre qu'il « déroula devant l'Éternel » et prie. Dieu délivrera la ville (2 Rois 19.14-20). Ézéchias sera, par la suite, guéri d'une maladie grâce à la prière. Le livre d'Habacuc est un long dialogue sous forme de prière, entre le prophète et Dieu (Habacuc 3.1). Habacuc attend, en priant, la réponse à ses prières (Habacuc 2.1-3).

39. C'est la thèse développée par J. Thomson dans son article intitulé « Prière » dans James Douglas, *The New Bible Dictionary* [Nouveau dictionnaire biblique], Grand Rapids : Eerdmans, 1973, p. 1020. Voir Ésaïe 6.5ff, 37.1-4, Jérémie 11.20-23, 12.1-6.

40. Les trois prières quotidiennes de Daniel : Daniel 6.7-12. Sa prière de repentance demandant le retour d'exil : Daniel 9.1-18, la réponse est en Daniel 9.21-23.

41. Néhémie cherche à gagner, par la prière, les faveurs de l'empereur afin de reconstruire le mur de Jérusalem (Néhémie 1.1-11, 2.4). Il intercède pour la protection de Dieu jusqu'à la fin des travaux (Néhémie 4.9, 6.9). Quelque temps plus tard, Esdras protège, par la prière, le peuple revenant de l'exil en Juda (Esdras 8.23). Esdras (9.1 et suivants) et Néhémie se repentent tous deux et cherchent le pardon des péchés du peuple.

42. Christ apprend à ses disciples à prier en Matthieu 6.5-15, 21.22, Marc 11.24-25, Luc 11.1-13, 18.1-8. Il impose les mains aux petits enfants et prie pour eux en Matthieu 19.13. Il ressuscite Lazare au nom du Père en priant (Jean 11.41-42). Il sauve Pierre de

l'éloignement spirituel en priant (Luc 22.32). Il parle du temple comme d'une « maison de prière » en Matthieu 21.13, Marc 11.17, Luc 19.46. Jésus enseigne que certains démons ne pouvaient être chassés qu'en ayant une vie de prière (Marc 9.29). Il ne cesse de prier (Matthieu 14.23, Marc 1.35, 6.46, Luc 5.16, 9.18), parfois pendant toute une nuit (Luc 6.12). La prière au jardin de Gethsémané est retranscrite en Matthieu 26.36-45, Marc 14.32-40, Luc 22.39-46. Dieu ne répond pas à sa prière qu'il n'ait pas à souffrir à la croix. Il meurt en priant, hurlant d'agonie (Marc 15.35), il prie pour ses ennemis (Luc 23.34) et s'en remet à Dieu (Luc 23.46).

43. C'est la prière qui amène le pouvoir de l'Esprit en Actes 4.24, 31. Les responsables sont choisis et nommés par la prière en Actes 6.6, 13.3, 14.23. Les apôtres, les enseignants et responsables de l'Église primitive pensent qu'ils doivent se consacrer autant à l'enseignement de la Parole qu'à la prière (Actes 6.4). Tous les chrétiens doivent avoir une vie de prière fervente (Romains 12.2, 15.30, Colossiens 4.2). Ils prient de toutes sortes de manières pour des sujets variés (Éphésiens 6.18). Les époux peuvent même faire chambre à part pour se consacrer, temporairement, à la prière (1 Corinthiens 7.5). L'Esprit nous donne l'assurance et le désir de prier Dieu en tant que Père (Galates 4.6, Romains 8.14-16). Il nous permet de prier même lorsque les mots nous manquent (Romains 8.26). Tous nos désirs doivent être confiés à Dieu par la prière, sans quoi nous ne nous réfugierons que dans l'anxiété (Philippiens 4.6). Nous devrions prier pour tous nos proches (1 Timothée 2.1) et pour les malades (Jacques 5.13-16). Dieu entend ces demandes et y répond (Jacques 5.17-18). Chaque don devrait être « consacré » par la prière ; nous devrions remercier Dieu, sans quoi notre cœur s'enracinera dans l'illusion de l'indépendance (1 Timothée 4.5). La prière devrait inonder toute notre existence ; nous devrions « prier sans cesse » (1 Thessaloniciens 5.17) en cherchant la gloire de Dieu dans tout ce que nous fai-

sons (1 Corinthiens 10.31). Les prières et la louange de nos lèvres sont le sacrifice agréable à Dieu (Hébreux 13.15, Apocalypse 5.8).

44. Summers Charles, cité en Helen Wilcox, *The English Poems of George Herbert* [Poèmes anglais de George Herbert], Cambridge : Cambridge University Press, 2007, p. 177.

Chapitre 3 : Qu'est-ce que la prière ?

45. *Ibid*, p. 4-5. Des centaines de personnes se sont récemment réunies à Bodh Gaya, en Inde (lieu de naissance supposé du bouddhisme), pour prier pour la paix dans le monde. « Karmapa prie pour la paix dans le monde à Bodh Gaya », *The Times of India*, 14 décembre 2013.

46. Voir, par exemple, l'article « Réincarnation » sur le site officiel du Dalaï-Lama, qui affirme que l'on peut choisir ses dates et lieux de naissance ainsi que ses futurs parents selon leur vie de prière. <http://www.dalailama.com/biography/reincarnation> consulté le 25.09.2015.

47. Zaleski Carol et Philip, *Prayer : A History* [Une Histoire de la prière], Boston : Houghton Mifflin, 2005, p. 6-8, 23. On appelle « chamanisme » la pratique consistant à attirer l'énergie du monde spirituel sur le monde naturel par des chants et des transes. Cette pensée religieuse est très ancienne et semble se rencontrer dans le monde entier. *Le Kalevala*, recueil de poèmes épiques finnois, est un exemple classique d'activité chamanique. La création, le combat et la guérison se produisent dans les chansons, ce qui a des effets magiques et puissants.

48. Spilka Bernard, Ladd Kevin, *The Psychology of Prayer : A Scientific Approach* [Une approche scientifique de la psychologie de la prière], New York : Guilford, 2012, p. 3.

49. <http://www.bbc.co.uk/pressoffice/pressreleases/2004/02february/26/worldgod.shtml> consulté le 25.09.2015. Ce pourcen-

50. « La progression des non religieux : Un adulte sur cinq se déclare sans religion », *Pew Research Religion and Public Life Project*, 9 octobre 2012.

tage d'athées et d'agnostiques provient aussi d'une étude sociale citée en Spilka et Ladd, *The Psychology of Prayer*, p. 37.

51. Voir « La religion chez la génération Y », 17 février 2010, *Pew Research Religion and Public Life Project* sur <http://www.pewforum.org/2010/02/17/religion-among-the-millennials/> consulté le 25.09.2015.

52. Voir « Toward a Sociology of Prayer » [Vers une sociologie de la prière] en *Religion, Spirituality and Everyday Practice*, ed. Giuseppe Girodan et William Swatos Jr., New York : Springer, 2011. Giordan affirme ensuite que la prière est une « pratique globale », un effort pour établir une relation entre des êtres humains limités et fragiles et quelque chose de puissant (78). Les psychologues Bernard Spilka et Kevin Ladd, auteur de la recherche sur la religion la plus poussée jusqu'à présent, ne disent rien d'autre que « la prière est [...] essentielle à la façon dont on conduit sa vie ». Voir Spilka et Ladd, *Psychology of Prayer* [Psychologie de la prière], 4. Philip et Carol Zaleski, auteurs de l'étude contemporaine la plus poussée sur la prière et qui ont enseigné dans les universités les plus prestigieuses des États-Unis, concluent également que « partout où l'on trouve des êtres humains, on trouve la prière », même aux endroits où la prière est interdite « elle devient sous-terraine et continue à tracer son sillage dans l'âme humaine ». Zaleski et Zaleski, *Prayer : A History*, 4. Une autre étude classique, *La Prière*, du penseur allemand Friedrich Heiler, arrive à la même conclusion, en notant que la prière « a une multiplicité de formes extraordinaires » à travers le monde. Friedrich Heiler, *La prière*, Paris : Payot, 1931.

53. On a parfois affirmé que certaines tribus reculées vivaient sans aucune forme de religion. Daniel Everett est l'auteur de *Le monde ignoré des indiens Pirahãs*, Paris : Flammarion, 2010.

Il a étudié la tribu des Pirahãs (une tribu de moins de 500 personnes habitant dans la forêt amazonienne du Brésil) qui « croyait que le monde n'avait jamais changé et n'adorait aucune divinité supérieure » et qui étaient heureux de vivre « sans Dieu, sans religion et sans autorité politique ». Malgré ces postulats, les Pirahãs croient dur comme fer aux esprits et portent certains vêtements pour s'en prémunir <http://freethinker.co.uk/2008/11/08/how-an-amazonian-tribe-turned-a-missionary-into-an-atheist/> consulté le 25.09.2015.

54. Heiler, *La prière contemplative*, p. 5.
55. Cité en Bloesch, *The Struggle of Prayer* [Le combat de la prière], p. 7, [trad. Clé].
56. La plupart de ces prières sont citées et décrites en détail en Zaleskis' *Prayer : A History*. Une étude empirique du *Journal for the Scientific Study of Religion* [Journal pour l'étude scientifique de la religion] a dénombré au moins 21 manières chrétiennes de prier. Ladd Kevin et Spilka Bernard, « Inward, Outward and Upward Cognitive Aspects of Prayer » [Aspects cognitifs intérieurs, extérieurs et ascendants de la prière], 41, 475-484. Et « Inward, Outward, and Upward Scale Reliability and Validation » [Échelle de fiabilité et de validation intérieure, extérieure et ascendante], 45, 223-251. Ladd et Spilka cherchaient des échelles objectives et des analyses factuelles pour vérifier si les catégories proposées par Richard Foster dans *Prayer : Finding the Heart's True Home* [La prière : Trouver la véritable voie du cœur] étaient avérées.
57. Zaleskis, p. 27. Résumé des travaux des premiers théoriciens de la prière aux pages 24 à 28.
58. *Ibid.*, p. 27.
59. Contrairement à Freud, son contemporain, Jung n'analysait pas la religion comme le symptôme d'une sexualité refoulée et d'une immaturité psychologique. Il pensait que les expériences religieuses pouvaient être de bons moyens d'améliorer la vie psychologique. Jung enseignait que chacun d'entre nous

possède un inconscient, déterminé par nos expériences personnelles passées. Toutefois, nous possédons également un « inconscient collectif » : une conscience des symboles et des thèmes, partagée par l'humanité tout entière, qui ne vient pas de nos expériences. Voir Hopcke Robert, *A Guided Tour of the Collected Works of C.G. Jung* [Commentaire suivi des Œuvres complètes de Jung], Boston: Shambhala, 1999, p. 13-20 et 68.

60. Jung suit les penseurs orientaux pour dire que l'inconscient collectif existe car « le monde forme un tout dont le sujet et l'objet sont intrinsèquement liés, deux manifestations différentes de la même réalité » (Hopcke, p. 72). La maturité consiste alors à faire coïncider l'inconscient personnel et les symboles de l'inconscient collectif afin d'atteindre l'équilibre. Chacun doit être « individué » dans son image de soi tout en se percevant comme partie de la réalité interdépendante, pour échapper à l'égocentrisme et à l'illusion que nous ne faisons pas partie du grand tout de la réalité (Hopcke, p. 14-15).

61. Voir Hopcke, p. 68. « [Pour Jung], la religion était, d'abord, l'expérience religieuse, la rencontre avec le divin, qu'il appelait *numinosum*, terme emprunté à Rudolph Otto. Ce phénomène se manifeste dans les rêves, les visions et les expériences mystiques. La religion était, ensuite, la pratique religieuse, à savoir les doctrines et dogmes, ainsi que les rituels et les manifestations religieuses. [Pour Jung], ces pratiques étaient nécessaires pour protéger le peuple de la merveilleuse puissance d'une rencontre directe du sacré. Ces deux réalités, la pratique et l'expérience religieuse, étaient des phénomènes psychologiques qui trouvaient leur source interne et externe dans l'inconscient collectif ». Voir aussi page 97, où Hopcke décrit « l'archétype » jungien de l'inconscient collectif au sein du « moi » ; à savoir une conscience de notre unité avec notre réalité. « Jung percevait que cet archétype de l'unité était extrêmement bien représenté et développé dans l'imagerie religieuse. Ainsi, il comprit alors que la manifestation

psychologique du moi était l'expérience de Dieu ou "l'image de Dieu dans l'âme humaine" ». Hopcke affirme toutefois que Jung ne cherchait pas à « réduire l'être divin transcendant et tout-puissant à une expérience psychologique » mais essayait de montrer comment « l'image de Dieu existe dans la psyché » (p. 97). Toutefois, Jung pensait que l'on rencontrait Dieu en plongeant en soi-même, et non en lisant la révélation de Dieu donnée par les prophètes. Cela dénote que sa compréhension de Dieu se rapprochait de la vision asiatique d'un être divin immanent et impersonnel plutôt que de la vision biblique d'un Dieu transcendant et personnel révélé par la Bible. Voir aussi Jung, *Collective Works*, 11, p. 150 « quelle que soit la nature de ces expériences sacrées, elles ont toutes un point commun, elles proviennent d'une région qui dépasse la conscience. La religion les attribue à l'intervention d'un personnage divin alors que la psychologie utilise plutôt le concept de l'inconscient, et surtout de l'inconscient collectif pour désigner cette région. » Cité en Esther Harding en « What Makes the Symbol effective As A Healing Agent ? » [Comment le symbole peut nous guérir] en Gerhard Adler, Londres : Routledge, 2001, p. 3.

62. Jung a écrit la préface de l'ouvrage de référence *Introduction au bouddhisme zen* de D.T. Zuzuki, Paris : Buchet-Castel, 1978, p. 9-36. L'illusion sur la nature du soi est la confusion habituelle entre l'ego et le soi. Kukariya conçoit le « soi », le tout-Bouddha, comme « une perception intuitive de la nature de soi [...] une vie cosmique et un esprit cosmique en même temps qu'une vie individuelle et qu'un esprit individuel », p. 14-15. Jung soutient qu'il existe des similitudes entre la pratique bouddhiste du *satori* et les expériences mystiques du dominicain Maître Eckhart. Il cite Eckhart : « dans la percée [...] là je suis plus que toutes les créatures, là je suis ni Dieu, ni créature : *Je suis ce que j'étais et ce que je resterai maintenant et à jamais*. Là je reçois une secousse qui m'emporte et m'élève au-dessus des anges. Dans cette secousse je deviens si

riche que Dieu ne peut être assez pour moi, selon tout ce qu'il est, en (?) tant que Dieu, selon toutes les œuvres divines, car je conçois dans cette percée ce que moi et Dieu avons en commun. *Là, je suis ce que j'étais*, là je ne prospère ni ne dépéris car je suis quelque chose d'immuable qui meut toutes choses », p. 16.

63. Voir Harding What Makes The Symbol Effective as a Healing Agent ?", p. 14. Pour elle, si les expériences religieuses peuvent nous aider à dompter notre ego et à l'orienter vers quelque chose qui nous dépasse, les doctrines chrétiennes sont inutiles. Les chrétiens pensent que l'égocentrisme peut être atténué par la foi « en l'efficacité du sacrifice de Jésus », les psychologues, eux, pensent que « cela peut être accompli non par la foi mais par la thérapie et la prise de conscience », p. 15.

64. Voir *Le nuage de l'inconnaissance*, Anonyme anglais du XIVe siècle, Paris : Cerf, 2009. La plupart des penseurs chrétiens ayant utilisé le thème de l'inconscient jungien étaient catholiques. Voir aussi Chester Michael, Norrisey Marie, *Prayer and Temperament : Different Forms of Prayer for Different Personality Types* [La prière et le caractère : Différents types de prières pour différents types de personnalités], New York : Open Door, 1985. Le mouvement de la prière « centrée », instigué par Basil Pennington et Thomas Keating, associe pensée jungienne et théologie catholique. Voir Spilka et Ladd, *The Psychology of Prayer : A Scientific Approach*, p. 49.

65. La distinction que fait Heiler entre religion mystique et religion prophétique s'inspire des écrits du théologien luthérien suédois Nathan Soderblom. Les prières mystiques les plus pures se trouvent dans les religions asiatiques, notamment dans les Upanishad et le bouddhisme. Toutefois, Heiler pensait qu'un courant similaire a émergé dans le Christianisme dès le Ve siècle, avec Pseudo-Denys l'Aréopagite. Il s'est poursuivi et amplifié avec Maître Eckhart, Jean Tauler et le *Nuage de l'inconnaissance* au XIIIe siècle. Au XVIe siècle, Jean de la

Croix et Thérèse d'Avila se situent dans la même veine (p. 129 et 136). Pour Heiler, « la mystique divine du Christianisme [...] possède une chaleur personnelle, une intimité » supérieure à la « sobriété, la froideur et la monotonie de la mystique pure », Heiler, *La prière*, Paris : Payot, 1931, p. 284.

66. Le mysticisme est une « forme de relation avec Dieu dans laquelle nous trouvons une négation radicale du monde et du moi propre, où la personnalité humaine se dissout, disparaît et est absorbée dans l'Un infini de la divinité », Heiler, p. 283.
67. *Ibid.*
68. Les différents types de prières ne varient pas seulement dans leur forme extérieure mais dans leur essence. Ils diffèrent « dans la forme, dans le contenu, dans la représentation de Dieu, dans les rapports avec Dieu et dans les règles de prières », Heiler, p. 447.
69. Antoine Bloom, *Beginning to Pray* [Commencer à prier], Mahwah : Paulist Press, 1970, p. 45-56. Bloom cite Luc 17.21. Mais Jésus utilise la seconde personne du pluriel « Le royaume de Dieu est parmi vous [tous] ». La plupart des exégètes pensent que Jésus n'affirmait pas que le Royaume de Dieu est en chacun de nous, mais dans la communauté. Certains traduisent « Le royaume de Dieu est en vous ». Bloom prend toutefois soin de préciser qu'il n'encourage pas ses lecteurs à rentrer en eux psychologiquement. « Je ne veux pas dire que nous devons rentrer en nous-mêmes comme dans la psychanalyse ou la psychologie. Ce n'est pas un voyage dans mon *propre* intérieur, mais *au travers* de moi-même, afin de percer le plus haut niveau de nous-mêmes pour trouver l'endroit où Il est, le moment de la rencontre entre Dieu et moi », p. 46.
70. « La foi en la personnalité de Dieu et la culture de sa présence sont les deux présuppositions de la prière » p. 521.
71. *Ibid.*, p. 524.
72. *Ibid.*, p. 447.
73. *Ibid.*, p. 180.

74. *Ibid.*.
75. Zaleski *Prayer : A History*, inspiré des p. 204-208. Selon Pseudo-Denys, Dieu ne peut être connu qu'au travers des « ténèbres de l'inconnaissance » et non de la raison. La rationalité doit être abandonnée au profit de l'abnégation : « renoncer à tout ce que l'esprit peut concevoir » afin d'être « élevé dans l'ombre de la divinité ». *Le nuage de l'inconnaissance* revoit et réécrit les fulgurances de Pseudo-Denys, en précisant que ce qui nous permet de dépasser la raison et la conceptualisation est l'état de pur amour. Cependant, il faut pour cela grandir en vertu et se purifier du péché, avoir une envie et une passion de l'union avec Dieu et, enfin, pratiquer l'utilisation rigoureuse de la méthode contemplative. Le but est « d'entrer dans le nuage de l'inconnaissance », dans la présence de Dieu et d'y demeurer pour s'ouvrir à lui. Les pensées et les mots nous distraient de la conscience de Dieu ; même les soi-disant pensées sur lui. Demeurer dans la présence de Dieu signifie donc « rejeter toute pensée mondaine », c'est-à-dire « l'association, la fantaisie et l'analyse ». L'auteur conseille aux croyants de répéter des mots de façon contemplative « un mot court, voire une simple syllabe. Il propose *Dieu* ou *amour* ». Cette répétition joue un double rôle : « D'abord, elle noie la pensée dans le nuage de l'oubli, ce qui arrête la pensée rationnelle ». Ensuite, elle permet au mystique de « fondre tous ses désirs en Dieu » autour de ce mot, « libérer la volonté nue pour percer le nuage de l'inconnaissance dans un acte d'amour parfait » (p. 206-207).
76. Voir le long résumé des différences entre prière mystique et prière prophétique en *Ibid.*, p. 283-285.
77. Donald Bloesch écrit : « L'analyse de Heiler a toujours été vivement critiquée, notamment par des théologiens catholiques et anglicans cherchant à défendre les fondements bibliques de la prière mystique ». Donald G. Bloesch résume ces critiques à la page 5 de *The Struggle of Prayer*. Bloesch donne des précisions

sur Heiler. Son livre remet les thèses de Heiler au goût du jour d'une façon plus pédagogique et défend la supériorité de la prière biblique sur les prières mystiques et catholiques, pour certaines. Bloesch distingue, à juste titre, différents types de prières catholiques (voir son soutien à la « prière silencieuse » de Thérèse d'Avila, p. 5). Il oppose le mysticisme à ce qu'il appelle le « personnalisme biblique », terme qui décrit une vision de la prière où Dieu est notre ami et notre père plutôt qu'un simple être impersonnel. Toutefois, Bloesch se refuse à une critique outrancière du mysticisme ou à une minimisation des aspects expérimentaux et mystiques de la prière biblique. Voir son chapitre « Prière et Mysticisme », p. 97-130.

78. Zalesi & Zaleski, p. 30.
79. Même les Zaleski ne peuvent rester entièrement cohérents devant l'idée que nous devrions embrasser toutes sortes de prières humaines. Par exemple, ils s'arrêtent à la frontière des sacrifices humains, « suicidaires » selon eux, et font remarquer que « les grandes traditions religieuses ont fini par les rejeter ». *Ibid.*, p. 65. Cependant, ils n'expliquent pas en quoi les sacrifices humains sont immoraux.
80. *Ibid.*, p. 161-171 et p. 179-189.
81. Agehananda Bharati, *The Light at the Center : Context and Pretext of Modern Mysticism* [La lumière au centre : Contexte et prétexte du mysticisme moderne], Open library, 1976, p. 28-43.
82. « La foi en la personnalité de Dieu est la présupposition nécessaire à la prière […] là où la représentation vivante de la personnalité de Dieu tend à disparaître, là où, comme dans l'idéal des prières des philosophes ou dans la mystique panthéiste, le Dieu personnel semble s'identifier avec le Grand Tout, la véritable prière se dissout et se transforme en une absorption, en une adoration purement contemplative », Heiler, p. 521.
83. « Carnet de bord » in *The Works of Jonathan Edwards, Vol 16 : Letters and Personal Writings* [Oeuvres de Jonathan Edwards,

volume 16 : Correspondance et écrits personnels], Yale University Press, 1998, p. 801, [trad. Clé].

84. *Ibid.*, p. 797.

85. Loin de moi l'idée de vouloir promulguer une « troisième voie » parfaitement équilibrée entre Zaleski et Heiler. En réalité, la vision protestante traditionnelle, celle que je décris, décrypte et adopte, est bien plus proche des thèses de Heiler et de Bloesch. Il ne faut pas s'en étonner puisque Heiler s'est converti au protestantisme et que je suis un pasteur protestant selon la tradition réformée. Toutefois, l'étude érudite et brillante des pratiques et de l'histoire de la prière, menée par les Zaleski, nous rappelle que la prière est commune à tous les êtres humains. Elle est un instinct humain, pas seulement un don spirituel pour les chrétiens.

86. La première citation est extraite de *L'institution de la religion chrétienne*, 1.3.1, p. 9. La seconde vient du commentaire de Calvin sur Jean 1.5 extrait de Jean Calvin, *Commentaires bibliques, Évangile selon Jean*, Aix-en-Provence : Kerygma, 1978, p. 18. Calvin cite Cicéron : « Il n'y a pas de nation qui soit si barbare ou de peuple si brutal et sauvage qui ne soit convaincu de l'existence de quelque Dieu » (*De la nature des dieux*, I, I, XXIII, III, XXXIV). Ni Calvin, ni Cicéron n'affirment qu'il est impossible de se dire sincèrement athée. Cicéron débattait alors avec Velleius, un épicurien qui niait l'existence des vieux dieux. Calvin et Cicéron affirment plutôt que la prière est une réponse naturelle, si elle n'est pas réprimée, à ce sens inné de l'existence de Dieu. Voir *L'Institution*, 1.3.2 : « Tous les subterfuges sont recherchés pour échapper à la présence de Dieu et l'évacuer de notre Cœur. Mais, quoi qu'ils fassent, c'est l'échec. Et même si pendant un moment, ils semblent réussir, cela ne dure pas [...] Dieu se fait connaître à tous les hommes d'une façon tellement forte qu'il est impossible de l'éliminer » p. 9-10.

87. William Goold, éd., *The Works of John Owen* [Œuvres de John Owen], volume IV, Édimbourg : Banner of Truth, 1974, p. 251-252.
88. Voir « The Most High A Prayer Hearing God » [La plus grande prière c'est d'écouter Dieu] in *The Works of Jonathan Edwards*, Vol 2, Édimbourg : Banner of Truth, 1974, p. 117.
89. *L'Institution* 1.4.1, « L'expérience montre, d'une part, qu'une semence de religion a été implantée par Dieu de façon invisible dans tous les hommes et, d'autre part, qu'à grand-peine un pour cent d'entre eux la soigne pour qu'elle germe [...] tous s'éloignent de la vraie connaissance de Dieu [...] Aussi ne comprennent-ils point qui est le Dieu qui se révèle, mais ils l'imaginent après l'avoir forgé avec présomption », p. 12.
90. Le théologien du XIXe siècle Charles Hodge a lui aussi défendu l'idée de ces deux niveaux de prière : « C'est principalement par l'efficacité de la prière que le Saint-Esprit nous parle. La prière n'est pas le simple instinct d'une nature humaine dépendante cherchant de l'aide en l'Auteur de son être. Il ne faut pas non plus la considérer comme l'expression naturelle de la foi et du désir, ou comme un moyen de communion entre le Père et notre esprit ; mais comme la voie royale pour recevoir le Saint-Esprit. » Hodge démontre que les chrétiens possèdent « l'instinct d'une nature dépendante », mais le Saint-Esprit se sert de la prière comme moyen pour communiquer ses dons. Il poursuit « Ainsi, nous avons le devoir de prier constamment et instamment, notamment pour que Dieu régénère, maintienne et promeuve sa vie en nous ». Charles Hodge, *The Way of Life : A Guide to Christian Belief and Experience* [Comment vivre ? Guide des croyances et comportements chrétiens], Édimbourg : Banner of Truth, 1978, p. 231. S.G.Vos va dans le même sens : « La prière est quasi universelle [...] Toutes les religions non chrétiennes pratiquent une sorte ou une autre de prière. Toutefois, la prière non chrétienne ne s'adresse pas [...] au Dieu trine des Écritures [... et] n'approche

pas Dieu par la médiation de Jésus-Christ [...] Ce Dieu, dans sa grande compassion, peut parfois écouter et répondre aux sollicitations des non-chrétiens [...] nous ne pouvons le nier. Mais ces prières n'ont rien de commun avec la prière chrétienne » Vos, *The Westminster Larger Catechism* [Le grand catéchisme de Westminster], 2002, p. 512-513.

91. Le commentaire biblique d'Eugene Peterson sur les Psaumes s'intitule « Answering God » (Eugene Peterson, *Answering God : The Psalms as Tools of Prayer* [Répondre à Dieu en utilisant les Psaumes], San Francisco : Harper, 1989. Bien qu'il utilise son titre « Répondre à Dieu » pour qualifier les Psaumes, il est aussi une excellente définition succincte de la prière. Je me rapproche aussi d'Edmund Clowney, qui définit la prière comme « s'adresser personnellement à un Dieu personnel » (Clowney en Carson, *Teach us how to pray*), p. 136). L'essentiel de ce chapitre s'inspire de l'article d'Ed Clowney.

92. Donald Bloesch cite Karl Barth « Aussi difficile que cela puisse paraître, l'écoute précède la demande. Elle en est le fondement. Elle en fait une réelle demande, la demande de la prière chrétienne », [trad. Clé].

93. C.S. Lewis, *La trilogie cosmique, Cette hideuse puissance*, Folio, 2008.

94. *Ibid.*, p. 559.

95. Nous savons de par sa correspondance que Lewis avait lu *Je et tu* de Martin Buber qui contient la phrase « Toute vie réelle est rencontre ». Voir Martin Buber, *Je et tu*, Paris : Aubier, 1992.

96. James Packer, *Connaître Dieu*, Mulhouse : Grâce et vérité, 2006, p. 39-41.

97. Retrouvez un exposé plus détaillé de cette question en Timothy Keller, *La Souffrance*, Lyon : Éditions Clé, 2015.

98. John Knox est cité en Bloesch, *The Struggle of Prayer*, p. 50. Les deux premières citations sont tirées de l'Institution 3.20.16 et 3.20.2, p. 785.

Chapitre 4 : Parler avec Dieu

99. Voir chapitre 5, pour plus de détails sur la doctrine biblique de la Trinité.
100. Le Père parle au Fils et le Fils au Père : « J'ai fait connaître ta gloire sur la terre en accomplissant l'œuvre que tu m'avais confiée. Et maintenant, Père, revêts-moi de gloire en ta présence, donne-moi cette gloire que j'avais déjà auprès de toi avant les origines du monde. Je t'ai fait connaître aux hommes que tu as pris du monde pour me les donner. Ils t'appartenaient, et tu me les as donnés : ils ont gardé ta Parole. Maintenant ils savent que tout ce que tu m'as donné vient de toi ; car je leur ai transmis fidèlement le message que tu m'avais confié ; ils l'ont reçu. Aussi ont-ils reconnu avec certitude que je suis venu d'auprès de toi ; et ils ont cru que c'est toi qui m'as envoyé » (Jean 17.4-8). Le Père et le Fils parlent au Saint-Esprit : « Quand l'Esprit de vérité sera venu, il vous conduira dans la vérité tout entière, car il ne parlera pas de lui-même, mais tout ce qu'il aura entendu, il le dira, et il vous annoncera les choses à venir. Il manifestera ma gloire, car il puisera dans ce qui est à moi et vous l'annoncera. Tout ce que le Père possède m'appartient à moi aussi ; voilà pourquoi je vous dis qu'il puisera dans ce qui est à moi et vous l'annoncera » (Jean 16.13-15).
101. Voir Vern Poygress, *God and Biblical Interpretation* [Dieu et l'interprétation biblique], Louisville : Prebyterian and Reformed Publishing, 1999, p. 16-25, dont est tirée une grande part des idées de la sous-partie de ce chapitre.
102. Nicholas Wolterstorff cite Sandra M. Schneiders pour illustrer ce point de vue. Elle écrit : « On ne peut pas dire que Dieu parle littéralement [...] Les mots [...] sont des sons physiques intelligibles émis par un appareil vocal [...] Le langage [...] est un phénomène humain dû à notre corporalité mais aussi à notre intellect discursif qui ne peut être imputé à un pur esprit ». En

d'autres termes, les mots sont des sons physiques (ou des écrits physiques) qui ne peuvent être produits que par des êtres physiques. Dire que Dieu, qui est esprit, parle est donc erroné. Sandra Schneiders, *The Revelatory Text* [Le texte révélé], San Francisco : Harper San Francisco, 1991, p. 27-29. Cité en Wolterstorff, *Divine Discourse : Philosophical Reflections on the Claim that God speaks* [Les paroles divines : Réflexions philosophiques sur la thèse selon laquelle Dieu parle], Cambridge : Cambridge Press, 1995, p. 11.

103. Clowney en Carson, *Teach us to Pray*, p. 136.
104. Timothy Ward, *Words of Life : Scripture as the Living and Active Word of God,* Downer's Grove : IVP Academic, 2009, [trad. Clé].
105. *Ibid.*, p. 22.
106. *Ibid.*, p. 25.
107. *Ibid.*, p. 27. Les italiques sont dans l'original.
108. *Ibid.*, p. 31-32.
109. Eugene Peterson, *Les trois angles de la croissance dans le service chrétien*, Québec : La Clairière, 1998, p. 41.
110. *Ibid.*, p. 41.
111. Peterson, *Answering God*, p. 14.
112. Bloesch, *The Struggle of Prayer*, p. 101.
113. Thomas Merton, *La Montée vers la lumière*, Paris : Albin Michel, 1958.
114. Cité en Bloesch, *The Struggle of Prayer*, p. 101.
115. John Jefferson Davis, *Meditation and Communion with God : Contemplating Scripture in an Age of Distraction* [Méditation et Communion avec Dieu : Contempler la Parole à l'ère du divertissement], Madison : Inter-Varsity US, 2012, p. 16. Davis cite Diana Eck qui affirme que les pratiques orientales envahissent le Christianisme « c'est l'un des phénomènes spirituels les plus importants de ces dernières années » et que la méditation bouddhiste « devient un élément essentiel de la spiritualité chrétienne ». Cité en ECK Diana, *Encountering*

God : *A Spiritual Journey from Bozeman to Banaras* [Rencontrer Dieu, voyage spirituel entre Bozeman et Banaras], Boston : Beacon Press, 1993, p. 153. Davis cite les recherches d'Eck qui démontrent que les enseignants catholiques ont introduit des pratiques hindouistes et bouddhistes dans leurs vies de prière et de méditation. (Davis, p. 16 et n22).

116. Voir Thomas Keating, *Prier dans le secret : la dimension contemplative de l'Évangile*, Paris : La Table ronde, 2004 et *Trouver la grâce au centre, prière centralisante* Longueuil : Béliveau, 1996.

117. Les Zaleski résument brillamment l'enseignement du *Nuage de l'inconnaissance* et de ses racines dans la *Théologie Mystique* de Pseudo-Denys l'Aéropagite du XIe siècle. Voir : *Prayer : A History*, p. 204-208. Mais ils critiquent de façon véhémente la manière dont la « prière centralisante », mouvement de Keating, William Menninger et Basil Pennington a simplifié les règles rigides de la méditation médiévale. Les trois étapes de base de la prière centralisante sont (d'après *Trouver la grâce au centre, prière centralisante*, de Keating) :

Règle 1 : Au début de la prière, nous prenons une ou deux minutes pour nous apaiser, puis nous nous approchons de Dieu qui habite nos profondeurs ; à la fin de la prière nous prenons quelques minutes pour sortir de cet état, en priant mentalement le « Notre Père » ou une autre prière.

Règle 2 : Après nous être reposés au cœur de cet amour empreint de foi pendant un moment, nous choisissons un seul et simple mot [comme *Dieu* ou *amour*] qui exprime une réponse et nous le laissons se répéter en nous.

Règle 3 : Lorsqu'au cours de la prière, nous prenons *conscience* d'autre chose, revenons paisiblement dans la Présence en utilisant le mot choisi.

Les Zaleski répondent : « Il est aisé de discerner les fondements de l'enseignement du *Nuage*, notamment l'effort de supprimer la conscience des choses créées et l'utilisation d'un seul mot pour prier. Mais l'audace de l'original a laissé place à des expressions policées et sans saveur [...] Pour l'auteur du *Nuage*, la prière contemplative est un chemin escarpé à l'issue incertaine, le mouvement de la prière centralisante [...] l'a changé en une partie de plaisir dont la conclusion ne fait aucun doute » (p. 208). Ils concluent en remarquant que la prière centralisante n'a que « peu en commun avec le réalisme sans ambages du *Nuage* et semble s'inscrire dans la lignée du Zeitgeist de la fin du XIIe siècle, qui mélange éclectisme spirituel et optimisme », p. 208.

118. Davis critique de façon éloquente la prière centralisante et la prière Jésus en *Ibid.*, p. 134-142. Davis critique, avec raison, la prière centralisante car elle s'oppose à l'enseignement biblique sur la personnalité et les paroles de Dieu, mais de plus elle ne correspond pas aux croyances chrétiennes sur la bonté de la création (à l'inverse de la nature illusoire), et l'incarnation permanente de Jésus. Le mysticisme oriental et le néoplatonisme représenté par le *Nuage* perçoivent le monde physique et la personnalité/rationalité comme une illusion ou un épiphénomène temporaire. Mais ce n'est pas le point de vue biblique. « L'incarnation signifie que le Jésus historique a, désormais, au ciel, et pour l'éternité, une forme corporelle donnée et glorifiée [...] De toute éternité, le Jésus glorifié conservera une nature humaine et donc une connaissance humaine de Dieu ; une connaissance de Dieu qui transcende notre savoir, mais qui n'est pas *entièrement dissemblable*. En laissant de côté les mots et les images, un style de méditation exclusivement apophatique essaie de brouiller les lignes entre méditations orientales (bouddhistes, hindoue) et chrétiennes. »

119. *Ibid.*, p. 141.

120. Zaleski, *Prayer : A History*, p. 143. Les Zaleski parlent de la prière Jésus sous un jour favorable, même s'ils reconnaissent

qu'elle fonctionne généralement comme une « opération magique ».

121. *Ibid.*, p. 138.
122. *Ibid.*, La question se pose d'elle-même : si nous acceptons les mises en garde contre le mysticisme, comment interpréter l'expérience des mystiques chrétiens ? Étaient-ils vraiment en communion avec le vrai Dieu ? J'imagine qu'il faut répondre au cas par cas. De nombreux mystiques médiévaux semblaient prier un Dieu personnel d'amour et de sainteté, à la fois immanent et transcendant. Bien que leurs prières ne soient pas basées sur la Bible autant qu'on puisse le souhaiter, leur cœur et leur imagination étaient assez influencés par la Bible pour qu'ils rencontrent le vrai Dieu biblique. D'autres mystiques chrétiens me semblent souffrir d'altérations de conscience, propres aux expériences de privations physiques et de méditations, incompatibles avec la Bible. Certains auteurs ont pu avoir ces deux types d'expériences, et il m'est difficile de discerner le vrai du faux.
123. Packer et Nystrom, *Prayer : Finding our Way Through Duty to Delight*, p. 65.
124. *Ibid.*, p. 65.
125. Anne Lamott, *Help, Thanks, Wow : The Three Essential Prayer*, New York : Riverhead, 2012, p. 2-3.
126. Lamott évoque brièvement, en passant, la confession. « J'ai donc prié : "Aide-moi à ne pas être aussi conne" ». Puis Lamott ajoute, entre parenthèses : « C'est, en fait, la quatrième grande prière, dont nous parlerons peut-être plus tard ». Néanmoins, elle n'en fait rien dans le reste du livre. Lamott, p. 67.
127. Voir la lettre d'Augustin d'Hippone à Proba (datée de 412 apr. J.-C.) en *Lettre à Proba*, dans *La prière en Afrique chrétienne*, Paris : Desclée de Brouwer, p. 116-139, et Luther Martin, *Œuvres*, tome VII, *Une manière simple de prier*, Genève : Labor et Fides, 1962, p. 195-203.

128. Il me semble néanmoins qu'Anne Lamott n'est pas toujours fidèle à ses propres principes. Elle écrit, par exemple : « La plupart des bonnes prières me rappellent que je ne commande pas, que je ne peux pas résoudre les problèmes, que je dois me faire aider par une force, un ami ou quoi que ce soit [...] Je ne suis pas capable, mais quelque chose l'est », Lamott, p. 35. C'est une affirmation de la souveraineté, du pouvoir et de la dépendance à Dieu. Ce genre d'affirmation théologique est inévitable car il faut concevoir Dieu pour le prier. Mais puisqu'elle n'a pas voulu ancrer son livre dans la vérité biblique, elle ne précise pas pourquoi nous devrions croire que Dieu est « capable » ou d'où viennent ces affirmations.

129. Clowney, « A Biblical Theology of Prayer » en Carson, *Teach Us to Pray*, p. 136. À contrebalancer avec les déclarations d'Arthur W. Pink : « Dans la plupart des livres et des sermons prêchés sur ce sujet, l'élément humain remplit presque entièrement la scène : l'accent est mis sur les conditions que nous avons à remplir, les promesses que nous devons revendiquer, les actes qu'il nous faut accomplir, dans le seul but d'obtenir l'exaucement de nos requêtes ; par contre les exigences de Dieu, ses droits, sa gloire, se trouvent souvent négligés ». Arthur Pink, *La souveraineté de Dieu*, Chalon-sur-Saône : Europresse, 2009, p. 97.

130. Smith Christian, *Soul Searching : The Religious and Spiritual Lives of American Teenagers* [Recherche spirituelle : La vie religieuse et spirituelle des adolescents américains], Oxford, 2005. Ce livre analyse la vie spirituelle des jeunes Américains. Elle se caractérise par « un déisme moraliste thérapeutique », autrement dit une croyance en un Dieu créateur qui n'intervient pas dans les affaires courantes des hommes. Ce sont le libre arbitre et le choix des hommes qui déterminent le cours des événements. Le désir de Dieu est que nous menions une bonne vie, que nous soyons bons envers les autres. Nous recevrons des « bénéfices thérapeutiques » si nous réussissons, à

savoir l'estime de soi et le bonheur (p. 163-164). Notre vision de Dieu détermine largement notre façon de prier. Selon Smith, les adolescents américains prient de façon personnelle et régulière, 40 % prient chaque jour, 15 % affirment n'avoir jamais prié. Toutefois, leurs motivations sont toujours liées à des besoins psychologiques et émotionnels. « Dès que j'ai un problème, je me mets à prier ». « Ça m'aide à gérer mes soucis », « je suis colérique, ça me calme ». « Quand j'ai un problème, je le lui soumets et il m'encourage toujours. » « La prière me rassure, comme si quelqu'un là-haut m'aidait. » « Je dirais que mon succès est en grande partie dû à la prière » (p. 151-153). Smith souligne deux défaillances des jeunes américains. Premièrement, la repentance est absente de leurs prières. « Leur religion n'inclut pas la repentance des péchés. » Deuxièmement, ils n'adorent pas Dieu car ils le perçoivent comme « distant » et pas « exigeant ». Il ne peut pas l'être puisqu'il n'existe que pour régler les problèmes et satisfaire les hommes. Rien qui ne force l'admiration ou suscite la louange (p. 165). Dans son livre suivant, *Souls in Transition: The Religious and Spiritual Lives of Emerging Adults* [Des âmes en transition : La vie religieuse des adultes émergents], Oxford, 2009, Smith observe une « pratique de plus en plus instrumentalisée et égoïste de la prière personnelle » (p. 102). En résumé, les adolescents délaissent l'adoration et la repentance (deux formes de prières qui placent le croyant en position d'être limité, dépendent et faible) au profit de prières centrées sur leur bien-être ou leurs problèmes. D'autres études menées sur de jeunes européens ont donné des résultats similaires : les jeunes ne cherchent plus le vrai Dieu mais veulent entrer sur le « chemin de la découverte du 'vrai moi' [...] Selon ces jeunes, Dieu ne peut être trouvé qu'au sein du 'vrai soi' ». Voir Giordan Giuseppe, Swatos William *Religion, Spirituality, and Everyday Practice* [Religion, spiritualité et pratique quotidienne], New York : Springer, 2011, p. 87. Voir aussi Guiseppe

Giordan, Enzo Plaze, *Mapping Religion and Spirituality in a Postsecular World* [Appréhender la religion et la spiritualité dans un monde post-séculier], Leiden : Brill, 2012. Non seulement une vision floue ou légère de Dieu vide la prière de son sens mais elle en inverse le but. Aux yeux des jeunes Américains, le mot « Dieu » est synonyme de vie heureuse égocentrique. *Le* connaître et lui faire plaisir n'est pas un but en soi. La prière obéit à la loi des coûts et des profits.

131. Eugene Peterson, *Answering God : The Psalms as Tools of Prayers* [Répondre à Dieu : Faire des Psaumes des outils dans la prière], San Francisco : Harper San Francisco, 1989, p. 5-6, [trad. Clé].

132. Cette histoire est racontée par John Pollock, dans *Whitefield and the Great Awakening* [John Whitefield et le Grand Réveil], Lion Publishing, 1972, p. 205-208 et Dallimore Arnold, *George Whitefield : The Life and Times of the Great Evangelist of the Eighteenth Century Revival* [Vie et œuvre de George Whitefield, grand évangéliste du réveil du XVIIIe siècle], volume 2, Édimbourg : Banner of Truth, 1979, p. 168-169. Voir aussi Harry Stout, *The Divine Dramatist : George Whitefield and The Rise of Modern Evangelicalism* [Le dramaturge divin : George Whitefield et l'ascension de l'évangélisme moderne], Grand Rapids : Eerdmans, 1991, p. 170. Selon Pollock, Whitefield a été convaincu que Dieu préparait de grandes choses pour son fils lorsque sa femme, enceinte, a réchappé d'un accident de calèche. Dallimore précise que Jonathan Edwards avait déjà prévenu Whitefield qu'il ne devait pas penser que Dieu lui parlait directement lorsqu'il en avait l'impression. Whitefield n'avait pas apprécié. Stout explique que Whitefield culpabilisait de la mort de son fils, il pensait l'avoir transformé en « idole ». Même si Whitefield n'était pas puni pour ses péchés, il avait probablement fait de son fils une idole reflétant son propre désir d'influence. Si son enfant avait survécu, il aurait certainement souffert des espoirs placés en lui.

Chapitre 5 : Rencontrer Dieu

133. Ward, *Words of Life*, p. 48. Italiques dans l'original. Ward démontre ensuite que la Bible est un texte d'alliance. Dieu ne cultive pas seulement une relation personnelle avec les humains, mais une alliance. Autrement dit, Dieu et nous sommes liés par des promesses mutuelles de fidélité. La Bible et la prière sont donc *toutes deux* des privilèges liés à une alliance. Dieu parle à son peuple (par la Bible) et écoute son peuple (par la prière). Voir Ward, p. 22-23.

134. Beaucoup de critiques affirment que la Trinité est une doctrine apposée à la Bible a posteriori, puisque le terme en est absent et qu'elle n'a été formulée qu'aux IIIe et IVe siècles. Rien n'est plus faux. Le Nouveau Testament exprime trois vérités de façon répétée : a) Il n'y a qu'un seul Dieu b) Le Père, le Fils et l'Esprit sont tous également Dieu, en effet « toute la plénitude de ce qui est en Dieu » habite en chacun (Cf. Colossiens 2.9), et non 1/3 de la divinité c) Les trois personnes se connaissent et s'aiment mutuellement et travaillent de façon personnelle pour notre salut. Seule la doctrine de la Trinité rend justice à ces trois vérités bibliques. Packer utilise l'image de la solution. Le sucre dilué dans le thé est invisible mais cette solution invisible peut être analysée par un chimiste. La doctrine trinitaire était en « solution » dans l'Église primitive et ne s'est cristallisée qu'ensuite. Packer, *Prayer : Finding Our Way through Duty to Delight*, p. 23-24.

135. Quand Dieu dit qu'il fait « sa demeure » dans le tabernacle (Deutéronome 12.5, 11 ; cf. 1 Rois 8.16, 29) il veut dire qu'il va y vivre lui-même. Quand le psalmiste dit que le nom de Dieu est « dans nos bouches », il veut dire que Dieu lui-même est proche (Psaumes 75.1). Chaque fois qu'un personnage de la Bible a changé radicalement, il a aussi changé de nom : d'Abram en Abraham, de Simon en Pierre, de Saul en Paul. Dans la Bible, le nom signifie l'identité. Quand Jésus dit que le Père, le

Fils et le Saint-Esprit ont un même nom, un nom divin, cela nous informe que bien que trois personnes, ils ne sont qu'un seul être et partagent la même essence.

136. R.T. France, *The Gospel of Matthew : New International Commentary on the New Testament*, Grand Rapids : Eerdmans, 2007. Il ajoute : "Le fait que les trois personnes possèdent un seul 'nom' nous dirige vers la doctrine trinitaire d'un Dieu en trois personnes".

137. Voir le *Grand catéchisme de Westminster*, questions neuf et dix. « Q9 : Combien y a-t-il de personnes dans la Divinité ? R : Il y a trois personnes dans la Divinité : le Père, le Fils, et le Saint-Esprit, et ces trois, d'une même essence, égaux en pouvoir et en gloire, sont un seul Dieu. Q10 : Quelles sont les propriétés personnelles des trois personnes de la Divinité ? R : Le Père engendre le Fils, le Fils est engendré par le Père, le Saint-Esprit procède éternellement du Père et du Fils. » [trad. Clé, à partir du petit catéchisme de Westminster et du catéchisme de l'église d'Écosse]. Cela résume la doctrine de la Trinité : 1) Il y a un Dieu existant en trois personnes. 2) Ces personnes sont égales en pouvoir, dignité et gloire. Il ne s'agit pas simplement de manières de procéder différentes d'une même personne, ni de personnes interchangeables. Elles se connaissent, s'aiment et travaillent ensemble de toute éternité pour la création et la rédemption du monde ; le Père envoie le Fils, et le Père et le Fils envoient l'Esprit.

Cette doctrine fait l'unanimité dans toutes les branches du Christianisme : Église orthodoxe, catholique et protestante. Si vous ne croyez pas en la Trinité, non seulement vous ne comprenez rien à la prière mais vous videz le Christianisme de sa substance. Si vous pensez qu'il n'y a qu'un seul Dieu en une personne, vous croyez en l'unitarisme. Si vous pensez qu'il existe trois dieux en trois personnes, alors vous croyez au polythéisme. Si vous pensez que Dieu le Père est le seul Dieu et que les deux autres personnes ne sont que des dérivés, vous adhérez au subordinationisme. Si vous croyez qu'il n'existe qu'un Dieu sous différents modes à différentes époques, vous souscrivez au modalisme. La vérité c'est qu'il existe un Dieu en trois personnes divines égales, qui se connaissent, s'aiment et travaillent ensemble pour créer et sauver le monde. Toute l'Église chrétienne l'a attesté pendant des siècles. Sans cela, toute notre compréhension est erronée. Toute analogie présente ses défauts et ne rend pas justice à cette doctrine. (Voir Augustin, *De la Trinité*. Aussi clairvoyantes soient-elles, ces analogies peuvent nous amener aux hérésies citées précédemment).

138. Paul Ramsey, *Ethical Writings : The Works of Jonathan Edwards* [Écrits éthiques de Jonathan Edwards], Vol 8, Yale, 1989, p. 403-536. La prédication de Jonathan Edwards qui est citée s'appelle : *A dissertation Concerning the End for Which God Created the World*.

139. William Shedd, « Essai introductif » à *De la Trinité* d'Augustin d'Hippone, Philip Schaff, ed. *A Select Library of the Nicene and Post-Nicene Fathers of the Christian Church* [Œuvres choisies des pères de l'Église de l'époque du Concile de Nicée et de l'après Concile], Volume III, Grand Rapids : Eerdmans, 1979, p. 14. « Il existe une relation à l'intérieur de l'Essence, qui est totalement indépendante de l'univers et dont dépendent la communion et la bénédiction. Mais il est impossible que cela se produise dans une essence sans distinction personnelle. L'unité stricte du déisme ne peut expliquer ce phénomène, contrairement à l'unité plurielle de la Trinité. Un sujet sans un objet ne pourrait la connaître. Qu'a-t-il à connaître ? Il ne peut pas aimer. Qu'y a-t-il à aimer ? Il ne peut pas se réjouir. Qu'y a-t-il à se réjouir ? L'objet ne peut être l'univers. L'objet éternel et infini de la connaissance éternelle et infinie de Dieu ; son amour et sa joie ne peuvent être sa création : car elle n'est ni éternelle ni infinie. Il fut un temps où l'univers n'existait pas. Dès lors, si la conscience et la bénédiction de

Dieu dépendaient de l'univers, alors il fut un temps ou Dieu n'était ni conscient ni béni » (p. 14-15).

140. La doctrine biblique de l'adoption est en vogue dans les milieux théologiques actuels, elle combine les aspects légaux (pardon et justification) et relationnels (régénération et sanctification) du salut. Voir Billings J.Todd, *Union with Christ : Refraiming Theology and Ministry for the Church* [*L'union avec Christ : Recadrer la théologie et le ministère de l'Église*], Grand Rapids : Baker, 2011, p. 15-34. Billing conçoit la doctrine de l'adoption comme un antidote efficace au « déisme moraliste thérapeutique » des jeunes adultes américains, la croyance en un Dieu qui ne traite que les urgences et n'a aucune exigence. Voir aussi Horton Michael, *Covenant and Salvation : Union with Christ* [*L'alliance et le salut : L'union avec Christ*], Louisville : Westminster John Knox Press, 2007, p. 244-247. Comme son sous-titre le suggère, le livre d'Horton explique que la doctrine de l'adoption donne aux protestants une réponse à ceux qui pensent que l'acceptation légale (justification par la foi seule) encourage les chrétiens à ne pas rester saints. Mais l'adoption comporte un aspect légal/juridique et relationnel/transformation. Le statut légal, le changement de vie radical et la relation sont l'apanage des enfants adoptés. Tous ceux qui sont justifiés par la foi seule en Christ sans œuvres bonnes *produiront* nécessairement de bonnes œuvres.

141. Citation de J. Gresham Machen, lors d'une émission de radio du début du XXe siècle, « L'obéissance active de Christ ». Citation exacte : « L'alliance des œuvres n'était qu'une étape temporaire, une probation. Si Adam avait gardé la loi de Dieu pendant un certain temps, il aurait eu la vie éternelle. S'il avait désobéi, il serait mort. Il a désobéi et le châtiment lui est incombé à lui et sa descendance. Puis, Christ a payé le prix à la croix [...] mais si c'est la seule œuvre de Christ, alors nous devrions être de retour à la situation d'Adam. La pénalité de notre péché nous aurait été enlevée puisque Christ a payé. Mais

l'octroi de la vie éternelle aurait été dépendant de notre parfaite obéissance à la loi en Dieu. Nous aurions été en probation à nouveau. En fait, [Christ] n'a pas seulement payé la pénalité du premier péché d'Adam (et des péchés commis individuellement) mais a mérité pour nous la vie éternelle. En d'autres termes, il a été notre représentant, à la fois dans le *châtiment de la peine* et dans *l'octroi de la probation*. Il a subi le châtiment [de la probation violée] pour nous, et il a obtenu la probation pour nous ... [Christ n'a pas seulement pris le châtiment par sa mort], mais il l'a mérité par sa parfaite obéissance à la loi de Dieu [...] Voilà deux choses qu'il a accomplies pour nous ». J.Gresham Machen, *God Transcendent* [Le Dieu transcendant], Édimbourg : Banner of Truth, 1982, p. 187-188.

142. Voir la prédication d'Edwards « Justification by Faith Alone » [La justification par la foi seule] in *The Works of Jonathan Edwards Vol 19 : Sermons and discourses, 1734-1738*, M.X. Lesser, ed.Yale, 2001, p. 204.

143. Cranfield C.E.B, *A Critical and Exegetical Commentary on The Epistle to the Romans* [Commentaire critique et exégétique de l'épitre aux Romains], vol 1, T&T Clark, 1975, p. 400. Dans un article bien connu de James Barr « *Abba* isn't 'Daddy' » [Abba ne signifie pas Papa] (*Journal of Theological Studies* 39, 1988, p. 28-47) Barr essaie de corriger l'excès de Jeremias et d'autres, qui dénoncent le fait que Abba dénote une suprême familiarité. Il a noté que Abba était toujours utilisé par les enfants juifs une fois leur croissance terminée, contrairement au grec « pappas », beaucoup plus proche de l'utilisation qu'en font les tout-petits. Quoi qu'il en soit, un adulte qui appelle ses parents « papa » et « maman », allie le respect à l'intimité, la joie et le succès qu'ils avaient enfants.

144. Cranfield, *Critical and Exegetical Commentary*, p. 400.

145. Martin Luther, Personal Prayer Book [livre de prières personnelles] dans Luthers's Works : Devotionnal Writting II, ed.

Gustav K. Wiencke, vol. 43 (Minneapolis : Fortress Press, 1968), p. 29.

146. Certains commentateurs affirment que les gémissements ici ne sont que les gémissements de l'Esprit, pas les nôtres. Nous en sommes donc tout à fait inconscients. Ils s'élèvent vers Dieu à côté de nos pétitions. L'intercession de l'Esprit s'élève donc en permanence et se produit essentiellement en dehors de nous et de nos prières. (Douglas Moo et Joseph A. Fitzmyer font partie des commentateurs de Romains 8.26-27 qui ont ce point de vue.) D'autres croient que bien qu'il soit tout à fait vrai grammaticalement que les gémissements sont ceux de l'Esprit – le point important de la promesse est que nous nous sentons faibles, ne savons pas comment prier et que l'Esprit nous aide en cela. Après tout, Dieu est un « chercheur de cœurs » (v. 27), et cela signifie que Dieu regarde au cœur des croyants. Ainsi, les gémissements de l'Esprit sont les gémissements et les aspirations des croyants après leur mise en conformité avec la volonté de Dieu par l'Esprit Saint. Les commentateurs tels que John Murray, Peter O'Brien, John Stott, et Thomas Schreiner prennent ce dernier point de vue. Voir Schreiner, *Romans : Baker Exegetical*, p. 445-447.

147. « En conséquence nous ne savons pas prier comme il convient pendant les épreuves » Augustin, Letter 130, dans Schaff, *Nicene and Post-Nicene Fathers*, 1011.

148. Clowney, *Biblical theology*, p. 170.

149. Graeme Goldsworthy, *Prayer and the knowledge of God* (Downers Grove, Il :InterVarsity, 2003), p. 169-170.

150. Murray John, *The epistle to the Romans* (Grand Rapids, MI : Eerdmans, 1968), p. 330.

151. Aristote, *Éthique à Nicomaque, avec le texte intégral des livres VIII et IX*, Paris : Bréal, 2001, p. 71.

152. Cette explication est donnée par D.A. Carson dans Évangile selon Jean - Commentaire, Trois-Rivières (Québec), série Exégétix, Publications chrétiennes, 2011.

153. *Institution* 3.2.36, p. 520-521.
154. *Institution* 1.2.1, p. 7.
155. *Institution* 1.2.2, p. 8.
156. Bien sûr, plusieurs des actes que nous accomplissons maintenant, comme la prière et la louanges, peuvent être appelé un « sacrifice agréable » à Dieu (Hébreux 13.15-16), mais elles ne sont plus un sacrifice qui *apaise*. En Hébreux 13, la prière chrétienne est décrite comme une action de grâce pour un salut déjà garanti par le Christ. La prière n'est pas, selon les termes du nouveau testament, une expiation ou un sacrifice qui détourne la colère de Dieu et qui attire l'attention et la faveur divine.
157. Dans la version originale, Keller a établi sa propre traduction. C'est la version *Semeur* qui est utilisée ici.
158. *Calvin, Institution* 3.20.

Chapitre 6 : Lettres sur la prière

159. L'*Institution* de Calvin est ce qu'on appelle de nos jours un ouvrage de théologie systématique. Il est frappant et même déroutant que les auteurs de théologie systématique issus la tradition réformée de Calvin n'ont pas dédiés de chapitre à la prière. La théologie systématique de Charles Hodge est l'exception car elle contient une large section sur la prière, et en particulier sur les implications de la doctrine chrétienne de Dieu sur la prière des croyants. Reportez-vous à Charles Hodge, *Systematic Theology*, Vol. 3 (Grand Rapids, MI :Eerdmans, 1965), 692-700.
160. Schaff, *Nicene and Post-Nicene Fathers*, p. 997-1015.
161. Augustin, *Lettre à Proba*.
162. Reportez-vous au chapitre 8 pour avoir de plus amples explications sur le *Notre Père* par Augustin.
163. Cité par Mark Rogers, « "Deliver Us from Evil One" : Martin Luther on prayer », *Themelios* 34, No 3 (novembre 2009).

164. Luther Martin, Œuvres, tome VII, *Une manière simple de prier*, Genève : Labor et Fides, 1962, p. 197. Il est intéressant de remarquer que Luther dit que cette posologie de prière (2 fois par jour) pourrait être réalisée en privé dans notre chambre ou dans une église avec une assemblée des fidèles. Il écrit : « Quand je sens que je suis devenu laxiste et sans joie dans la prière, je me précipite dans ma chambre, ou, si c'est le jour et l'heure, à l'église où une congrégation est assemblée... » (193). Cela témoigne de l'importance de l'adoration en assemblée dans la théologie de Luther. Nous ne pouvons arriver à conquérir un cœur dur, froid, vide de prière, uniquement grâce à des exercices personnels. Le culte public du peuple de Dieu est un lieu où on peut entendre la Parole de Dieu à travers la prédication de la Parole – et non seulement à travers la lecture de la Parole en privé – et où l'assemblée répond collectivement à la prière et la louange.

165. Luther Martin, Œuvres, tome VII, *Le Grand Catéchisme*, Genève : Labor et Fides, 1962, p. 193-194.

166. Calvin partageait le point de vue de Luther et conseillait de méditer la Parole avant de prier. Il écrit : « Il semble que la faute dont je vais parler maintenant soit moins grave, mais elle n'est pas plus tolérable : plusieurs, sans vraie communion avec Dieu, bredouillent leurs prières parce qu'ils n'ont pas compris que la prière est autre chose qu'une formalité que Dieu demande. Or, il faut que les croyants se gardent bien de se présenter devant la face de Dieu pour ne rien demander ; il faut qu'ils désirent ardemment ce qu'ils demandent, et même qu'ils désirent l'obtenir de lui. De plus, bien qu'il ne semble pas, de prime abord, que les choses concernant la gloire de Dieu nous soient utiles pour répondre à nos besoins, il ne faut pourtant pas que nous les demandions avec moins de conviction et moins de ferveur. Ainsi, quand nous demandons que le nom de Dieu soit sanctifié (Matthieu 6.10 ; Luc 11.2), nous de-

vons, si l'on peut dire, avoir faim et soif de cette sanctification » (*Institution de la religion chrétienne* 3.20.6, p. 791).

167. Luther, *Une manière simple de prier*, p. 197.
168. Le seul texte non biblique proposé par Luther pour la prière est *Le Symbole des apôtres*. Il croyait fermement que ce texte n'était rien de moins qu'une compilation de vérités bibliques.
169. Luther, *Une manière simple de prier*, p. 203.
170. *Ibid.*, p. 203-204.
171. *Ibid.*, p. 200.
172. *Ibid.*, p. 201-202.
173. Le conseil de Luther sur la façon de méditer, paraphraser et personnaliser le *Notre Père* peut être appliqué à toute portion des Écritures. Prier les psaumes et les autres parties de la Bible à Dieu est une très ancienne pratique chrétienne qui a fait ces preuves avec le temps. Mais rarement il a été décrit et présenté d'une manière aussi accessible que ce que fait Luther ici. Dans *Une manière simple de prier* nous avons une approbation implicite du fait de prier des prières écrites pour vous par d'autres. Alors que certains, comme John Bunyan, étaient complètement contre l'utilisation de prières déjà préparées, *Le Petit Catéchisme* de Luther offre des prières écrites à prier en familles avant d'aller travailler ou à l'école le matin, et d'aller au lit le soir. Calvin a produit la même chose. Luther n'a aucun problème avec l'utilisation de prières préparées, aussi longtemps qu'on la personnalise dans son cœur lors de notre prière – sinon elle ne serait que bavardage inutile. Voir « Daily prayers » dans *The Luther's Small Catechism with Explanation*. St. Louis : Concordia, 1986, p. 30 à 32.
174. *Ibid.*, p. 201-202.
175. *Ibid.* p. 204-205.

Chapitre 7 : Les règles de la prière

176. Jean Calvin, *Institution de la religion chrétienne*, Charols, Aix-en-Provence : Excelsis & Kerygma, 2009.
177. Kenneth Grahame, *Le vent dans les saules*, Paris : Gallimard, 1980, p. 145.
178. Titre de l'*Institution de la religion chrétienne* 3.20.6 dans la version anglaise marqué d'un astérisque car non présent dans l'œuvre originale de Calvin.
179. *Ibid.*, 3.20.5, p. 789.
180. Francis Spufford, *Unapologetic : Why, Despite Everything, Christianity Can Still Make Surprising Emotional Sense*, NewYork : Harper One, 2013, p. 27, [trad. Clé].
181. *Ibid.*, 3.20.7, p. 792. NDT : En anglais c'est Jérémie 29.13-14 qui est cité ; ce n'est pas le cas dans l'édition française.
182. Calvin, *Institution de la religion chrétienne*, 3.20.8, p. 793.
183. *Ibid.*, 3.20.11, p. 796.
184. *Ibid.*, 3.20.13, p. 800.
185. *Ibid.*, 3.20.15, p. 805.
186. *Ibid.*, 3.20.16, p. 806.
187. *Ibid.*, 3.20.17, p. 808-809.
188. *Ibid.*, 3.20.15, p. 803-805.
189. *Ibid.*
190. *Ibid.*
191. R.A. Torrey, *Puissance de la prière et prière puissante*, Nîmes : Vida, 2007, p. 135-136.

Chapitre 8 : La prière par excellence

192. Pour Luther, voir aussi « Une manière simple de prier », « Le Grand catéchisme », « Le petit catéchisme » en *Œuvres VII*, Genève : Labor et Fides, 1962. Voir également Luther, « De l'autorité spirituelle » in *Œuvres IV*, Genève : Labor et Fides, 1958 où Luther commente le Sermon sur la Montagne. Pour Calvin,

en plus de l'Institution de la religion chrétienne, voir Commentaires bibliques : *L'harmonie évangélique I-IV*, Aix-en-Provence / Marne-la-Vallée : Kerygma/Farel, 1992-1994. Pour Augustin voir *Saint Augustin explique le sermon sur la Montagne*, Paris : Desclée de Brower, 1978.

193. Calvin, *Institution de la religion chrétienne*, 3.20.36, p. 831-832.
194. « Personal Prayer Book », p. 29, [trad. Clé].
195. Calvin, *Institution de la religion chrétienne*, 3.20.36, p.836.
196. Luther, *Le Grand catéchisme*, p. 107.
197. Augustin d'Hippone, *Lettre à Proba* [trad. Clé].
198. Calvin, *Institution de la religion chrétienne*, 3.20.41, p. 836.
199. Augustin, *Saint Augustin explique le sermon sur la Montagne*, Paris : Desclée de Brower, 1978.
200. Calvin, *Institution de la religion chrétienne*, 3.20.42, p. 837.
201. « Personal Prayer Book », p. 32, [trad. Clé].
202. *Ibid.*, p. 33, [trad. Clé].
203. Augustin d'Hippone, *Saint Augustin explique le sermon sur la Montagne*.
204. « Personal Prayer Book », p. 34, [trad. Clé].
205. Calvin, *Institution de la religion chrétienne*, 3.20.43, p. 839.
206. George Herbert, « Discipline » dans *The English Poem of George Herbert*, ed. Helen Wilcox (New York : Cambridge University Press, 210), p. 620.
207. Augustin, *Lettre à Proba*, [trad. Clé].
208. Calvin, *Institution de la religion chrétienne*, 3.20.44, p. 841.
209. Luther, *Œuvres VII, Le Grand Catéchisme*, p. 206-207.
210. *Ibid.*, p. 208.
211. Calvin, *Institution de la religion chrétienne*, 3.20.45, p. 844.
212. Augustin, *Saint Augustin explique le sermon sur la Montagne*, p. 109.
213. Calvin, *Institution de la religion chrétienne*, 3.20.46, p. 845.
214. *Ibid.*, 3.20.46, p. 845, 847.
215. Luther, « Le Grand Catéchisme », *Œuvres VII*, p. 121.
216. Augustin, Lettre à Proba.

217. Calvin, *Institution de la religion chrétienne*, 3.20.47, p. 848.
218. *Ibid.*, 3.20.49, p. 849.
219. *Ibid.*, 3.20.47, p. 847.
220. Michael Horton, *Calvin on the Christian Life : Glorifying and Enjoying God Forever*, Wheaton : Crossway, 2014, p. 154, [trad. Clé].
221. C.S. Lewis, *Les Quatre amours*, Neuchâtel : Raphaël, 2005, p. 111.
222. *Ibid.*, p. 112.

Chapitre 9 : Les pierres de touche de la prière

223. Forsyth, *Soul of Prayer*, p. 9-10, [trad. Clé].
224. *Ibid.*, p. 62
225. Phelps, *The Still Hour*, p. 61-62, [trad. Clé].
226. Ole Hallesby, *La prière*, Lavigny : Éditions des Groupes Missionnaires, 1995, p. 59-60.
227. Voir Peter Adam, *À l'écoute de la Parole de Dieu, pour une spiritualité enracinée dans la Bible*, Charols : Excelsis, 2013, p. 239-271 pour plus de détails sur le conflit entre puritains et quakers. Adam prend le parti des puritains qui accusaient les quakers de dissocier Esprit et Parole. Cependant, il ajoute qu'il est possible de trop assimiler Esprit et Parole, à tel point que l'Esprit serait incapable d'agir en dehors de la lecture de la Bible. « Puisque l'Esprit habite le croyant même lorsque celui-ci ne médite pas les Paroles de l'Écriture, on ne saurait identifier trop strictement Parole et Esprit. Mais une distinction trop radicale atténuerait la portée de deux des "moyens" que Dieu a prescrits et a choisi d'utiliser : la Bible et le prédicateur de la Bible » (p. 267).
228. James Packer, « Some lessons in Prayer » in *Knowing Christianity* [Connaître le Christianisme], Wheaton : Harold Shaw, 1995, p. 129-130, [trad. Clé].

229. Voir le développement qui mène à cette conclusion en Wayne Spear, *The Theology of Prayer : A Systematic Study of the Biblical Teaching on Prayer* [La théologie de la prière : Une étude systématique de l'enseignement biblique sur la prière], Grand Rapids : Baker, 1979, 28-30, et Graeme Goldsworthy, *Prayer and the Knowledge of God*, p. 82-83.
230. Packer, *Knowing Christianity*, p. 127, [trad. Clé].
231. *Le Grand Catéchisme de Westminster*, Q. 189, [trad. Clé].
232. Phelps, *The Still Hour*, p. 55, [trad. Clé].
233. Ole Hallesby, *La prière*, p. 14-15.
234. Packer, *Knowing Christianity*, p. 128, [trad. Clé].
235. Forsyth, *Soul of Prayer*, p. 10, [trad. Clé].
236. Au moment où nous croyons au Christ, nous sommes « en Christ » ; unis à lui. Sinclair Ferguson énumère plusieurs aspects de notre union à Christ ; nous sommes unis à Christ sur le plan de la foi, sur le plan légal, spirituel, et vital (Ferguson, *The Christian Life*, Carlisle : Banner of Truth, 1981, p. 107-110).
237. Clowney « A Biblical Theology of Prayer », [trad. Clé].
238. *Le grand catéchisme de Westminster*, Q. 182, [trad. Clé].
239. John Newton, *Lettre II à M.B*****, in *Lettres du révérend J. Newton à ses amis*, Paris ; Delay, 1843, [trad. Clé].
240. *Le grand catéchisme de Westminster*, Q. 182, [trad. Clé].
241. William Guthrie, *Grand intérêt du chrétien*, (Glasgow : W. Collins, 1828), p. 156.
242. Forsyth, *Soul of Prayer*, p. 18-19, [trad. Clé].
243. *Le Grand Catéchisme de Westminster*, Q. 105. En expliquant le premier commandement : ne pas avoir d'autres dieux devant le vrai Dieu, le catéchisme enseigne qu'il nous faut mettre fin à notre « égocentrisme, recherche du moi et de tous nos autres désirs, volontés et passions immodérés et désordonnés, ainsi que de nos affections contraires. Nous devons nous en débarrasser [...] et refuser de louer ce que nous sommes, ce que nous possédons, nos idoles ou toute autre créature ».
244. Calvin, *Institution de la religion chrétienne*, 1.1.1, p. 3.

245. Clowney « A Biblical Theology of Prayer », p. 142.
246. Hodge, *Systematic Theology*, p. 703, [trad. Clé].
247. Hallesby, *La prière*, p. 47 et 57.
248. Cité en Bloesch, *Struggle of Prayer*, ix, [trad. Clé].
249. Hallesby, *La prière*.
250. Packer et Nystrom, *Praying : Finding Our Way*, p. 40, [trad. Clé].
251. Ibid.
252. Paraphrase de Romains 7.19-20, 22-23.
253. Calvin, *Institution de la religion chrétienne* 3.20.1, p. 785.

Chapitre 10 : Comme une conversation : méditer sa Parole

254. Peterson, *Answering God*, p. 23-24, [trad. Clé].
255. Edmund P.Clowney, *CM : Christian Meditation*, Nutley : Craig Press, 1979, p. 11, [trad. Clé].
256. Les lecteurs contemporains peuvent penser que le terme « loi de l'Éternel » désigne uniquement les dix commandements ou les livres législatifs de la Bible. Mais l'emploi courant de ce terme dans la Bible montre qu'il se réfère à la Parole tout entière. L'Écriture tout entière est une « loi » dans le sens où elle est normative, puisqu'elle exprime la volonté de Dieu au lecteur, que ce soit au travers d'une loi, d'une histoire ou d'une leçon.
257. Derek Kidner, *Psaumes 1 à 72*, Vaux-sur-Seine : Edifac, 2012, p. 68-69.
258. L'un des mots grecs utilisés dans le Nouveau Testament pour signifier la méditation est logizdomai, un des mots préférés de Paul qui signifie « calculer, juger la valeur, compter » (1 Corinthiens 13.5, 2 Corinthiens 2.6) « évaluer, estimer, considérer » (Romains 2.26, 9.8) ou encore « penser, réfléchir, s'étendre » (Phillippiens 4.8, 2 Corinthiens 10.11). Voir Peter O'Brien, *The Epistle to the Phillippians : A Commentary on the Greek Text*,

Grand Rapids : Eerdmans, 1991, p.436. Ce même terme est également utilisé en Éphésiens 3.18.
259. Luther, *Une façon simple de prier*, p. 197.
260. Lindsay Gellman, « La recherche démontre que la méditation présente peu d'effets bénéfiques », *The Wall Street Journal*, 7 janvier 2014. L'étude n'a trouvé aucun bénéfice à la bénédiction mantra et assez peu pour la méditation « en pleine conscience » ou la « conscience du temps présent ».
261. Clowney, CM, 7, [trad. Clé].
262. Douglas Moo, *The Letters to the Colossians and Philemon* [*Lettres aux Colossiens et à Philémon*], Pillar New Testament Commentary, Grand Rapids : Eerdmans, 2008, p. 286. Moo cite le "vous" de Colossiens 3.16 qui indique qu'il s'agit d'une étude collective et non individuelle de la Parole.
263. Deux auteurs du XVIIe siècle, Richard Baxter et John Owen, présentent deux visions distinctes de la méditation dans *The Saints' Everlasting Rest* et *The Grace and Duty of Being Spiritually Minded*. Baxter percevait deux mouvements de base dans la méditation, d'abord la « considération » puis le « soliloque », ou prédication à soi-même. Voir le résumé de Peter Adam dans *À l'écoute de la Parole de Dieu*. Owen, quant à lui, commençait par se concentrer sur la vérité avant d'incliner son cœur vers elle, à l'image de Baxter. Voir également Owen's « Meditations and Discourses on the Glory of Christ » dans *Works of John Owen*, ed. William H. Goold, Vol.1, Carlisle, PA : Banner of Truth, 1965), p. 274-461. C'est un exemple d'une longue méditation proprement dite par Owen sur divers aspects de la gloire de Jésus-Christ, [trad. Clé].
264. Owen, *The Grace and Duty of Being Spiritually Minded*, p. 384. Voir aussi p. 270, la liste des 3 étapes ou parties de la méditation. [1 Concentrer nos pensées], [2 Incliner son cœur] [3 Se réjouir dans le Seigneur], [trad. Clé].
265. *Ibid*.
266. Cité en Peter Adam, *À l'écoute de la Parole de Dieu*, p. 282.

267. John Owen, *La gloire de Christ*, Montréal : Sembeq, 2011.
268. *Ibid.*
269. *Ibid.*
270. Owen, *Works*, vol.7, 270-71, [trad. Clé].
271. *Ibid.*, p. 393.
272. *Ibid.*
273. *Ibid.*, p. 394.
274. Il est intéressant de comparer les trois étapes d'Owen concernant la méditation, avec celles pratiquées traditionnellement par les catholiques et bénédictins dans la *lectio divina*, ou « lecture divine », comme elles sont décrites par Thelma Hall dans *Too Deep for Words : Rediscovering Lectio Divina*, Mahwah, NJ : Paulist Press, 1988. Les quatre étapes de la *lectio divina* sont la lecture, la méditation, la prière et la contemplation. 1) *Lire les Écritures dans la lectio divina* signifie avoir une lecture lente, attentive et méditative d'un passage biblique. Dans la *lectio* il est déconseillé de tenter une analyse théologique pour rechercher des significations doctrinales. Au contraire, vous devez attendre que le Saint-Esprit vous montre quelque chose de spécifique pour vous dans le texte. Attendez qu'un élément suscite votre intérêt et retienne votre attention puis notez-le. Rechercher quelque chose qui semble très pertinent pour « vous, maintenant » dans votre situation actuelle (p. 36-38.) Une fois que vous avez fait cela, passez à 2) *Méditer*. Hall suggère deux types de méditation. L'une utilise l'imagination. Elle vous place dans la scène biblique (si c'est un récit) et vous invite à imaginer la scène, les actions et à entendre les mots. Si Jésus est présent dans le passage imaginez-le vous regardant dans les yeux et vous dire les mots du texte (p. 40). La seconde approche consiste à prendre les mots réels du passage, à les répéter, réfléchir à la signification de chaque mot ou phrase. Hall dit que la méditation, quelle que soit la forme, est essentiellement une activité cognitive et intellectuelle. Mais le but de la méditation, indépendamment de

la méthode, est de commencer à ressentir l'amour de Dieu (p. 40-41). Une fois que votre cœur est réchauffé par cet amour, vous devez passer à 3) *Prier*. La métaphore du feu, tirée de Thérèse d'Avila, est utilisée à ce stade. Lorsque la méditation mène à un petit feu de sentiment et d'amour, il ne faut pas la poursuivre. C'est comme jeter plus de bois sur le feu. Trop de combustible peut l'étouffer. Au lieu de cela, il faut juste commencer à prier, parler à Dieu comme vous le feriez avec un être cher. Entretenez l'amour-ardent avec des petits morceaux de « carburant » – un œil sur l'Écriture de-ci de-là et puis commencez à prier en désirant une union avec celui que vous aimez. Cela vous amène à 4) *Contempler*. Hall définit cette étape comme le « silence intérieur ». Tout type de pensée, analyse et raisonnement, devient une « charge » et nous empêche de nous livrer à Dieu. Elle recommande des livres sur « la prière centralisante » afin de nous aider à atteindre, sans réfléchir à nos pensées « à Son propos », mais de vivre une expérience directe, sans paroles, en adorant, conscient de sa personne et de sa présence (p. 45-55).

Les similitudes et les différences entre l'approche de Owen/Luther et cette description de la lectio divina sont faciles à identifier. Les penseurs protestants conviennent que la Bible doit être méditée en engageant les sentiments afin de répondre et de prier Dieu avec tout notre être. Pour eux, la vérité biblique doit imprégner notre cœur jusqu'à ce qu'il « prenne feu ». Ils croient que le Saint-Esprit peut appliquer directement la Parole à notre vie. Mais, Owen et Luther ne conseillent pas d'ignorer la théologie du texte ni de rechercher un « message personnel ». Luther propose de méditer régulièrement le Symbole des Apôtres. Ils veulent que nous réfléchissions aux implications et applications de notre doctrine et théologie jusqu'à ce que le Saint-Esprit rende ces vérités réelles à nos sentiments. Deuxièmement, Owen et Luther n'auraient pas conseillé que l'objectif principal ou unique de la méditation soit la connaissance de l'amour de Dieu. Bien sûr, la connaissance de son amour et de la grâce du Christ doit être constamment présente, sinon nous n'aurons pas la confiance nécessaire pour nous approcher de lui. Nous prions seulement « dans le nom de Jésus ». Mais sa puissance, sa sainteté, sa majesté, sa souveraineté ou sa sagesse pourrait être le thème dominant du texte plutôt que son amour et donc l'objectif de ce que nous méditons ce jour-là. Enfin, Owen et Luther ne diraient pas que nous essayons d'aller au-delà de la pensée ou des pensées de notre conscience. Pour eux l'Écriture est la façon dont Dieu est activement présent dans le monde et nos vies (voir le début du chapitre 4 - « Parler avec Dieu ») et nos pensées et nos sentiments ne s'opposent pas comme la tradition contemplative semble le faire. À ces critiques près, il est intéressant de noter que l'ordre énoncé par Hall – lire les Écritures (concentrer nos pensées), méditer (incliner son cœur), et prier (se réjouir de la présence de Dieu) va globalement dans la même direction que chez Owen et Luther.

275. Richard Lovelace, *Dynamics of Spiritual Life : An Evangelical Theology of Renewal*, Eugene : Wipf and Stock, 2012, p. 213 [trad. Clé].

Chapitre 11 : Comme une rencontre : rechercher sa face

276. *Le Grand Catéchisme de Westminster*, Q. 182.
277. Jean Calvin, *Institution de la religion chrétienne* 3.1.1, p. 476-477.
278. *Ibid.*, 3.2.36, p. 521.
279. Voir D.M. Lloyd-Jones, à qui je dois de nombreuses idées de ce chapitre, pour une prédication textuelle suivie de cette prière. D. Martyn Lloyd-Jones, *The Unsearchable Riches of Christ : An exposition of Ephesians 3.1 to 21*, Grand Rapids : Baker, 1979, 106-315. Voir aussi Peter O'Brien, *Lettre aux Éphésiens*, Impact : Québec, 2014, p. 368 : « La prière de Paul pour que Christ

habite dans le cœur des croyants pourrait paraître étrange à première vue. Christ ne vivait-il pas déjà en eux ? Il faut bien comprendre que cette requête ne parle pas de l'habitation initiale de Christ dans le cœur du croyant, mais de sa présence continuelle ».

280. Voir le chapitre 5 de « *The Night of Fire* » dans Marvin Richard O'Connell, *Blaise Pascal : Reasons of the heart*, Grand Rapids, MI : Eerdmans, 1997, p. 90, [trad. Clé].
281. *Ibid.*
282. Cité en Jean Paul Gabus, *Dans le vent de l'Esprit*, Les bergers et les mages : Paris, 1992, p. 63-64.
283. Voir O'Brien, *Lettre aux Éphésiens*, Impact : Québec, 2014, p. 366.
284. « Jesu, dulcis memoria », attribué à Bernard de Clairvaux, XIIe siècle. Disponible sur <http://www.chants-protestants.com/index.php/chants-latins/955> consulté le 09.02.2016. La version originale cite « O Jesus, King Most Wonderfull » par un auteur inconnu, twelfth century, trans. Edward Caswall, 1814-78.
285. O'Brien, *Lettre aux Éphésiens*, p. 363.
286. Suzanne McDonald, « Beholding the Glory of God in the Fact of Jesus Christ : John Owen and the 'Reforming' of the Beatific Vision » in *The Ashgate Research Companion to John Owen's Theology*, Surrey : Ashgate, 2012, p. 142, [trad. Clé].
287. John Owen, *La gloire de Christ*, Montréal : Sembeq, 2011, p. 12.
288. *Ibid.*, p. 24.
289. De nombreux commentateurs remarquent les similitudes entre la félicité et beaucoup d'idées exprimées plus tard par Jonathan Edwards. Ce dernier pensait que la différence entre une personne seulement religieuse et morale et un chrétien régénéré était que celui-ci expérimentait « un renouvellement de sa pensée, et un ravissement du cœur pour la beauté, la gloire et le bien suprême de la nature de Dieu en elle-même ». (*The Works of Jonathan Edwards*, vol 2, Religious Affections, New Haven : Yale 1959, p. 241). En une autre occasion, il dé-

peint ce changement ainsi « C'est le plaisir que prend l'âme en la suprême excellence de la nature divine, où le bien suprême consiste à tourner son cœur vers Dieu ». (The Works of Jonathan Edwards, vol 21, Writings on the Trinity, Grace, and Faith, New Haven : Yale, 2002). Pour Edwards, les deux critères d'une véritable expérience spirituelle sont : 1° Un changement intérieur complet (pensées et aspirations). 2° Dès lors, Dieu n'est plus un moyen pour arriver à une fin, mais le bien suprême. Auparavant, écrit Edwards, Dieu nous était utile, désormais nous le trouvons beau. Nous nous satisfaisons de lui seul pour ce qu'il est. La gloire et le bonheur de Dieu deviennent notre gloire et notre bonheur. Le principal prédécesseur d'Owen et d'Edwards n'est autre qu'Augustin, qui enseignait que le péché résultait d'un désordre dans nos sources d'affection. Seuls une transformation du cœur et un amour suprême pour Dieu peuvent permettre le renouvellement et le développement du caractère.

290. Owen, Works, vol.1, p. 307. Voir aussi McDonald, « Beholding the Glory », p. 143.

291. Dans son article de qualité, Suzanne McDonald souligne le fait que l'accent mis sur la félicité dans la théologie d'Owen le met en porte à faux avec d'autres protestants de son époque. La plupart de ses homologues perçoivent alors cette vision comme trop mystique et trop « catholique ». Seul un contemporain d'Owen, Francis Turretin, théologien réformé de Genève, lui prête attention. Cependant, Thomas d'Aquin et Turretin considèrent tous deux cette vision comme une façon intellectuelle de rencontrer Dieu, par l'entremise de Jésus (voir McDonald, « Beholding the Glory », p. 151-154). Owen acceptait l'idée de félicité, mais il l'a « réformée » pour la faire coïncider avec un cadre plus biblique et moins spéculatif. Loin d'être une appréhension générale de l'infinité de Dieu, la félicité, dans sa version protestante, se concentre sur la personne et l'œuvre de Jésus-Christ. Christ n'était pas un outil pour

aboutir à la vision ; il en était l'objet central. En effet, selon Owen, nous pourrons continuellement voir Dieu au travers de la nature humaine de Christ glorifié. Pour Owen, la félicité n'est pas une expérience purement intellectuelle et à venir, mais quelque chose qui peut nous arriver en partie dans ce monde grâce à la foi. Elle peut nous transformer entièrement grâce à son impact sur le cœur. Le théologien utilisait cette pratique, apparemment ésotérique, d'une façon quotidienne dans ses prières et ses expériences. Nous pouvons ainsi être pleinement métamorphosés par cette vision dans notre vie quotidienne.

Owen a analysé 2 Corinthiens et remarqué la bizarrerie de l'expression « contemplons, comme dans un miroir ». En 1 Jean 3.2, nous apprenons que nous verrons Christ un jour, mais en 2 Corinthiens 3.18, il nous est dit que nous pouvons dès à présent contempler la gloire de Christ. Le verbe grec *katoptrizdomenoi* est un mot composé qui signifie littéralement « contempler une image reflétée dans un miroir ». Ces deux textes sont cohérents. Quand nous observons quelque chose dans un miroir, nous ne voyons pas l'objet lui-même ; nous voyons une image réfléchie en deux dimensions d'un objet en trois dimensions. Nous ne pouvons « voir » Christ, dès à présent, que par la foi.

Que signifie voir Jésus par la foi ? « Pour Owen, le miroir par lequel l'on peut percevoir Christ est l'Évangile. Nous n'avons pas d'accès sans intermédiaire à la personne de Christ dans sa gloire après l'ascension ; nous voyons la gloire de Christ, dans sa divinité et son humanité, par le miroir des Écritures » (*Ibid.*, p. 149). Owen explique également dans *La Gloire de Christ* : « Nous n'avons la lumière de la connaissance de la gloire de Dieu qu'en lui seul [...] Tels le principal mystère et la vérité fondamentale de l'Évangile ». Cf. chapitre 2 de *La gloire de Christ*. Owen développe ce même thème dans « The Grace and Duty of Being Spiritually Minded ». C'est donc lorsque l'Évangile de Christ est annoncé et expliqué que la gloire de la personne et de l'œuvre de Jésus sont dévoilés. Quand nous méditons les vérités de l'Évangile dans la Bible avec l'aide de l'Esprit, la vérité commence à briller, l'amour de Dieu devient palpable et la gloire de Christ se fait jour, fait bouger, fond et nous transforme.

Cette interprétation de 2 Corinthiens est soutenue avec vigueur par de nombreux commentateurs (voir Paul Barnett ; *The Second Epistle to the Corinthiens*, Grand Rapids : Eerdmans, 1997, p. 206). « Quelle sera la torche de Paul pour faire briller la gloire de la lumière dans le cœur des autres ? C'est "l'Évangile" la Parole de Dieu » par lequel la « connaissance de Dieu » illumine les cœurs de ceux qui écoutent Paul (2 Corinthiens 4.4, 6 ; cf. Galates 1.16). Ainsi, les lecteurs de Paul *voient*, paradoxalement, la gloire de Christ en *écoutant* l'Évangile, ce qui leur donne la connaissance de Dieu » (206). Voir Murray J. Harris, *The Second Epistle to the Corinthians : A Commentary on the Greek Text*, Grand Rapids : Eerdmans, 2005. « "La gloire de Dieu" est la gloire de Dieu révélée par son image, Christ. Si nous devons identifier le "miroir" dans lequel se reflète la gloire de Dieu, il ne peut s'agir que de Christ tel qu'il est présent dans l'Évangile, l'essence de Christ, ou l'Évangile accompagné de la vie chrétienne vécue dans l'Esprit, plutôt que les pasteurs ou les chrétiens en général (p. 315).

Owen conclut que notre « vision » partielle de Christ n'a lieu que par la foi dans l'Évangile. Un jour, nous le verrons face à face (1 Corinthiens 13.12).

292. Owen, *Works*, vol.7, p. 348, [trad. Clé].
293. Owen, *Works*, vol.4, p. 329-330, [trad. Clé].
294. Owen, *Works*, vol.1, p. 401, [trad. Clé].
295. Toutes ses idées proviennent du chapitre sur la « Prière mentale » de Rome. *Ibid.*, p. 328-338, [trad. Clé].
296. Owen, *Works*, vol.1, p. 401, [trad. Clé].
297. Owen, *Works*, vol.7, p. 345-346, [trad. Clé].

298. Von Balthasar, *La prière contemplative*, p. 28, [trad. Clé].
299. *Ibid.*, p. 28-29. Von Balthasar affirme que, malgré leurs efforts, le piétisme et les mouvements de réveil n'ont pas réussi à revenir à la réalité de la présence du Saint-Esprit à cause « du manque de culte objectif et officiel, et de liturgie inhérente » (p. 29). Cette vision est sans doute très radicale.
300. Je ne suis pas le seul à émettre une distinction entre le mouvement moderne de la prière centralisante et les mystiques du Moyen-âge, bien que les adeptes de cette prière contemporaine prétendent remettre au goût du jour les pratiques médiévales. Aussi surprenant que cela puisse paraître, les Zaleski figurent au rang des critiques de cette pratique. Malgré leur sympathie générale pour presque toutes les formes de prières, ils voient la prière centralisante comme une « simplification » consumériste de la tradition du Nuage de l'inconnaissance. « Il est facile de discerner dans ce programme les grandes lignes de l'enseignement du Nuage, notamment la partie visant à supprimer la conscience de la réalité extérieure et l'utilisation d'un seul mot. Mais l'audace de l'original a fait place à des expressions policées [...] Pour l'auteur du Nuage, la prière contemplative est un chemin escarpé à l'issue incertaine, le mouvement de la prière centralisante [...] l'a changé en une partie de plaisir dont la conclusion ne fait aucun doute ». La prière centralisante n'a que « peu en commun avec le réalisme sans ambages du Nuage et semble s'inscrire dans la lignée du Zeitgeist de la fin du XIIe siècle, qui mélange éclectisme spirituel et optimisme », (Zaleski, Prayer, p.208). Voir Peter Adam, *À l'écoute de la Parole de Dieu* (Excelsis, 2012) pour une critique informée et sévère de la tradition médiévale et des pratiques contemporaines comme la prière Jésus.
301. Carl Trueman, « *Why Should Thoughtful Evangelicals Read the Medieval Mystics* ? » [Pourquoi les évangéliques éclairés devraient-ils lire les mystiques médiévaux?] Themelios 33, n°1 (mai 2008), [trad. Clé].

302. Saint Augustin, *Confessions*, X, 6, Paris : Gallimard, 1993, p. 339-340.

Chapitre 12 : Une admiration mêlée de respect : louer sa gloire

303. C.S. Lewis, *Réflexions sur les Psaumes*, trad : Denis Ducatel, Le Mont-Pèlerin : Raphaël, 1999.
304. *Ibid.*, p. 129-132.
305. *Ibid.*, p. 135.
306. *Ibid.*, p. 137-138.
307. *Ibid.*, p. 136.
308. James K.A. Smith, *Desiring the Kingdom : Worship, Worldview and Cultural Formation* [Chercher le Royaume de Dieu, adoration, vision du monde, et formation culturelle], (Grand Rapids, MI : Baker, 2009), p. 46-47.
309. Augustin, *Il n'y a qu'un amour*, Paris : Cerf, 1979.
310. « Celui-là vit en juste et en saint qui juge les choses à leur juste valeur : il a ainsi un amour bien ordonné, se gardant d'aimer ce qui ne doit pas être aimé, ou de ne pas aimer ce qui doit être aimé, ou d'aimer plus ce qui doit l'être moins, ou d'aimer également ce qui doit être soit moins soit plus aimé, ou d'aimer moins ou plus ce qui doit l'être également. Tout pécheur, en tant qu'il est pécheur, ne doit pas être aimé : tout homme, en tant qu'il est un homme doit être aimé pour Dieu, mais Dieu pour lui-même. Et si Dieu doit être aimé plus que tout homme, chacun doit aimer Dieu plus que lui-même. Pareillement, il faut aimer autrui plus que notre corps, car c'est pour Dieu qu'il faut aimer, toute chose, et que les autres peuvent jouir de Dieu avec nous, alors que notre cœur ne le peut pas, parce que le corps vit par l'âme et c'est par elle que nous jouissons de Dieu ». Augustin, *La doctrine chrétienne,* Vol.1, XXVII, 28, Paris : Institut d'Études Augustiniennes, 1997, p. 113.
311. Augustin, *Confessions*, VI, 10, Paris : Gallimard, 1993, p. 129.
312. Smith, *Desiring the Kingdom*, p. 51, [trad. Clé].

313. C.S. Lewis, *Lettre à Malcom*, Raphaël, 2005.
314. *Ibid*, p. 140.
315. Voir C. Frederick Barbee et Paul F.M. Zahl, *The Collects of Thomas Cranmer* (Grand rapids, Mi :Eerdmans, 1999), ix-xii.
316. Voir Matthew Henry, *Méthode pour la prière*, <http://fr.matthewhenry.org/> consulté le 23.09.2015.
317. Peterson, *Answering God*, p. 128, [trad. Clé].
318. *Ibid*., p. 96-97.

Chapitre 13 : L'intimité : découvrir sa grâce

319. En ce qui concerne les références et le contenu théologique de ce paragraphe et du suivant, je me suis inspiré de Donald Carson, *Love in Hard Places* [*L'amour dans les lieux arides*] (Wheaton, IL : Crossway, 2002), p. 74-77.
320. *Dispute de Martin Luther sur la puissance des indulgences*, 1517, Thèse 1.
321. John Stott, Confess Your Sins : The Way of Reconciliation [Confessez vos péchés : Le chemin de la réconciliation] (Word Books, 1974), p. 19.
322. L'ouvrage de John Owen « *On the Mortification of Sin* » [Sur la mortification du péché] dans *Works, ed. William Goold, vol. 6* (Carlisle, PA : Banner of Truth, 1965) est le guide par excellence de ce que Stott appelle « l'abandon » du péché, encore appelé la « mortification du péché » par les théologiens plus anciens. L'ouvrage d'Owen, écrit dans un anglais ancien difficile à comprendre, constitue une œuvre unique de spiritualité protestante réformée.
323. Stott, *Confess Your Sins* [*Confessez vos péchés*], 20. Dans son ouvrage, Stott distingue « confesser le péché » (ce qui pour lui est la même chose qu'admettre le péché) et « abandonner le péché » (ce qu'il voit comme l'élaboration d'une profonde attitude de contrition). Je suis d'accord de concevoir la « confession proprement dite » comme un processus davantage men-

tal par lequel nous cessons de renvoyer notre responsabilité aux autres, responsabilité de nos péchés que nous endossons comme telle. Ce que Stott appelle « abandonner le péché » est donc le travail au niveau du cœur que John Owen appelle « mortification ». Pour ma part, je préfère considérer admission intellectuelle et contrition du cœur comme deux éléments distincts de la confession et de la repentance.

324. Stott, *Confess Your Sins* [Confessez *vos péchés*], p. 21.
325. Voir. Owen, *On the Mortification of Sin* [*Sur la mortification du péché*]. « Dans les périodes de jugement, de catastrophes ou d'afflictions sévères, le cœur est alors préoccupé par des pensées et des stratagèmes de fuite devant les difficultés présentes, les peurs et les dangers. Une personne convaincue conclura qu'y échapper ne peut s'obtenir qu'en abandonnant le péché, ce qui procurera la paix avec Dieu. C'est la colère de Dieu lors de chaque affliction qui va piquer à vif une personne convaincue. Pour se débarrasser de cette indisposition, les gens prennent des résolutions contre leurs péchés. Le péché n'aura plus la moindre place en eux ; ils ne se mettront jamais plus à son service. Effectivement, le péché se tapit, ne remue pas, semble mortifié ; non qu'il ait reçu quelque blessure, mais simplement parce que l'âme possède des facultés par lesquelles elle doit s'exprimer, à l'aide de pensées lui interdisant l'expression du péché, mais lorsque ces pensées sont laissées de côté, le péché retrouve sa vie et sa vigueur passées (p. 26-27). Nous devons insister sur les principes réels et acceptables de la mortification ... [à savoir] la haine du péché en tant que tel et pas seulement parce qu'il indispose ou trouble... Il est évident que ce que je viens de décrire est du domaine de l'amour de soi-même. Vous mortifiez avec sérieux et application ce qui est passion ou péché ; mais pour quelle raison ? Parce que le péché vous trouble, enlève votre paix, remplit votre cœur de tristesse, de trouble et de peur ; parce que le repos fuit loin de vous à cause de lui » (p. 41).

326. « Le charger quotidiennement de tout ce qui est mentionné plus bas, les choses graves, fatales, funestes pour le péché, voilà l'enjeu de ce combat. » *Ibid.*, p. 32.
327. Voir *Ibid.*, p. 54-118.
328. *Ibid.*, p. 58.
329. Owen, « A Discourse Concerning the Holy Spirit », [*Un discours concernant le Saint-Esprit*] dans *Works*, [*Œuvres*] vol. 3, p. 547.
330. Ceci ne signifie pas que les chrétiens possédant une compréhension des vérités évangéliques ne puissent pas aller chercher de l'aide dans la loi de Dieu pour affaiblir le péché. Souvent il appelle les chrétiens à « mettre leurs péchés » devant la loi <u>et</u> devant l'Évangile (« Mortification of Sin » [la mortification du péché] *Works*, [les œuvres] vol. 6, 57-58). Néanmoins, ce conseil est accompagné d'avertissements rappelant que les chrétiens ne doivent pas retourner sous la condamnation de la loi à cause de leurs péchés. Trop mettre d'accent sur le danger du péché et sur la loi peut mener à un état d'esprit légaliste susceptible de mettre un terme à des actes pécheurs de manière temporaire, sans pour autant changer le cœur.
331. Alexander B. Grosart, ed. *Works of Richard Sibbes* [Les ouvrages de Richard Sibbes] (Carlisle, PA : Banner of the Truth, 1973), p. 47.
332. George Whitefield, cité dans Arnold Dallimore, *George Whitefield : The Life and Times*, [George Whitefield : Vie et époque] vol. 1, p. 140, [trad. Clé].

Chapitre 14 : Lutte : implorer son aide

333. Jean Calvin, *Commentaires bibliques, tome huitième*, Aix-en-Provence et Marne-la-Vallée : Kerygma & Farel, 1992, p.65.
334. Pour un traitement plus approfondi voir Keller, *La souffrance : Marcher avec Dieu à travers les épreuves et la douleur*, en par-

ticulier le chapitre 6, « La souveraineté de Dieu », Lyon : Éditions Clé, p. 171-190.

335. Phelps, *The Still Hour*, [L'heure tranquille] p. 27-28, [trad. Clé].
336. Packer et Nystrom, *Praying : Finding Our Way*, [Prier : Trouver son chemin], p. 157 [trad. Clé].
337. *Ibid.*, p. 158.
338. *Ibid.*, p. 157.
339. *Ibid.*, p. 55.
340. *Institution de la religion chrétienne*, 3.20.52.
341. *Ibid.*, p. 178.
342. *Ibid.*, p. 179.
343. Ceci est ma paraphrase des en-têtes d'Edwards. Son sermon s'intitule « Christian Happiness » [La joie chrétienne], on peut le trouver dans Wilson H. Kimnach, ed., *The Works of Jonathan Edwards* [Les Œuvres de Jonathan Edwards], vol. 10, *Sermons and Discourses* [Sermons et Discours] (New Haven : Yale, 1992), 296–307. La thèse d'Edwards affirme que le chrétien peut être heureux, quelles que soient les circonstances.
344. Je traite de cette sorte de prière en détail au chapitre 12 (« Pleurer ») de *La souffrance*, p. 240-54.
345. Packer et Nystrom, *Praying : Finding Our Way*, [Prier : Trouver son chemin], p. 181.
346. *Ibid.*
347. Les termes nommant les catégories de prières de lamentations dans ce paragraphe viennent de Packer et Nystrom, *Praying : Finding Our Way*, [Prier : Trouver son chemin], p. 194-199.
348. Voir Keller, *La souffrance : Marcher avec Dieu à travers les épreuves et la douleur*, Lyon : Éditions Clé, p. 309-327.
349. Smith, *Soul Searching* [Examen de l'âme].
350. Packer et Nystrom, *Praying : Finding Our Way*, [Prier : Trouver son chemin], p. 192-93. Pour plus de renseignements sur le sujet des plaintes et de la souffrance dans la prière, voir mon ouvrage *La souffrance*, particulièrement les chapitres 12 à 16.

Chapitre 15 : Mise en pratique : la prière quotidienne

351. Alan Jacobs, The « Book of Common Prayer : A Biography » [Le livre de la prière commune : une biographie] (Princeton : Princeton University Press, 2013), p. 24. Jacobs s'appuie sur l'ouvrage d'Eamon Duffy, The Stripping of the Altars : Traditional Religion in England c. 1400–c. 1580 [Le Dépouillement des autels : la religion traditionnelle en Angleterre de 1400 à 1580 environ]. (New Haven, CT : Yale University Press, 1992).
352. Edgar C.S. Gloucester, éd. The First and Second Prayer Books of Edward VI [Les premier et second livres de Prière d'Edward VI] (Wildside Press, réimpression de l'édition de 1910), p. 3.
353. Ibid., p. 8.
354. Le livre de la prière Commune, <https://www.churchpublishing.org/siteassets/pdf/le-livre-de-la-priere-commune/lelivredelaprierecommune.pdf> consulté le 25.09.2015, p. 455-657.
355. Jean Calvin, Écrits sur la piété pastorale.
356. Calvin, Institution de la religion chrétienne, 3.20.50. Calvin ajoute cependant que les heures désignées pour le culte personnel quotidien ne devraient pas être vues comme un « rite superstitieux … comme si l'on voulait s'acquitter d'une dette envers Dieu. »
357. Il existe plusieurs versions de ce calendrier en ligne. Voir <http://www.mcheyne.info/calendar.pdf>. Consulté le 04.03.2015.
358. Voir Matthew Boulton, Life in God : John Calvin, Practical Formation, and the Future of Protestant Theology [La vie en Dieu : Jean Calvin, Formation pratique, et développement de la théologie protestante] (Grand Rapids, MI : Eerdmans, 2011) qui développe en détail la thèse que les pratiques éducatives chrétiennes de Calvin représentaient une forme de monachisme laïque. Ceci est particulièrement intéressant à la lumière de ce que l'on appelle aujourd'hui le nouveau monachisme ou le monachisme laïque. L'idéal monastique original consistait en un

cadre de vie et de travail quotidien nourri des pratiques chrétiennes de la prière, de la lecture des Écritures et de l'enseignement, des psalmodies, des récitations bibliques et de l'adoration en commun. Cela se traduisait généralement par l'interruption à heures fixes des tâches quotidiennes pour s'adonner à la prière individuelle et à l'adoration en groupe. Les moines devaient également rendre compte les uns aux autres de leur vie, se contenter d'un niveau de vie modeste et s'engager dans le service à autrui. Le nouveau monachisme, qui s'est développé principalement chez certains évangéliques insatisfaits de la vie de l'Église et de ses pratiques, vise à créer un mouvement laïque n'exigeant pas de ses membres qu'ils abandonnent leur travail séculier ou qu'ils vivent littéralement sous le même toit, mais les incitant tout de même à résider dans un même périmètre géographique, à être redevable les uns envers les autres, à se soucier des marginaux et à pratiquer la tradition contemplative comme les prières quotidiennes à heures fixes. L'une des principales raisons, selon ce mouvement, est le péril mortel menaçant le christianisme. Plus notre culture devient post-chrétienne, plus les croyants ont besoin de s'immerger dans des pratiques communes pour prévenir une trop grande assimilation à la culture environnante. Voir Jonathan Wilson-Hartgrove, *New Monasticism : What it has to say to Today's Church* [*Le nouveau monachisme : ce qu'il a à dire à l'Église contemporaine ?*] (Brazos, 2008) ; et Rob Moll, « The New Monasticism », [*Le nouveau monachisme*] *Christianity Today*, April 24, 2008. Les avocats du nouveau monachisme laïque s'appuient presque toujours sur des précédents historiques catholiques ou anabaptistes, en partie parce que les anabaptistes ont vécu pendant des siècles comme des minorités traquées et que l'idéal monastique originel nous vient d'un héritage catholique. Cependant, le fait que Calvin ait envisagé la première tentative sérieuse de monachisme laïque peut se défendre. Son programme était beaucoup plus complet que celui de Luther. Comme Boulton l'explique, Calvin était désireux de refaçonner une cité tout entière, dans le contexte d'une Europe Catholique médiévale, dans la droite ligne de ce qu'il considérait être la foi chrétienne biblique. En conséquence, les idées de Calvin sont une source d'inspiration pour ceux qui aimeraient développer des communautés chrétiennes contemporaines spirituellement formatrices dans notre monde occidental post-moderne. Voir également Scott Manesch, *Calvin's Company of Pastor* [*La compagnie des pasteurs de Calvin*] (New York : Oxford University Press, 2012).

359. *Quiet Time : An InterVarsity Guidebook for Daily Devotions* [*Le Culte Personnel : guide de dévotions journalières d'InterVarsity*] (Downers Grove, IL : InterVarsity Press, 1945). Bien que les auteurs soient présentés comme des membres de l'équipe d'InterVarsity (les GBU), l'ouvrage est une compilation d'écrits de missionnaires de longue date, dont l'évêque Frank Houghton, W. Graham Scroogie, Paget Wilkes et madame Harry Strachan. C. Stacey Woods, fondateur Australo-canadien d'InterVarsity aux États-Unis expurgea le livre de ses colorations anglicanes et le publia aux États-Unis. Voir A. Donald MacLeod, *C. Stacey Woods and the Evangelical rediscovery of the University* [*C. Stacey Woods et la redécouverte de l'Université par les Évangéliques*] (Downers Grove, IL : InterVarsity 2007), p. 107.

360. Cf. : Un des meilleurs fut *Appointment with God : A Practical Approach to Developing a Personal Relationship with God* [*Rendez-vous avec Dieu : Une démarche concrète pour développer une relation personnelle avec Dieu*] (The Navigators, 1973).

361. *Quiet Time* [*Le culte personnel*], édition révisée 1976 (InterVarsity Press), p. 21.

362. *Ibid.*, p. 15-16. Un autre schéma de prière est donné plus bas : Reconnaissance, adoration, adoration basée sur les noms de

Dieu, confession, intercession, remise à Dieu de la journée (p. 21). Ceci vient du fait qu'en dépit de sa brièveté, ce livre est une compilation de réflexions sur les dévotions quotidiennes de sept auteurs différents.

363. *Appointment with God* [*Rendez-vous avec Dieu*], p. 16.
364. Phyllis Tickle, *The Divine Hours, Prayers for Springtime* : *A Manual for Prayer* (Image, 2006) [*Les heures divines : Prières de printemps : manuel de prière*] ; *The Divine Hours, Prayers for Summertime : A Manual for Prayer* (Image, 2006) [*Les heures divines : Prières estivales : manuel de prière*] ; *The Divine Hours, Prayers for Autumn and Wintertime : A Manual for Prayer* (Image, 2006) [*Les heures divines : Prières automnales et hivernales : manuel de prière*].
365. Voir John Bunyan, *La Prière*, Charols : Grâce et Vérité, 2013.
366. Owen, *Works*, [*Les œuvres*], vol. 4, p. 348.
367. Voir tout le chapitre d'Owen intitulé « Prescribed Forms of Prayer Examined » [« Examen des formes de prière prescrites »] dans *Works*, [*Les œuvres*], vol. 4, p. 338-51.
368. Horton, *Calvin on the Christian Life* [*Calvin sur la vie chrétienne*], p. 154
369. Luther, *Une manière simple de prier*, p. 193.
370. Arthur G. Bennett *The Valley of Vision : A Collection of Puritan Prayers & Devotions* [*La vallée des visions : Recueil de prières & d'adoration puritaines*]. Carlisle, PA : Banner of Truth, 1975. *The Divines Hours* [*Les heures divines*] de Phyllis Tickle. NDE : En français, on pourra lire Liliane Crété, *Les puritains, quel héritage aujourd'hui*, Lyon : Olivétan, 2012.
371. David Hanes, éd., *My Path of Prayer* [*Mon chemin de prière*] (Wales : Crossay UK Books, 1991).
372. *Ibid.*, p. 57-65.
373. Packer et Nystrom, *Praying : Finding Our Way* [*La prière : Cheminer du devoir au plaisir*], p. 286.
374. Voir Barbee et Zahl. *Collects of Thomas Cranmer* [*Les prières de Thomas Cranmer*]. Ce livre propose, non seulement une

année (cinquante-deux semaines) de prières de Cranmer mais également un court commentaire et une brève méditation sur chacune. Voilà qui rend ce livre très précieux pour la phase initiale d' « évocation/invocation » de la prière quotidienne.

375. Donald Carson et al., éds., *New Bible Commentary* [*Nouveau commentaire biblique*], 21st Century Edition [Édition du vingt-et-unième siècle] (Downers Grove, IL : InterVarsity Press, 1994). NDE. Il existe en français de bons commentaires bibliques en un ou deux volumes. Par exemple : Le Nouveau Commentaire biblique (Emmaüs), Le Commentaire biblique du disciple (La joie de l'Éternel), Le commentaire du Chercheur (Impact), Le commentaire du prédicateur A.T. (Éditions Clé).

376. Henry, *Méthode pour la prière*, <http://fr.matthewhenry.org/> consulté le 25.09.2015. Voir également une édition abrégée, Henry, *A Way to Pray* [*Une façon de prier*]. Le site Internet permet de personnaliser les catégories en employant vos propres mots pour vos propres besoins.

377. Tiré de Luther *Une manière simple de prier*, cité dans Packer et Nystrom *Praying : Finding Our Way* [*La prière : Cheminer du devoir au plaisir*], p. 288. La citation de Packer est tirée de la traduction de Walter Trobisch dans son petit classique, *Martin Luther's Quiet Time* [*Le culte personnel de Martin Luther*].

378. Cité par Gordon Wenham, *The Psalter Reclaimed : Praying and Praising with the Psalms* [*Les Psaumes retrouvés : Prier et louer avec les Psaumes*] (Crossway, 2013), p. 39.

379. Ces exemples sont tirés du livre de T.M. Moore, *God's Prayer Program : Passionately Using the Psalms in Prayer* [*Le programme de prière divin : L'usage passionné des Psaumes dans la prière*] (Christian Focus, 2005), [trad. Clé].

380. Ibid., p. 83.
381. Ibid., p. 88.
382. Ibid., p. 95.

383. Beaucoup de personnes basant leurs prières sur les Psaumes sont désarçonnées ou rebutées par les Psaumes d'imprécation dans lesquels le psalmiste prie Dieu d'exercer sa colère et son châtiment sur ses ennemis, souvent en termes violents. On trouve une de ces prières à la fin du Psaume 137 dans lequel le psalmiste exprime le souhait que l'on fasse subir aux Babyloniens ce que ces derniers ont fait pendant le sac de Jérusalem. Il demande que des guerriers saisissent les petits enfants de Babylone par les pieds et leur fracassent la tête contre les rochers (v. 8-9). En vieux spécialiste de la Bible, Derek Kidner fait sagement remarquer qu'une telle prière ne sied pas aux chrétiens de notre époque à cause de la croix, mais que nous devrions tout de même être capables de la comprendre. Il écrit : « Je suggère que notre réaction à un tel texte revête trois aspects. Tout d'abord, nous devrions nous efforcer d'en comprendre la signification profonde, comme Dieu l'a lui-même fait devant les cris de douleurs de Job et de Jérémie. Deuxièmement, nous devrions en ressentir l'impact. Cette plaie ouverte, offerte à nos regards, nous interdit les réactions faciles devant la cruauté. Expurger ce témoignage disqualifierait l'Ancien Testament en tant que révélation à la fois pour ce qui est en l'homme et pour ce qu'implique l'œuvre salvatrice de la croix. Troisièmement, nous devrions reconnaître que, depuis la croix, nous sommes appelés à prier pour que s'exerce, non le jugement divin, mais la réconciliation... Ainsi ce Psaume a toute sa place dans les Écritures en tant que protestation passionnée qu'il ne faut surtout pas ignorer ni affadir. Cette protestation est dirigée non seulement contre un acte précis de cruauté, mais contre toute indulgence vis-à-vis de la méchanceté de l'homme, que ce soit par rapport au jugement qu'elle suscite, ou à l'héritage qu'elle lègue, ou que ce en lien avec (ce qui est peut-être le plus important) ce qu'il en coûte, pour Dieu et pour l'homme, d'enterrer hostilité et amertume » (Derek Kidner, *Psalms 73-150 : An Introduction and Commentary*

[*Les Psaumes 73-150 : Introduction et commentaire*], Downers Grove, IL : InterVarsity Press, 1975, p. 497).

384. Pour une plus ample discussion du sujet, lire Eugene Peterson, *Answering God* [*Répondre à Dieu*] ; Tremper Longman, *How to Read the Psalms* [*Comment lire les Psaumes*] (Downers Grove, IL : InterVarsity Press, 1988) ; et Derek Kidner, *Psalms : An Introduction and Commentary in 2 volumes* [*Les Psaumes : Introduction et commentaire en 2 volumes*], Downers Grove, IL : InterVarsity Press, 1973.

385. Moody, *Life of Dwight L. Moody* [*La vie de Dwight L. Moody*], p. 127.

Annexe : Autres exemples d'organisation de culte personnel

386. En lisant deux chapitres par jour (un le matin et un autre le soir) en vous aidant du calendrier de lecture biblique de M'Cheyne, vous parcourrez une fois l'Ancien Testament et deux fois le Nouveau Testament en deux ans. Voir <http://www.mcheyne.info/calendar.pdf> consulté le 26.09.2015.

387. Ces prières sont une adaptation libre de celles composées par Jean Calvin et introduites dans le catéchisme de Genève de 1545 pour guider les moments de prières individuelles des personnes et des familles. Inspiré de Jean Calvin, *Écrits sur la piété pastorale*.

Du même auteur

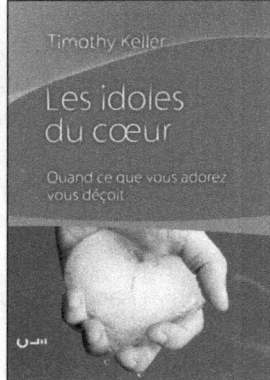

Disponibles aux Éditions Clé - www.editionscle.com

Vous aimez les livres de Timothy Keller ?
Dites-le à vos amis sur la page **Facebook** dédiée :
Collection Timothy Keller. Livres aux Éditions Clé.

Table des matières

7   Introduction

13 Première partie : Avoir le désir de prier
15 Chapitre 1
    Prier : une nécessité
27 Chapitre 2
    La grandeur de la prière

43 Deuxième partie : Comprendre la prière
45 Chapitre 3
    Qu'est-ce que la prière ?
63 Chapitre 4
    Parler avec Dieu
81 Chapitre 5
    Rencontrer Dieu

99 Troisième partie : Apprendre à prier
101 Chapitre 6
    Lettres sur la prière

115	Chapitre 7
	Les règles de la prière
127	Chapitre 8
	La prière par excellence
141	Chapitre 9
	Les pierres de touche de la prière
165	Quatrième partie : Approfondir sa vie de prière
167	Chapitre 10
	Comme une conversation : méditer sa Parole
189	Chapitre 11
	Comme une rencontre : rechercher sa face
213	Cinquième partie : La pratique de la prière
215	Chapitre 12
	Une admiration mêlée de respect : louer sa gloire
235	Chapitre 13
	L'intimité : découvrir sa grâce
255	Chapitre 14
	Lutte : implorer son aide
275	Chapitre 15
	Mise en pratique : la prière quotidienne
301	Annexe : Autres exemples d'organisation de culte personnel
305	Remerciements
307	Bibliographie choisie et commentée sur la prière
317	À propos de l'auteur
319	Notes

www.ingramcontent.com/pod-product-compliance
Lightning Source LLC
Chambersburg PA
CBHW050248170426
43202CB00011B/1598